高等职业教育"十四五"规划旅游大类精品教材
研学旅行管理与服务专业系列专家指导委员会、编委会

高等职业教育"十四五"规划旅游大类精品教材

研学旅行管理与服务专业系列

总顾问 ◎ 王昆欣　　　总主编 ◎ 魏 凯

研学旅行市场营销

YANXUE LÜXING SHICHANG YINGXIAO

主　编：李智贤

副主编：李淑花　董 震　王 琳

参　编：耿 俊　朱正宜　方雪梅　石 萍

华中科技大学出版社

http://press.hust.edu.cn

中国·武汉

内 容 提 要

　　《研学旅行市场营销》旨在全面介绍研学旅行市场的营销理论与实践方法,通过系统化的项目布局,深入浅出地阐述了研学旅行市场的核心概念、营销策略及发展趋势,为读者提供了丰富的理论知识和实用的操作指南。本书共分为九个项目,每个项目围绕特定的主题展开,层层递进,帮助读者全面理解研学旅行市场营销。本书适合作为高职院校旅游管理、市场营销等相关专业的教学用书,同时也可供行业从业者参考学习。

图书在版编目(CIP)数据

　　研学旅行市场营销 / 李智贤主编 . -- 武汉 :华中科技大学出版社,2025.3. -- (高等职业教育"十四五"规划旅游大类精品教材). -- ISBN 978-7-5772-1729-1

　　Ⅰ. F590.75

　　中国国家版本馆 CIP 数据核字第 2025UW4854 号

研学旅行市场营销
Yanxue Lüxing Shichang Yingxiao

李智贤　主编

总 策 划:李　欢

策划编辑:王雅琪　王　乾

责任编辑:聂筱琴

封面设计:原色设计

责任校对:刘　竣

责任监印:周治超

出版发行:华中科技大学出版社(中国·武汉)　　　　电话:(027)81321913
　　　　　武汉市东湖新技术开发区华工科技园　　　　邮编:430223

录　　排:孙雅丽

印　　刷:武汉科源印刷设计有限公司

开　　本:787mm×1092mm　1/16

印　　张:15.5

字　　数:337千字

版　　次:2025年3月第1版第1次印刷

定　　价:49.80元

序一

XU YI

党的二十大报告指出,要"统筹职业教育、高等教育、继续教育协同创新,推进职普融通、产教融合、科教融汇,优化职业教育类型定位","实施科教兴国战略,强化现代化建设人才支撑","要坚持教育优先发展、科技自立自强、人才引领驱动","开辟发展新领域新赛道,不断塑造发展新动能新优势","坚持以文塑旅、以旅彰文,推进文化和旅游深度融合发展",这为职业教育发展提供了根本指引,也有力地提振了旅游职业教育发展的信念。

2021年,教育部立足增强职业教育适应性,体现职业教育人才培养定位,发布了新版《职业教育专业目录(2021年)》,2022年,又发布了新版《职业教育专业简介》,全面更新了职业面向、拓展了能力要求、优化了课程体系。因此,出版一套以旅游职业教育立德树人为导向、融入党的二十大精神、匹配核心课程和职业能力进阶要求的高水准教材成为我国旅游职业教育和人才培养的迫切需要。

基于此,在全国有关旅游职业院校的大力支持和指导下,教育部直属的全国重点大学出版社——华中科技大学出版社,在党的二十大精神的指引下,主动创新出版理念、改进方式方法,汇集一大批国内高水平旅游院校的国家教学名师、全国旅游职业教育教学指导委员会委员、全国餐饮职业教育教学指导委员会委员、资深教授及中青年旅游学科带头人,编撰出版"高等职业教育'十四五'规划旅游大类精品教材"。本套教材具有以下特点。

一、全面融入党的二十大精神,落实立德树人根本任务

党的二十大报告中强调:"坚持和加强党的全面领导。"党的领导是我国职业教育最鲜明的特征,是新时代中国特色社会主义教育事业高质量发展的根本保证。因此,本套教材在编写过程中注重提高政治站位,全面贯彻党的教育方针,"润物细无声"地融入中华优秀传统文化和现代化发展新成就,将正确的政治方向和价值导向作为本套教材的顶层设计并贯彻到具体项目任务和教学资源中,不仅培养学生的专业素养,还注重引导学生坚定理想信念、厚植爱国情怀、加强品德修养,以期落实"立德树人"这一教育的根本任务。

二、基于新版专业简介和专业标准编写,兼具权威性与时代适应性

教育部2022年发布新版《职业教育专业简介》后,华中科技大学出版社特邀我担任总顾问,同时邀请了全国近百所旅游职业院校知名教授、学科带头人和一线骨干教师,以及旅游行业专家成立编委会,对标新版专业简介,面向专业数字化转型要求,对教材书目进行科学全面的梳理。例如,邀请职业教育国家级专业教学资源库建设单位课程负责人担任主编,编写《景区服务与管理》《中国传统建筑文化》及《旅游商品创意》(活页式)等教材;《旅游概论》《旅游规划实务》等教材成为教育部授予的职业教育国家在线精品课程的配套教材;《旅游大数据分析与应用》等教材则获批省级规划教材。经过各位编委的努力,最终形成"高等职业教育'十四五'规划旅游大类精品教材"。

三、完整的配套教学资源,打造立体化互动教材

华中科技大学出版社为本套教材建设了内容全面的线上教材课程资源服务平台:在横向资源配套上,提供全系列教学计划书、教学课件、习题库、案例库、参考答案、教学视频等配套教学资源;在纵向资源开发上,构建了覆盖课程开发、习题管理、学生评论、班级管理等集开发、使用、管理、评价于一体的教学生态链,打造了线上线下、课内课外的新形态立体化互动教材。

本套教材既可以作为职业教育旅游大类相关专业教学用书,也可以作为职业本科旅游类专业教育的参考用书,同时,可以作为工具书供从事旅游类相关工作的企事业单位人员借鉴与参考。

在旅游职业教育发展的新时代,主编出版一套高质量的规划教材是一项重要的教学质量工程,更是一份重要的责任。本套教材在组织策划及编写出版过程中,得到了全国广大院校旅游教育教学专家教授、企业精英,以及华中科技大学出版社的大力支持,在此一并致谢!

衷心希望本套教材能够为全国职业院校的旅游学界、业界和对旅游知识充满渴望的社会大众带来真正的精神和知识营养,为我国旅游教育教材建设贡献力量。也希望并诚挚邀请更多旅游院校的学者加入我们的编者和读者队伍,为进一步促进旅游职业教育发展贡献力量。

王昆欣

世界旅游联盟(WTA)研究院首席研究员

高等职业教育"十四五"规划旅游大类精品教材总顾问

序二

XU ER

　　2024年5月17日,全国旅游发展大会在北京召开。在本次会议上,习近平总书记对旅游工作作出重要指示,强调"新时代新征程,旅游发展面临新机遇新挑战",要"坚持守正创新、提质增效、融合发展"。党的十八大以来,我国旅游业日益成为新兴的战略性支柱产业和具有显著时代特征的民生产业、幸福产业,成功走出了一条独具特色的中国旅游发展之路。当下,我国旅游业正大力发展新质生产力,推动全行业高质量发展,加速构建旅游强国。

　　在这个知识经济蓬勃发展的时代,教育的形式正经历着前所未有的变革。随着素质教育理念的深入人心与国家政策的积极引导,研学旅行作为教育创新的重要实践,已成为连接学校教育与社会实际、理论学习与实践探索的桥梁。"读万卷书,行万里路",研学旅行不仅丰富了青少年的学习体验,更是培养其综合素质、创新意识、民族使命感、社会责任感的有效途径。自2016年11月30日教育部等11部门联合出台《关于推进中小学生研学旅行的意见》以来,研学旅行作为教育新形式、旅游新业态在国内蓬勃发展,成为教育和文旅行业的新增长点。2019年10月,"研学旅行管理与服务"专业正式列入《普通高等学校高等职业教育(专科)专业目录》,研学旅行专业人才培养正式提上日程。但是行业的快速发展也暴露了研学旅行专业人才短缺、相关理论体系不完善、专业教材匮乏、管理与服务标准不一等问题。为了有效应对这些挑战,在此背景下,我们联合全国旅游院校的多位优秀教师与行业精英,经过深入调研与精心策划,推出研学旅行管理与服务专业的系列教材,旨在为这一新兴领域提供一套专业性、系统性、实用性兼备的教学资源,助力行业人才培养。

　　习近平总书记指出,要抓好教材体系建设。从根本上讲,建设什么样的教材体系,核心教材传授什么内容、倡导什么价值,体现的是国家意志,是国家事权。教材建设是育人育才的重要依托,是解决培养什么人、怎样培养人以及为谁培养人这一根本问题的重要载体,是教学的基本依据。教材建设要紧密围绕党和国家事业发展对人才的要求,扎根中国大地,拓宽国际视野,以全面提高质量为目标,以提升思想性、科学性、民族性、时代性、系统性为重点,形成适应中国特色社会主义发展要求、立足国际学术前沿、门类齐全、学段衔接的教材体系,为培养担当民族复兴大任的时代新人提供有力支撑。新形态研学旅行管理与服务专业教材的编写既是一项迫切的现实任务,也是一项重要的研究课题。本系列教材根据专业人才培养目标准确进行教材定位,按照应用导向、能力导向要求,优化教材内容结构设计,融入丰富的典型案例、延伸材料等多元化内容,全线贯穿课程思政理念,体现对工匠精神、红色精神、团队精神、文化传承、文化创新、文明旅游、生态文明和社会主义核心价值观的弘扬和引导,提升教材的人文精神。同时广泛调查和研究应用型本科高等职业教育学情特点和认知特点,精准对标研学旅行相关岗位的职业特点及人才培养的业务规格,突破传统教材的局限,打造一套能够积极响应旅游强国战略,适应新时代职业教育理念的高质量专业教材。本系列教材共包含十二本,每一本都是对研学旅行或其中某一关键环节的深度剖析与实践指导,形成了从理论到实践、从课程设计到运营管理的全方位覆盖。这套教材不仅是一套知识体系的构建,更是一个促进教育与旅游深度融合,推动行业标准化、专业化发展的积极尝试。它为相关专业学生、教师、行业从业人员提供权威、全面的学习资料,助力培养一批具备教育情怀、专业技能与创新能力的研学旅行管理与服务人才,进一步推动我国研学旅行事业向更高水平迈进。

研学旅行管理与服务专业教材的编写对于专业建设、人才培养意义重大,影响深远。华中科技大学出版社与山东旅游职业学院、浙江旅游职业学院等高校,以及北京中凯国际研学旅行股份有限公司深度合作,以科学、严谨的态度,在全国范围内凝聚院校和行业优秀人才,精心组建编写团队,数次召开研学旅行管理与服务专业系列教材编写研讨会,深入一线对行业、院校进行调研,广泛听取各界专家意见,为教材的高质量编写和出版奠定了扎实的基础。在此向学界、业界携手共建教材体系的各位同仁表示衷心的感谢!

我们相信,这套教材的出版与应用能够为研学旅行的发展注入新的活力,促进理论与实践的有机结合,为研学旅行专业人才的培养赋能,也为教育创新和旅游业的转型升级、提质增效贡献力量。同时,我们也期待读者朋友们能为本系列教材提出宝贵的意见和建议,以便我们不断改进和完善教材内容。

魏凯

山东旅游职业学院副校长,教授

山东省旅游职业教育教学指导委员会秘书长

山东省旅游行业协会导游分会会长

前言
QIANYAN

近年来,随着国家"双减"政策的深入推进和文旅产业的融合发展,研学旅行作为一种"教育＋旅行"的创新业态,呈现蓬勃的发展态势,成为素质教育的重要载体。随着社会经济的发展和人们对教育重视程度的不断提高,传统课程教育已难以满足学生全面发展的需求。研学旅行将教育与旅行有机结合,让学生在领略自然风光、感受历史文化、参与实践活动的过程中,拓宽视野、增长见识、提升综合素养。它不仅为学生提供了走出传统课堂、在实践中学习和成长的机会,也为旅游市场开辟了广阔天地。

对于旅游业而言,研学旅行市场潜力巨大,是推动行业转型升级的重要力量。然而,要将研学旅行产品推向市场并获得认可,有效的市场营销至关重要。高职院校是应用型人才的孵化基地,急需紧贴行业需求、理论与实践并重的市场营销教材,以助力学生掌握研学旅行市场开发与运营的核心技能。在此背景下,《研学旅行市场营销》教材应运而生,旨在为培养适应研学旅行行业发展需求的高素质市场营销专业人才贡献力量。

本教材围绕研学旅行市场营销的全流程,以高职教育的特点和需求为出发点,立足职业教育"岗课赛证"融通理念,注重理论与实践的紧密结合,采用"项目导向、任务驱动"的设计主线。在内容编排上,本教材精心构建了系统而全面的知识体系,对研学旅行的基本概念、发展历程、市场现状及发展趋势进行了深入剖析,旨在帮助读者对研学旅行行业形成清晰的整体认知,为后续学习市场营销知识奠定坚实基础。

本教材详细阐述了市场营销的相关基础理论,这些理论是开展研学旅行市场营销工作的基石。从市场调研、目标市场选择到市场定位,从产品策略、价格策略、渠道策略到促销策略,本教材对相关环节都进行了深入浅出的讲解,并结合大量生动的研学旅行案例,帮助读者理解如何将理论知识应用到实际工作中。

在营销渠道方面,本教材不仅介绍了传统的营销渠道(线下营销渠道),还紧跟时代步伐,着重讲解了线上营销渠道的运用。随着互联网技术的飞速发展,网络平台已成为研学旅行市场营销的重要阵地。本教材主要引导读者利用社交媒体平台、在线旅游平台、教育类网站等进行产品推广和客户关系管理,从而提升营销效果。

本教材的编写汇聚了多方智慧,由上海建设管理职业技术学院李智贤进行总体设计,编写组成员历时两年深入行业调研,确保教材内容的科学性与前瞻性,具体分工如下:王琳编写项目一,方雪梅编写项目二,耿俊编写项目三,李淑花编写项目四、项目五,董震编写项目六,李智贤编写项目七,朱正宜编写项目八,石萍编写项目九。感谢全国旅游职业教育教学指导委员会专家的悉心指导,以及多家研学实践教育基地和文旅企业提供的鲜活案例。期待本教材能为培养"懂教育、善策划、精营销"的复合型研学人才贡献力量,助力行业高质量发展。由于研学旅行市场处于快速变革期,本教材难免存在不足之处,恳请各院校师生及行业同仁指正。

《研学旅行市场营销》编写组

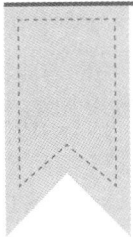

目录

MULU

Note

项目一
研学旅行概述

项目描述

研学旅行是一种具有独特教育价值的教育方式,核心在于"研"与"学"的结合。作为一种新型的教育模式,研学旅行旨在通过实地考察、亲身体验和团队合作等方式,拓宽学生的视野,增强其实践能力和社会责任感。本项目梳理了研学旅行的历史发展脉络,介绍了研学旅行的内涵、意义、特征等,并结合国内外发展现状梳理相关知识点。

项目引入

▼

项目一

项目目标

知识目标

拓宽视野,提升对研学旅行的认知,整合历史文化知识、自然科学知识、社会科学知识。

能力目标

提升实践能力和解决问题的能力,培养创新思维和团队协作精神。

素养目标

增强民族自豪感、社会责任感,培养公民意识和奉献精神。

项目重难点

项目重点

研学旅行的历史发展脉络和现实意义。

项目难点

把握研学旅行的特点和原则,能够结合国内外研学旅行的相关启示,开展科学、合理、有意义的研学旅行活动。

知识导图

```
                                    ┌─ 国内研学旅行发展历程
                    研学旅行的历史发展脉络 ─┼─ 国外研学旅行发展历程
                    │                └─ 国内外研学旅行的启示
                    │
                    │                ┌─ 研学旅行的内涵
                    研学旅行的内涵与意义 ─┼─ 研学旅行的范围理解
                    │                └─ 研学旅行的教育意义
        研学旅行概述 ─┤
                    │                ┌─ 研学旅行的特征
                    研学旅行的特征及原则 ─┼─ 研学旅行的原则
                    │                └─ 研学旅行与其他校外活动的区别
                    │
                    │                ┌─ 研学旅行市场的现状
                    国内研学旅行的发展现状 ─┼─ 研学旅行的政策体系
                                     └─ 研学旅行的产业联盟
```

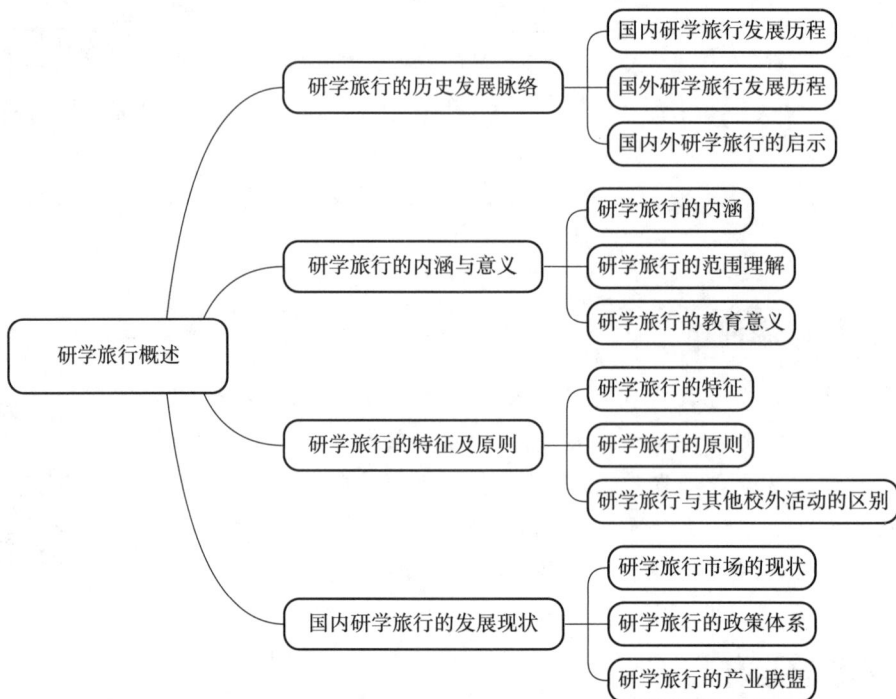

任务一　研学旅行的历史发展脉络

任务描述

本任务主要梳理国内外研学旅行的发展历程,探讨国内外研学旅行的启示。

任务目标

熟悉国内外研学旅行的发展历程,能够进行对比学习。

一、国内研学旅行发展历程

"游学"一词在中国古代典籍中出现频率较高,早在《史记·春申君列传》中,就提及了"游学博闻"一词。这一求学方式在中国古代尤为盛行,深受文人雅士的青睐,他们通过游学,不仅拓宽了知识视野,还在亲身体验中深化了对世界的理解和感知,从而促进了身心的全面发展。正如古语所言,"读万卷书,行万里路",游学体现了游学者对知识的渴求,有助于丰富游学者的人生经历。这一求学方式的产生与发展,深刻体现了中华优秀传统文化博采众长、兼收并蓄的特点。

自古以来,中国文人中盛行游学之风。例如,孔子携弟子周游列国,宣传礼乐,考察风情;唐代高僧玄奘西去印度,克服万难,取回佛经;"诗仙"李白游历祖国大好河山,创作了清新灵动、豪放飘逸的不朽诗篇;沈括从小随父游历,记录所见所闻所感,聚沙成塔,集腋成裘,终成"中国科技史上的坐标"——《梦溪笔谈》;徐霞客胸怀"大丈夫当朝碧海而暮苍梧"的远大志向,足迹遍及祖国的名山大川,著有传世之作《徐霞客游记》;王阳明提出的"知行合一"的教育思想,成为现代研学旅行的理论依据和思想源泉。

在近代中国,著名教育家陶行知先生积极倡导并推行了研学旅行的理念,他提出的生活教育理论在"新安旅行团"的研学实践中得到了深刻的体现和验证。"新安旅行团"在陶行知先生教育思想的引领下,一边进行实地学习和探索,一边宣传抗日精神、慰问抗日战士,他们历时17年,足迹遍布全国22个省市,圆满完成了这段意义深远的修学旅行。

陶行知的生活教育理论包含以下三个核心要义。其一,"生活即教育",这一理念认为生活本身就是教育的源泉,教育活动应当紧密围绕生活展开,教育的目的和方式都应服务于生活的需要,同时,教育也能改造和提升生活的品质。其二,"社会即学校",这一理念将整个社会视为一个大的学校,主张充分利用社会的各种资源来开展教育活动,让教育不再局限于传统的学校"围墙"之内,而是与整个社会紧密相连,实现开放式办学。其三,"教学做合一",这一理念强调实践教学方法论,认为教学、学习应当与生活和社会实践紧密结合,反对学校教育与社会的脱节或书本知识与实际生活的割裂。这一教育理论以及相关实践对近代中国的修学旅行教育产生了深远的影响,它不仅推动了修学旅行教育的发展,也为当今的研学旅行课程奠定了坚实的理论基础。

中华人民共和国成立以来,国家始终强调教育与劳动实践相结合的重要性。为践行这一教育理念,学校常组织春游、秋游、冬季越野等户外活动,让学生在自然和社会环境中参与实践活动,增强实践能力。随着改革开放的推进,中外交流日益频繁。大量来自欧美国家、东南亚国家,以及日本、韩国的修学旅行团纷纷来华,体验中国的文化和教育。为了接待这些国际学生团队,国内各大旅行社纷纷设立专门的修学旅行接待部门,为其提供专业的服务和支持。在接待国外修学旅行团的过程中,各旅行社、景区以及政府相关部门不断积累经验,形成了丰富的修学产品组合和高效的组织接待流程,同时也建立了较为完善的安全保障机制。这些不仅提升了国内修学旅行的服务水平,也促进了相关产业的发展。与此同时,外来的修学旅行理念也对国内的学生家长、教育工作者以及旅游业相关从业者产生了深远的影响。家长开始更加注重孩子的全面发展,教育工作者开始尝试将更多的实践元素融入教学,旅游业相关从业者则看到了修学旅行的巨大市场潜力,纷纷推出更多元化、个性化的修学旅行产品,以满足不同的需求。这种理念的交流和融合,为中国的教育事业和旅游业带来了新的发展机遇。20世纪90年代,一些有着较为先进的教育理念的学校开始组织学生进行修学旅行、出境游学,一些旅行社也适时推出了符合学生和学校需求的修学旅行产品,推动了该行业的发展。

进入21世纪,不少地方开始出现由政府主导的研学旅行活动。2003年,上海成立了中国上海修学旅游中心,该中心组织编写并出版了《修学旅行手册》,又提出联合江苏、浙江、安徽等地区打造华东研学旅行文化游黄金线路。2006年,山东曲阜成功举办了中国第一个修学旅行节庆活动——孔子修学旅行节。此后,江苏苏州、广东潮州和韶关等地相继提出打造修学旅行品牌。2008年,国家推行"国民旅游休闲计划"以后,广东将研学旅行纳入中小学教学大纲。2013年,安徽合肥、陕西西安和江苏苏州进行了研学旅行试点,形成了丰富的经验和成果。此外,不少地区还建立了研学实践教育基地,组织培训和研讨活动。有的地区将研学旅行纳入综合素质评价,制定了包括研学旅行在内的操行量表。

我国研学旅行的发展经历了三个阶段:第一阶段是精英国培阶段,第二阶段是旅行阶段,第三阶段即目前所处的研学旅行阶段。21世纪以来,研学旅行进入快速发展时期,学校、旅行社、培训机构与留学中介之间开始实现跨界融合,研学旅行目的地的选择也呈现出多样化特点,开发主体逐渐由政府转向企业。

二、国外研学旅行发展历程

国外的研学旅行经历了漫长的演进,逐步发展成如今形式多样、内涵丰富的教育实践形式,其发展历程可分为以下几个主要阶段。

(一)早期起源(17世纪至19世纪)

1. 英国的"大游学"(Grand Tour)

17世纪,英国的贵族子弟为完成学业,会进行一场长时间的欧洲大陆游历。当时英国社会经济繁荣,贵族阶层拥有财富和闲暇时间,并且对古典文化有着浓厚的兴趣。这些年轻人主要前往法国、意大利等欧洲国家,目的是学习语言、艺术、历史和礼仪等方面的知识。他们会参观古罗马和古希腊的遗址,如罗马的斗兽场、希腊的帕特农神庙等,同时在法国宫廷学习社交礼仪。这一时期的"大游学"是研学旅行的雏形,带有浓厚的精英教育色彩。

2. 德国自然主义教育思潮影响下的实践活动

18世纪,德国教育家卢梭提出自然主义教育思想,强调儿童应该在自然环境中学习和成长,该思想对德国教育界产生了深远影响。德国一些学校开始组织学生到乡村、山区进行观察和学习,如让学生观察植物的生长、动物的习性等,这为研学旅行注入了自然教育的元素。

(二)初步发展阶段(20世纪初至20世纪中叶)

1. 美国户外教育的兴起

20世纪初,美国经济快速发展,人们的教育需求和教育理念也在不断变化。同时,儿童的身体素质和实践能力日益受到重视。美国的一些学校和社会组织开始大力推广户外教育活动。例如,4-H俱乐部作为农业推广体系的重要组成部分,自1902年创立以来迅速发展。该组织通过设计农场实践、自然观察、手工制作和社区服务等项目,将劳动教育与生活技能培养相结合。青少年通过参与农作物种植、家畜饲养等实践活动,不仅掌握了农业科学知识,还在团队协作中培养了责任感与领导力。这种"从做中学"(Learning by Doing)的教育理念,为户外教育注入了鲜明的实践导向,成为研学旅行的重要实践范式。这些活动不仅增强了孩子们的身体素质,还培养了他们的团队合作精神和解决问题的能力,成为研学旅行的一种重要形式。

2. 欧洲国家修学旅行的规范化

随着教育的普及和交通条件的改善,欧洲国家的修学旅行逐渐从少数贵族子弟的特权转变为普通民众也能参与的教育活动。欧洲各国开始对修学旅行进行规范化管理,如法国、德国等国家制定了相关的教育政策,将修学旅行纳入学校教育体系。学校会组织学生到博物馆、工厂、历史遗迹等地进行参观学习,并且对旅行的时间、行程安排、教学目标等进行了明确的规定。

（三）蓬勃发展阶段（20世纪中叶至21世纪初）

1. 日本修学旅行的制度化

第二次世界大战后,日本经济复苏,教育改革成为国家发展的重点之一。日本政府高度重视对学生的综合素质的培养,将修学旅行作为学校教育的重要组成部分。

1946年,日本正式将修学旅行纳入学校教育体系,并多次下发文件指导全国中小学修学旅行的开展。从小学到高中,各阶段都有不同主题和目的地的修学旅行安排。例如,组织小学阶段的学生参观当地的农场、科技馆等场所,组织中学阶段的学生参观历史名城或自然保护区,组织高中阶段的学生进行海外交流等。此外,对修学旅行的时间、费用、安全保障等都以制度的形式进行了规定,这一举措促进了修学旅行在日本的广泛开展。

2. 国际交流项目的增多

随着全球化进程加速,各国之间的文化、教育交流日益频繁。同时,航空、通信等方面的技术的发展为跨国研学旅行提供了便利。欧美国家之间、欧美国家与亚洲国家之间的学校开始建立国际交流项目。学生可以到国外的学校进行短期学习,住在当地的寄宿家庭,体验不同国家的教育方式、文化习俗等。例如,美国的学生到法国学习艺术课程,澳大利亚的学生到日本学习传统工艺等,这种跨国研学旅行方式拓宽了学生的国际视野。

（四）现代多元化发展阶段（21世纪初至今）

1. 主题式研学旅行的多样化

现代社会对人才的需求更加多元化,在教育理念方面也更加注重个性化和创新。

Note

学生和家长对于研学旅行不再满足于传统的参观学习，而是有了更多的期望。

市场上开始出现各种各样的主题式研学旅行，包含科技主题（如到硅谷等地学习前沿科技等）、生态主题（如到亚马孙热带雨林进行生态研究等）以及文化创意主题（如在欧洲的创意产业园区学习设计等）。这些主题式研学旅行往往结合了学术研究、实践操作和体验式学习，为学生提供了更具深度和广度的学习机会。

2. 在线研学旅行资源的整合与虚拟研学旅行的出现

互联网技术的飞速发展改变了教育的方式和资源获取的途径，如全球疫情期间，在实地研学旅行受到限制的情况下，在线研学旅行资源被整合，虚拟研学旅行出现。一方面，许多机构开始整合在线研学旅行资源，如提供世界各地博物馆的虚拟展览、在线科学实验课程等；另一方面，虚拟研学旅行作为一种创新形式逐渐兴起，学生利用虚拟现实（VR）和增强现实（AR）技术，仿佛身临其境地体验不同的研学场景，如通过VR技术参观埃及金字塔内部结构等。

总体来看，国外研学旅行从早期的贵族式游学逐渐发展为面向大众的多元化教育活动，并且在现代科技的推动下不断进行创新和拓展。

三、国内外研学旅行的启示

国内外研学旅行的发展实践提供了诸多宝贵经验与深刻启示，这些经验和启示对于我国研学旅行市场的进一步发展和优化具有重要的借鉴意义。

（一）教育理念与实践的深度融合

国内外成功的研学旅行案例均强调教育理念与实践的紧密结合。研学旅行不应仅仅是游玩，而应是在实践中深化教育目标的过程。在国外，如日本的修学旅行将参观国家公园、历史古迹与学习传统文化知识、体验职业活动等深度融合，根据学生不同学段特点精心安排活动内容，使学生在旅行中拓宽视野、增长知识、提升综合素养。这种将教育贯穿旅行全程的做法启示我们，研学旅行应注重课程设计的科学性和系统性，确保每一个环节都能承载教育意义，让学生在亲身体验中获得知识、提升能力，实现教育与旅行的无缝对接。

（二）市场规范与行业自律的协同推进

国外研学旅行市场在发展过程中，注重市场规范与行业自律的协同推进。以美国为例，研学旅行相关机构和营地通常会制定严格的行业标准和规范，涵盖安全管理、课程质量、师资配备等多个方面，确保研学旅行活动的高质量开展。同时，行业协会也在其中发挥着积极的作用，通过组织培训、交流活动以及制定行业准则等方式，促进企业自律及企业之间的相互监督。这启示我们，我国在研学旅行市场快速发展的当下，应加快建立健全相关法律法规和行业标准，加强对研学旅行机构的监管力度，同时充分发挥行业协会的桥梁纽带作用，引导企业自觉遵守规范，推动市场健康有序发展。

（三）资源整合与创新利用的多元路径

国内外研学旅行在资源整合与创新利用方面呈现出多元路径，这给我们带来了以下启示。一方面，要充分挖掘和整合当地丰富的自然、文化、历史等方面的资源，打造具有地域特色的研学旅行产品。例如，我国一些历史文化名城可以深入挖掘古建筑、传统手工艺等资源，开发与之相关的研学旅行课程，让学生在实地体验中感受中华优秀传统文化的魅力。另一方面，要积极引入现代科技元素，创新研学旅行的形式和内容，如利用VR、AR等技术，为学生提供更加生动、直观的学习体验。此外，要加强跨地区、跨行业的合作，整合各方资源，实现优势互补，共同推动研学旅行产业的发展。例如，学校可以与旅游企业、科研机构、文化场馆等合作，共同打造综合性的研学实践教育基地，为学生提供丰富多样的学习资源和实践机会。

（四）安全保障与风险管理的强化措施

研学旅行关乎学生的出行安全和身心健康，因此安全保障与风险管理至关重要。国外在研学旅行安全管理方面积累了丰富经验，如制定详细的安全预案、配备专业的安全人员、对活动场地和设施进行严格检查等，确保在研学旅行过程中能够及时应对各类突发安全事件。此外，还要注重对学生进行安全教育，提高学生的安全意识和自我保护能力。我国在发展研学旅行的过程中，应高度重视安全问题，建立完善的安全保障体系，加强从活动策划、组织实施到行程结束的全过程的安全管理。同时，要加强对研学旅行行业从业人员的安全培训，提高他们的安全责任意识和应急处置能力，确保学生在研学旅行中的安全。

（五）人才培养与专业提升的持续推进

研学旅行的专业人才是保障活动质量和教育效果的关键因素。国外通过在高校开设相关专业、组织在职人员培训等方式，培养了一批具备专业知识和实践经验的研学旅行人才。他们不仅熟悉教育教学规律，还掌握了研学旅行行业的运作流程，能够为学生提供高质量的研学旅行服务。我国也应加强研学旅行专业人才的培养，鼓励高校开设相关专业或课程，加强与企业、研究院高效合作，建立产学研一体化的人才培养模式。同时，应针对现有的研学旅行行业从业人员，开展定期培训和继续教育活动，提升他们的专业素养和服务水平，以满足研学旅行市场日益增长的需求。

总之，我国应积极借鉴国际先进经验，结合我国实际情况，不断完善研学旅行市场的各个环节，推动研学旅行事业持续、健康、高质量发展。

任务二　研学旅行的内涵与意义

任务描述

本任务主要对研学旅行的内涵、范围、教育意义等进行讲解。

任务目标

了解研学旅行的概念界定,掌握与研学旅行相关的学科理论及其研究进展。

一、研学旅行的内涵

研学旅行是什么? 从宏观上看,研学旅行是我国在21世纪教学改革的背景下提出的一种教育教学理念,2013年2月国务院办公厅印发《国民旅游休闲纲要(2013—2020年)》,首次提出逐步推行中小学生研学旅行的设想。从微观上说,研学旅行是一种创新的教育教学模式。那么,什么是研学? 什么是旅行? 研学与旅行之间是一种怎样的关系?"研学旅行"是"研学"与"旅行"的简单相加吗? 该如何界定研学旅行的概念内涵? 这一概念包含的范围应该如何理解? 研学旅行区别于一般性旅行的特征与要素有哪些? 研学旅行的演变过程有哪些学科理论可以作为依据和支撑? 研学旅行的最新进展又是什么? 所有这些问题,都是我们开展研学旅行教育教学研究时需要回答的。

研学旅行,从字面意义上理解,即研究性学习与旅行体验的结合,但其并不是研学与旅行的简单相加,而是涵盖了主客体、作用目标及作用渠道等多个要素。在弄清楚这些要素后,才能得出对"研学旅行"这一概念的完整界定。

(一)"研学"的概念界定

首先来理解"研学"。在教育理论的广阔视野中,"研究"一词已被众多学者在哲学、文学、法律、教育等多个领域进行了深入探讨。然而,"研学"作为一个相对新颖的概念,其内涵和应用方面往往被忽视或未得到深入的阐释。因此,对研究与研学进行明确的区分,将有助于我们更精准地界定"研学"这一概念,从而在教育实践中发挥研学的独特作用。

"研究"分为"研"与"究"。东汉时期著名学者许慎在其所著的《说文解字》中,对"研"字给出了最早解释——"研,从石,开声"。"研"的本义是"细磨、研细",后引申为"反复、仔细分析琢磨、探求",用于抽象事物。再来看"究",《说文解字》中注明"究,穷也","从穴,九声"。可见,"究"的本义是"穷;尽",后引申为"谋划、研究、探求",含有

"系统调查或追根溯源"的意味。由此,"研""究"二字同义,并列连用而成为一个双音词,意为"钻研、探索"。

结合学术研究和实践来看,研究体现为一个既主动又系统的探索过程。这一过程的核心目标在于揭示、阐述或修正事实、事件、行为、理论,以及将相关发现或原理转化为实际应用。通常,我们可以将研究大致划分为两大类别:专家研究与一般性研究。专家研究是科学研究的代名词,是指研究者用科学的方法去探究事物的各种类型以及事物与事物之间的关系。一般性研究则是指学习者具有科学精神,以创新意识、探索态度,通过借鉴科学研究的某些方式方法,主动探究事物发生发展的基本规律和属性。一般性研究并非严格遵循专家研究的研究范式,而是采用"发现问题—分析问题—解决问题"的基本思路和方法,对在学习过程中出现的问题进行由表及里、由外向内、由浅入深的分析探究。

综上,"研学"的概念包含"研究"的"研",但更突显的是"学"。"研学"即按照"研"的要求,开展"学"的活动,具体来说,要求学习者以研究的意识、钻研的态度来进行知识的探索。

(二)从"研学"到"旅行"

作为文明古国,我国古代文人中一向盛行游学之风,既要"读万卷书",又要"行万里路"。"学"与"游"从来都是紧密相连的,这在明代徐霞客的《徐霞客游记》中便能窥得一二。研学旅行追求在旅行中进行探究性学习,承载着在基础教育阶段推进实施素质教育的重任。

研学旅行体现了素质教育对自然教育的要求,将教育学生的场所由封闭的课堂拓展至开放的大自然和社会,倡导学生直接接触、观察、体验自然万物,进行思考和形成认知,建立遵守自然秩序、尊重自然本性的教育观。

研学旅行体现了素质教育对生活教育的要求,倡导"生活即教育""社会即学校""知者行之始,行者知之成",认为生活中的一切都可以作为教育的内容,应做到"教学做合一"。

研学旅行作为现代教育的一种创新形式,深刻体现了素质教育所倡导的休闲教育理念。这种旅行不仅为参与者提供了丰富而充满情感的学习体验,还采取寓教于乐的教学方式,让学生在轻松愉悦的氛围中获取知识、提升能力。研学旅行不仅是知识传授的延伸,还是打造学习化生活方式的重要一环,旨在让学生在旅行中学会观察、思考、实践,建立终身学习的意识和习惯。通过研学旅行,学生能够在实践中体悟知识的力量,提升综合素质,为未来的发展打下坚实的基础。

综上,研学包含了诸多的要求和目标,旅行为研学提供了多种载体和渠道,二者使得研学旅行区别于传统课堂内的教学与研究活动,强调户外的场景、行动中的研究和学习体验。

（三）研学旅行的相关定义

研学旅行(Study Travel)，又名"研学旅游"。2013年2月国务院办公厅印发《国民旅游休闲纲要(2013—2020年)》，首次提出逐步推行中小学生研学旅行的设想。此后，作为一项推动素质教育改革的举措和一种探索旅游转型发展的崭新方式，研学旅行逐渐走入国内教育界及旅游界的研究视野并成为提振综合实践育人研究的新领域。发布于2016年12月的《研学旅行服务规范》(LB/T 054—2016)中，将研学旅行明确界定为以中小学生为主体对象，以集体旅行生活为载体，以提升学生素质为教学目的，依托旅游吸引物等社会资源，进行体验式教育和研究性学习的一种教育旅游活动。

目前，学界尚未形成关于研学旅行的统一定义，但与其相关的概念讨论与探究成果日益丰富，包括"修学游""修学旅游""教育旅游"等多种提法。其中，国内被广泛引用的定义包括以下几种。

（1）白四座认为，所谓"修学游"，主要指针对学生群体设计的、以语言学习和教育机构观摩为特点的旅游产品。修学游既非单纯的旅游，也非纯粹的教学，而是介于"游"与"学"之间，融合了二者的内容，是一种以"游"相伴的学习、以"学"为主的旅行。

（2）陈非认为，修学旅游是以提高国民素质为主旨、以一定的修学资源为依托、以特定的旅游产品为载体、以个人的知识研修为目标、以旅游为表现形式的市场化的专项旅游产品。

（3）曹晶晶认为，修学旅游是指针对学生群体设计的、以增进技艺和增长知识为目标的、通过丰富多彩的形式来实现的教育型旅游产品，它是以在校学生为主体、以教师等其他人员为补充的一种专项旅游活动。

（4）布伦特·里奇认为，教育旅游是指参与到旅游活动中的人，如远足旅游者和过夜旅游者等，将"学习"作为主要内容的旅游性活动，这些活动包括但不限于普通教育旅游、成人教育旅游，以及国内、国际大学旅游和各个学校学生的旅行，如学校远足、交换生项目、语言培训学校学习等。

二、研学旅行的范围理解

依据参与群体的范围不同，研学旅行亦可分为广义的和狭义的两种。

（一）广义的研学旅行

广义上的研学旅行指的是一种基于文化求知需求的旅行活动，它不受年龄、职业或身份的限制，任何人在人生的任何阶段都可以选择离开自己的常住地，以独自、结伴或团队的形式前往异地进行文化考察。换言之，研学旅行是一种面向全体公民的广泛旅行方式，旨在通过异地考察促进个人的文化学习和知识增长。

（二）狭义的研学旅行

狭义的研学旅行主要指教育领域内开展的研学旅行活动。根据2016年印发的《关于推进中小学生研学旅行的意见》，研学旅行是由教育部门和学校有计划地组织安排，通过集体旅行、集中食宿方式开展的研究性学习和旅行体验相结合的校外教育活动，其根本目标在于帮助中小学生了解国情、热爱祖国、开阔眼界、增长知识，着力提高他们的社会责任感、创新精神和实践能力。

在具体实践中，研学旅行活动依托自然与人文场景，将课程内容与实地考察深度融合，引导学生通过课题探究、团队协作和反思总结，实现知识内化与素养提升，最终达成知行合一的教育目标。

广义上与狭义上的研学旅行的概念区分如图1-1所示。本书提及的研学旅行特指狭义的研学旅行，主要面向中小学生。这样的研学旅行不仅是对课堂学习的有益补充，还是促进学生全面发展的有效途径。

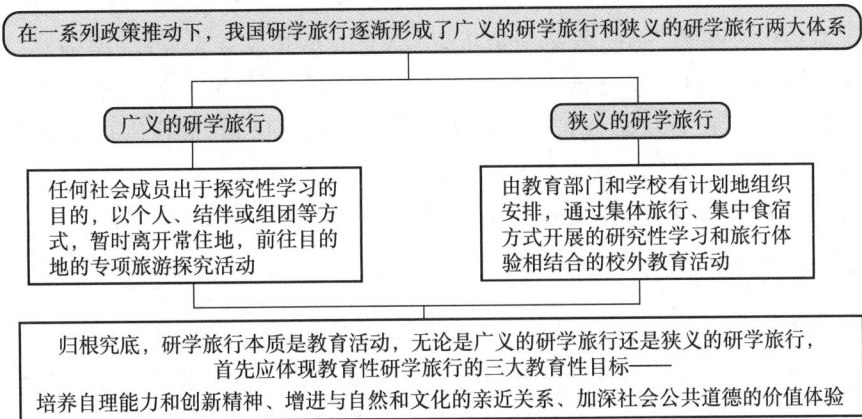

在一系列政策推动下，我国研学旅行逐渐形成了广义的研学旅行和狭义的研学旅行两大体系

广义的研学旅行	狭义的研学旅行
任何社会成员出于探究性学习的目的，以个人、结伴或组团等方式，暂时离开常住地，前往目的地的专项旅游探究活动	由教育部门和学校有计划地组织安排，通过集体旅行、集中食宿方式开展的研究性学习和旅行体验相结合的校外教育活动

归根究底，研学旅行本质是教育活动，无论是广义的研学旅行还是狭义的研学旅行，首先应体现教育性研学旅行的三大教育性目标——
培养自理能力和创新精神、增进与自然和文化的亲近关系、加深社会公共道德的价值体验

图1-1　广义上与狭义上的研学旅行的概念区分

依据《关于推进中小学生研学旅行的意见》《研学旅行服务规范》（LB/T 054—2016）及《教育部基础教育一司 关于进一步做好中小学生研学旅行试点工作的通知》，结合青少年认知发展规律，我国研学旅行实施规范包含以下几个方面。

其一，学段主题与内容范围。①小学阶段（4—6年级）：以乡土乡情教育为核心，依托本地自然景观、文化遗产等资源开展活动，培养学生对家乡文化的认同感。②初中阶段（1—2年级）：拓展至县情市情教育，通过跨区域实践（如工业考察、历史遗址探访等）深化对社会经济与区域文化的认知。③高中阶段（1—2年级）：聚焦省情国情教育，结合国家重大战略（如乡村振兴、生态保护等）或文化地标（如红色教育基地、科技园区等）开展深度研学，条件允许时可开展国际交流项目。

其二，目的地范围，参照《研学旅行服务规范》（LB/T 054—2016）中的"就近原则"要求。①小学生：以省内资源为主，优先选择交通便利、安全保障完善的基地。②初中生：可延伸至省内及周边省份，注重跨区域文化对比与社会实践。③高中生：以境内研学为基准，出境活动须经教育部门审批，并符合学校出境活动安全管理办法。

其三，实施时间与学段安排，参照《教育部基础教育一司 关于进一步做好中小学生研学旅行试点工作的通知》中的相关规定。①小学4—6年级开展，行程2天1夜。②初中1—2年级开展，行程3天2夜。③高中1—2年级开展，行程4天3夜。

其四,科学依据,上述分级设计遵循"场景由近及远、时间由短至长、内容由浅入深"的递进逻辑。①认知适配:从乡土情感启蒙到国家意识培养,匹配不同学段学生的理解能力。②安全保障:低学段短途活动降低安全风险,高学段逐步提升活动复杂性。③价值观塑造:通过"家乡—区域—国家"的层级渗透,系统培育家国情怀与社会责任感。

三、研学旅行的教育意义

研学旅行概念的提出与界定,主要体现为教育理念的一种合理化转向,具有较高的时代价值。研学旅行承载着在基础教育阶段推进实施素质教育的重任,开展研学旅行有利于推动全面实施素质教育,应让广大中小学生在研学旅行中感受祖国大好河山,感受中华传统美德,感受革命光荣历史,感受改革开放伟大成就,增强对"四个自信"的理解与认同;同时,学会动手动脑,学会生存生活,学会做人做事,促进身心健康、体魄强健、意志坚强,促进形成正确的世界观、人生观、价值观,培养他们成为德智体美劳全面发展的社会主义建设者和接班人。

研学旅行的教育意义包含三个层面:国家层面、学校层面和学生层面。

(一)国家层面

在国家层面,研学旅行是贯彻《国家中长期教育改革规划和发展纲要(2010—2020年)》文件精神的行动,是引导学生践行社会主义核心价值观的重要载体,有助于推进实施素质教育,实现学校教育与校外教育的有效衔接。同时,研学旅行注重对目的地的文化资源和旅游资源的有效利用,是一种满足自我提升需求的高层次文化旅游,对旅游行业的发展起到积极的促进作用,也是拓展文化旅游发展空间的重要举措。

(二)学校层面

在学校层面,研学旅行是深化基础教育课程改革的重要途径,是推进实施素质教育的重要阵地,是学校教育与校外教育相结合的重要组成部分。研学旅行是对新兴教育方式的积极探索,是现行学校教育之外的实践补偿。研学旅行通过弥补课堂教学中的不足,让学生走进自然与社会,丰富眼界与阅历,收获知识与成长,是培养时代新人的重要举措。在当前世界百年未有之大变局背景下,人才作为第一资源的重要性尤为突出。积极培育创新型的时代新人,不仅是教育改革的内在要求,还是推动我国高质量发展的驱动力。

(三)学生层面

在学生层面,研学旅行是公民培育和践行社会主义核心价值观的重要载体。通过实地参观、考察、体验等方式,学生可以深入了解我国的历史文化、革命传统和现代化建设成就,增强国家认同感和民族自豪感。研学旅行可以帮助学生增长见识、培育情感、锻炼意志,促使学生学会思考,并提升学生解决问题的能力、人际沟通能力、信息管理能力、适应能力、对社会与文化包容的能力、对时间及财务管理的能力,以及自我管理和自我激励能力等多方面的能力。在这一过程中,研学旅行积极完善个体的知、情、意等方面的心理结构,并使知、情、意、行有效配合、协调运转。

知识活页

一、研学的内核:从知识探究到实践转化

研学强调以研究性学习为核心方法论,要求学习者在真实场景中运用科学思维(如观察、假设、验证等)完成知识建构。根据《关于推进中小学生研学旅行的意见》提出的教育性原则、实践性原则以及安全性原则,研学活动的设计需遵循"问题导向—行动探究—反思内化"的闭环逻辑。例如,在生态研学中,学生需通过实地测量水质、采集样本、分析数据,最终形成研究报告,这一过程将生物链理论知识转化为实践操作能力。

二、旅行的价值:场景赋能与跨学科整合

旅行既是物理空间的迁移,还体现了对教育场景的重构。区别于传统课堂的静态学习,研学旅行通过户外场景(如自然生态区、文化遗产地等)和社会场景(如科技园区、乡村振兴示范点等),打破学科壁垒,推动跨领域知识融合。例如,在红色主题研学中,学生通过重走长征路线、分析历史文献、模拟战役决策,实现历史、地理、政治等多学科知识的立体化整合。这种"行动中的研究"模式,与陶行知的"教学做合一"理念一脉相承,体现了"知行合一"的教育本质。

任务三　研学旅行的特征及原则

任务描述

作为综合实践活动课程的重要组成部分,研学旅行有其独特性,它在目的、功能、活动场所等方面较传统的学校教育有着较大区别,在课程设计和实施过程方面需要遵循相关教育及非教育原则。

任务目标

明确研学旅行的特征,把握好设计原则,并具备开展科学合理的研学旅行活动的能力。

一、研学旅行的特征

研学旅行作为一种将教育与旅行深度融合的独特活动形式,具有鲜明的特征和需要严格遵循的原则。这些特征和原则不仅体现了研学旅行的本质,还是确保研学旅行教育价值得以充分实现的关键所在。

(一)体验性:身临其境的学习"盛宴"

研学旅行让学生走出课堂,走进丰富多彩的现实世界。研学旅行就像一场生动的实景剧,学生不再是被动的观众,而是参与其中的"演员"。在海滨研学旅行中,学生可以在金色的沙滩上进行海洋生态调研,观察海洋生物的形态特征和生活习性,感受海洋生态系统的奇妙之处。这种亲身经历所带来的感受和收获,能够让学生对海洋生物和生态环境形成更为直观、深刻的认识,实现在实践中学习和成长。

(二)教育性:润物无声的成长助力

研学旅行的每一个环节都精心融入了教育元素,体现了一种潜移默化的教育方式。无论是参观历史古迹、自然保护区,还是参与社会实践活动,都旨在拓宽学生的视野,丰富学生的知识储备,培养学生的各种能力并提升其素养。在参观历史博物馆的研学中,学生在一件件珍贵文物前驻足,倾听讲解员讲述文物背后的历史故事,了解古代文明的发展脉络,这种参观体验让学生仿佛穿越时空,与古人对话,深刻感受历史的厚重与文化的魅力。参观历史博物馆的研学活动不仅能够让学生学习历史知识,还能够培养学生对历史文化的敬畏之心和对中华优秀传统文化的热爱之情,激发学生的民族自豪感,增强学生的文化自信,在教育方面实现了知识教育与品德教育的有机融合。

(三)探究性:激发智慧的探索之旅

研学旅行为学生提供了广阔的探索空间,鼓励学生像小科学家一样主动思考、积极提问、深入探究。在自然科学主题的研学中,学生走进茂密的森林,观察不同植物的叶子形状、花朵颜色,思考它们适应环境的独特方式;倾听鸟儿的歌声,辨别不同鸟类的叫声特点,探索它们的生活习性和生态角色。学生还可以进行相关实验,如研究土壤成分对植物生长的影响,通过收集数据、分析结果,尝试总结科学规律。这种探究过程不仅可以满足学生的好奇心,还能够培养学生的科学思维、创新能力和实践操作能力,让学生在探索中发现世界的奥秘,体验知识学习的乐趣。

(四)综合性:多元融合的成长舞台

研学旅行是一个跨学科的综合性学习平台,它打破了学科之间的壁垒,将多个学科领域的知识有机结合起来。例如,在一次乡村研学旅行中,学生既要了解乡村的地理环境、土地利用类型等地理知识,又要研究乡村的历史变迁、传统农耕文化等历史文化知识,还要参与农事劳动,学习种植、养殖等方面的农业科学知识,欣赏民间艺术,感受乡村艺术氛围。在这个过程中,学生需要运用多方面的技能,如观察、记录、分析、团队协作等,实现了知识的融会贯通和能力的全面提升,这也为培养全面发展的人才提供了有力支撑。

二、研学旅行的原则

（一）教育性原则：知识与品德共成长

应始终将教育目标放在首位，精心设计研学旅行的课程内容和活动环节，确保学生既能学到丰富的知识，又能形成良好的品德。例如，在设计红色文化主题研学旅行时，不仅要安排学生参观革命纪念馆、红色遗址等，帮助学生了解革命历史、英雄事迹，还要组织学生开展讨论、演讲等活动，引导学生思考革命精神的内涵，培养学生的爱国主义情怀和社会责任感。在活动过程中，教师要注重引导学生将所学知识与实际生活相结合，提高学生分析和解决问题的能力，促进学生在知识、能力和品德等方面的发展。

（二）实践性原则：动手动脑，学以致用

在研学旅行过程中，要为学生创造充足的实践机会，让他们亲自动手操作、实地调研，将理论知识转化为实际能力。例如，在科技主题研学中，学生可以走进科研实验室，参与简单的科学实验，如制作小型机器人、进行化学实验等。在这个过程中，学生需要运用所学的科学知识，设计实验步骤、操作实验设备、观察实验现象、分析实验数据，从而提高动手能力和科学探究能力。同时，还要注重研学实践活动与现实生活的紧密联系，让学生在真实的情境中运用知识解决实际问题。例如，在一次以城市规划为主题的研学旅行中，学生需要深入城市的各个角落，观察城市的交通流量、建筑布局、公共设施分布等情况。他们分组进行实地调研，通过收集数据、采访市民，分析城市发展中存在的问题，如交通拥堵、环境污染等。然后，运用所学的地理、数学、社会学等方面的知识，提出自己对城市规划的建议和设想，并制作成报告或模型展示出来。通过这样的实践活动，学生不仅加深了对城市规划知识的理解，还锻炼了社会实践能力和创新思维，真正做到学以致用，为未来更好地适应社会和参与社会建设奠定了基础。

（三）安全性原则：保驾护航，安心研学

安全是研学旅行的生命线，必须建立全方位、多层次的安全保障机制。在活动前，要对研学旅行目的地进行详细的安全评估，包括自然环境、交通状况、活动场地设施等方面，确保活动环境安全可靠。例如，在登山研学中，要提前考察山峰的地形地貌、天气变化规律，检查登山装备的安全性。要为学生购买足额的保险，制定完善的安全预案，明确应对突发安全事件的流程和措施。要为行程配备专业的导师和安全员，这些人员应具有丰富的安全知识储备和应急处理经验，时刻关注学生的身体状况和行为动态，及时发现并排除安全隐患。例如，在开展水上活动时，安全员应密切关注学生的水上活动情况，确保学生穿戴好救生设备。此外，要对学生进行全面的安全教育，包括交通安全、食品安全、活动安全等方面，帮助学生了解安全注意事项，掌握基本的自我保护技能，在保障安全的前提下让每一个学生都能享受研学旅行的乐趣。

（四）趣味性原则：激发兴趣，快乐研学

研学旅行要注重活动内容和形式的趣味性，以激发学生的参与热情和学习兴趣。可以采用多样化的教学方法和活动形式，如游戏竞赛、角色扮演、小组合作探究等，让学生在轻松愉快的氛围中学习。例如，在历史文化研学中，可以设计"历史知识大比拼"游戏，让学生以小组的形式抢答历史问题、演绎历史事件等，从而增强学生对历史知识的记忆和理解。此外，可以利用现代科技手段，如VR技术、AR技术等，为学生打造沉浸式的学习体验。

（五）公益性原则：普及知识，服务社会

研学旅行应具有一定的公益性，旨在让更多的学生受益于这种独特的教育形式，促进教育公平。政府、学校和社会组织可以共同努力，为家庭经济困难的学生提供资助或减免费用，让他们也能参与研学旅行。例如，一些地方政府设立了研学旅行专项基金，用于支持贫困学生参加研学活动；学校可以通过与企业合作、争取社会捐赠等方式筹集资金，为贫困学生提供帮助。同时，还可以结合社会公益活动来组织开展研学旅行活动，如环保志愿者行动、文化遗产保护宣传等，让学生在研学过程中增强社会责任感，学会关心他人、关注社会，为社会的发展贡献自己的一份力量，进而实现教育的社会价值。

三、研学旅行与其他校外活动的区别

研学旅行是融合社会调查、参观访问、亲身体验、资料收集、专家点评、集体活动、同伴互助、文字总结等的综合性社会实践活动，是基础教育课程体系中的一门综合实践活动课程，与其他普通校外活动有明显的区别。

（一）研学旅行与春游、秋游的区别

我国中小学开展春游、秋游由来已久，这源自我国"踏青""踏霜"等民间传统习俗。在春光明媚或秋高气爽的时节，学校会组织学生走进大自然，通过野外郊游，增进学生之间的友谊，开阔学生的视野。春游、秋游的出游空间以城市近郊为主，出游时间较短，出行交通方式为步行或乘坐旅游客车，对于出游内容没有严格规定。相比国家推行的研学旅行，春游、秋游虽然是由学校组织的面向全校学生的活动，但缺乏明确的政策文件规定和活动课程方案，不能完全承载道德养成教育、社会教育、国情教育、爱国主义教育、中华优秀传统文化教育、创新精神和实践能力培养六个方面的要求。

（二）研学旅行与游学的区别

游学是古今中外一种传统的学习教育形式。在中国可溯源到孔子周游列国以广求知识、丰富阅历、考察政风民情；在西方可追溯到17世纪欧洲兴起的"大游学"运动，培根的《论旅行》开篇第一句就是"旅行是年轻人教育的一部分"，然后通篇谈论旅行与学习的关系，体现了当时人们对旅行的认识。现代教育意义上的游学是20世纪随着世

界和平潮流和全球化发展进程而产生并逐步成熟的一种国际性的跨文化体验式教育模式。如今,在一些发达国家,有计划地组织学生游学成为素质教育的有机组成部分,如德国巴伐利亚州政府将修学旅行写入当地的教育法,对修学旅行的课程、方式、时间等都做了明确规定。

在我国相关文件没有明确"研学旅行"这个提法前,游学几乎等同于研学。游学一般是校外机构在寒暑假期间组织的、体现了教育个性化需求的、由家庭承担费用的非官方行为。国家推行的研学旅行在组织形式、活动体验等方面比游学要求更高、更严格,目的性也更强。

(三)研学旅行与夏令营、冬令营的区别

20世纪90年代初,随着国外的营地教育在我国的兴起,一些学校或旅行社、校外教育机构开始在寒暑假开展夏令营、冬令营活动。营地活动包含军事、英语、艺术、科技等不同主题,在知识传授、能力培养、素质养成等方面与研学旅行有异曲同工之妙,但在目的性、教育性等方面与研学旅行仍有差别。本质上,营地活动是市场化的校外教育形式,没有强制性和义务性,不是所有学生都参与,费用也相对较高,具体的营地服务和课程质量受社会市场化的影响而存在差异性。

(四)研学旅行与社会大课堂的区别

社会大课堂指的是一种以社会为背景的教学模式,通过模拟社会情境、角色扮演和实地考察等方式,让学生亲身体验社会生活,培养学生的社会意识和实践能力。社会大课堂的特点包括多样性、灵活性等,可以根据学生的兴趣和需求,选择不同的教学内容和形式。社会大课堂注重学生的合作与交流,通过小组合作、角色扮演等方式,激发学生的学习兴趣、提高学生的参与度。研学旅行更侧重于通过实地学习和探索来提高学生的综合素质和实践能力,其核心特点在于实地学习。此外,研学旅行通常体现为在特定的时间段,学生离开学校前往其他地方进行学习和实践活动,而社会大课堂则可以在学校内部或外部进行,形式更加灵活多样。

任务四　国内研学旅行的发展现状

🌑 任务描述

近年来,随着家长对于综合素质教育的重视程度不断提高,研学旅行市场需求持续增长。政策的推动和专门机构的运作,为研学旅行行业的发展提供了良好的外部环境。本任务主要讲解国内研学旅行的市场现状、政策体系和产业联盟。

🔵 任务目标

准确把握国内研学旅行市场的发展特点，了解相关奖补政策。

一、研学旅行市场的现状

近年来，研学旅行市场蓬勃发展，呈现出多维度的特征。研学旅行市场既有巨大的发展潜力，也面临着一些亟待解决的问题。以下将从市场规模、产品供给、市场竞争、政策环境、线上线下融合以及面临的挑战与发展展望等方面进行讲解。

（一）市场规模持续扩张，需求潜力巨大

随着社会对素质教育的关注度不断提升，研学旅行市场规模呈现出持续增长的态势。相关统计数据显示，2023年中国研学游行业市场规模达1469亿元，同比增长61.6%。预计到2026年，全国研学旅游市场规模将达到2422亿元。家长和学校越来越认识到研学旅行对于学生全面发展的重要性，纷纷积极参与其中。

从家庭层面来看，每逢寒暑假，许多家长都会主动为孩子报名参加各类研学旅行团，让孩子在旅行中学习。家长对孩子综合素质培养的投入意愿增强，希望孩子通过研学旅行走出教室，感受不同的文化、环境，从而拓宽视野、增长见识。在暑期研学游方面，携程集团发布的《2024暑期旅游市场预测报告》显示，2024年暑期亲子研学类产品仍然备受欢迎，相关产品订单同比增长七成，价格与上年基本持平。飞猪统计显示，2024年7月以来，平台上"研学游"相关搜索热度环比增长超60%。

学校方面也将研学旅行视为丰富教学内容、提升学生实践能力的有效途径，积极组织学生参与各类研学项目。相关统计数据显示，过去几年间，研学旅行市场的参与人数和市场交易额均呈现显著上升趋势，预计未来仍将保持较高的增长率。从区域的角度来看，国内一些地区的研学游市场表现突出，如曲阜市文化和旅游局市场推广科科长介绍，2024年上半年曲阜共接待研学青少年136.7万人次，同比增长24.3%。持续释放的市场需求表明，研学旅行市场具有广阔的发展前景，这吸引了众多企业和机构纷纷涉足这一领域。不仅如此，研学游市场的增长还带动了相关产业的发展，如在河南安阳，随着研学游的兴起，当地的民宿和酒店迎来预订热潮。截至2024年7月，安阳旅游者已经达到5000多万人次，旅游综合收入达到460多亿元，分别比上年同期增长了38%和14%。

（二）产品供给丰富多样，但质量参差不齐

为满足多样化的市场需求，研学旅行市场推出了丰富多样的产品，涵盖了众多领域和主题。从历史文化探索到自然科学考察，从科技创新体验到艺术素养提升，从红色文化传承到劳动实践锻炼，几乎无所不包。例如，在历史文化类研学旅行中，有的机构会组织学生前往西安，开展以"探秘古都西安，领略华夏文明"为主题的研学旅行活

动,学生可以参观兵马俑、古城墙、陕西历史博物馆等著名景点,深入了解中国古代在历史、文化、艺术和科技等领域的成就。在自然科学类研学旅行中,如以"走进热带雨林,探索自然奥秘"为主题的研学旅行,学生可以进入云南西双版纳的热带雨林,观察珍稀动植物的生态习性,学习植物分类、生态系统等方面的知识,探究自然环境与生物多样性之间的关系。

然而,在产品供给繁荣的背后,质量问题不容忽视。部分研学旅行产品存在课程设计缺乏深度、教学方法单一、安全保障不到位等问题。一些机构为了追求经济利益,仓促推出产品,忽视了教育性和安全性等核心要求,导致产品质量良莠不齐,影响了学生的研学体验和市场的健康发展。例如,某些研学旅行团只是带领学生走马观花式地参观景点,缺乏专业的讲解和深入的课程引导,学生无法真正从活动中获得有价值的知识和体验。

(三)市场竞争渐趋激烈,企业分化加剧

研学旅行市场潜力巨大,吸引了众多参与者,旅行社、教育培训机构、文化公司等各类企业纷纷涌入,市场竞争日益激烈。旅行社凭借其在旅游资源整合、行程安排和服务保障方面的优势,积极拓展研学旅行业务;教育培训机构则发挥其在课程设计、教学指导方面的专长,打造具有教育特色的研学旅行产品;文化公司则注重挖掘旅游资源的文化内涵,推出富有文化底蕴的研学旅行项目。

在激烈的竞争中,企业分化逐渐显现。一些具有较强实力、注重产品质量和品牌建设的企业,通过不断创新和优化服务,逐渐在市场中占据优势地位,形成了一定的品牌影响力。例如,新东方文旅在进入研学旅行市场后,凭借其在教育领域的深厚积累和较高的品牌知名度,迅速推出了一系列高质量的研学旅行产品,涵盖了历史文化、科技创新、自然探索等多类主题。新东方文旅注重课程研发,邀请专业学者和教育专家参与课程设计,为学生提供丰富、深入的学习内容;同时,在服务方面也做到精细化管理,确保学生在研学旅行过程中的安全和舒适,赢得了家长和学校的高度认可,市场份额不断扩大。部分规模较小、缺乏核心竞争力的企业则面临生存压力,市场份额逐渐萎缩。这种市场竞争格局促使企业不断提升自身实力,以适应市场变化和客户的多样需求。

(四)政策环境不断优化,规范引导加强

政府对研学旅行市场的重视程度日益提高,出台了一系列政策措施,为市场的健康发展提供了有力的政策支持和规范引导。国家层面的政策文件明确了研学旅行的重要地位,将其纳入教育教学计划,鼓励学校积极组织开展研学活动,并对研学旅行的组织实施、安全保障、课程设计等方面提出了具体要求。地方政府也积极响应,结合本地实际情况,制定了相应的实施细则和扶持政策,加大对研学实践教育基(营)地建设的投入,推动研学旅行与地方文化、旅游资源的深度融合。以北京为例,北京市政府积极推动研学实践教育基地建设,认定了一批涵盖历史文化、自然科学、科技创新等多个

领域的优质基地。例如,中国科技馆被确定为重要的研学实践教育基地之一,这里拥有丰富的科普展览资源和互动体验设施,为学生提供了一个探索科学奥秘、培养创新思维的理想场所。学校可以组织学生在这里开展以"科技创新与未来发展"为主题的研学旅行活动,通过参观高科技展品、参与科学实验、聆听专家讲座等形式,引导学生深入了解前沿科技知识,激发学生对科学的浓厚兴趣。

同时,政府还加强了对研学旅行活动的监管力度。在安全管理方面,要求研学旅行机构必须制定完善的安全预案,确保学生在研学旅行过程中的人身安全。例如,在组织学生进行户外研学活动时,必须对活动场地进行安全评估,配备专业的安全指导人员,提供必要的安全防护设备。在课程质量监管方面,建立了课程审核机制,确保研学旅行产品的教育内容符合学生的年龄特点和认知水平,具有一定的教育价值和实践意义。只有通过审核的课程才能推向市场,这有效避免了低质量研学旅行产品的泛滥,保障了学生的研学体验和学习效果。

(五)线上线下加速融合,创新发展态势明显

互联网技术的飞速发展深刻影响着研学旅行市场,线上线下融合成为市场发展的重要趋势。线上平台在研学旅行市场中发挥着越来越重要的作用,为研学旅行提供了便捷的信息传播、产品展示和销售渠道。学生和家长可以通过互联网轻松获取各类研学旅行产品的详细信息,包括行程安排、课程内容、师资配备、用户评价等,并实现便捷的在线预订和支付。例如,携程旅行网推出了专门的研学旅行板块,整合了全国各地众多优质的研学旅行产品,提供了详细的产品介绍、行程安排和用户评价等方面的信息,方便家长和学生进行选择。同时,线上平台利用大数据、人工智能等技术,精准分析用户需求,实现个性化推荐,提升了营销精准度和用户体验。例如,根据学生的年龄、兴趣爱好、学习阶段等因素,为学生精准推荐合适的研学旅行产品,如为对历史文化感兴趣的初中生推荐"跟着课本游南京——历史文化深度研学之旅"等。

在线下方面,企业注重开展高质量的研学旅行活动,通过优化课程设计、提升师资水平、加强安全保障等措施,为学生提供更加丰富、深入的实地研学体验。例如,在实地研学过程中,配备专业的导师进行现场讲解和指导,组织学生开展互动性强的实践活动,让学生在实践中学习和成长。一些研学旅行机构在历史文化类研学活动中,邀请当地知名历史学家或文化学者作为导师,为学生深入解读历史文化背后的故事和内涵,使学生在专家的引导下进行深度思考和学习。

线上线下相互补充、协同发展,共同推动研学旅行市场的创新与升级。例如,某研学旅行机构开展了"故宫文化探秘"研学项目,在线上平台提供了丰富的故宫历史文化知识课程,让学生在出发前初步了解故宫;在实地研学过程中,学生在故宫内进行实地参观,导师结合线上所学内容进行现场讲解,引导学生观察故宫建筑的特色、了解文物的历史背景等;研学结束后,学生可以通过线上平台分享自己的研学心得,与其他同学进行交流互动,同时还能获取关于故宫文化的拓展学习资料。

（六）面临的挑战与发展展望

1. 面临的挑战

研学旅行市场在快速发展的过程中也面临一些挑战。例如，专业人才短缺问题较为突出，研学旅行需要既懂教育又熟悉旅游运营的复合型人才，而目前市场上此类人才相对匮乏，制约了产品的研发和服务质量的提升。研学旅行指导师不仅要具备扎实的学科知识，还要掌握良好的教学方法和沟通技巧，能够引导学生积极参与研学活动，解答学生在学习过程中遇到的问题。此外，研学旅行市场的监管机制尚待完善，部分研学旅行机构存在不规范的经营行为，如虚假宣传、价格欺诈等，损害了消费者的权益。同时，研学旅行活动的安全管理仍须加强，尤其是在户外活动中以及交通、住宿等方面，确保学生的人身安全是重中之重。

2. 发展展望

尽管面临诸多挑战，但随着市场需求的持续增长、政策环境的日益完善以及企业创新能力的提升，研学旅行市场有望在未来实现更加健康、可持续的发展。

一方面，市场主体应积极应对挑战，通过加强人才培养和引进、规范经营行为、强化安全管理，不断提升产品和服务的质量。

在人才培养与引进方面，企业可以与高校联合开展研学旅行人才培养项目，根据市场需求建立课程体系，注重实践教学环节，培养既懂教育理论又具备实践操作能力的复合型人才。例如，部分高校已开始与研学旅行企业合作，建立实习基地，让学生在真实的工作环境中积累经验，为行业输送"新鲜血液"。同时，企业内部应建立完善的员工培训机制，定期组织专业知识、教学技能、安全管理等方面的培训课程和考核，提升员工的综合素质和业务能力，确保研学旅行活动的各个环节都有专业人员负责。

在规范经营行为方面，企业要加强自律，严格遵守市场规则和行业标准。建立健全内部管理制度，确保宣传推广内容真实准确，避免虚假宣传误导消费者。加强价格管理，合理制定研学旅行产品价格，明码标价，杜绝价格欺诈等不正当竞争行为。积极参与行业协会组织的活动，加强与其他企业之间的交流与合作，共同推动行业规范发展。

强化安全管理是重中之重。企业应制定全面详细的安全管理制度和应急预案，涵盖交通、住宿、餐饮、活动组织等各个方面。加强对研学旅行活动场所和设施设备的安全检查，定期维护和更新，确保其安全性。为每一次研学旅行活动配备充足的专业安全人员，负责学生的安全保障工作。在活动前，对学生进行全面的安全教育，提高学生的安全意识和自我保护能力。例如，在开展水上活动前，教导学生正确佩戴救生设备，讲解水上安全注意事项；在登山活动前，培训学生有效应对突发自然灾害等。

另一方面，政府部门应进一步完善监管体系，加强对研学旅行市场的监督和引导，推动行业标准化建设，为研学旅行市场的发展创造更加公平、有序的市场环境。政府部门要加大执法力度，严厉打击非法经营、违规操作等行为，维护市场秩序。建立健全投诉处理机制，及时受理消费者投诉，保护消费者合法权益。同时，加快制定和完善研学旅行行业的相关标准和规范,包括基地建设标准、课程设计规范、导师资质要求、安全管理标准等,使研学旅行活动开展有章可循、有标可依。例如,明确研学实践教育基地的场地设施、师资配备、教学内容等方面的标准,确保基地能够提供高质量的研学服务;规范研学旅行课程的教育目标、教学方法、评价方式等,保证课程的教育性和科学性。

此外,政府部门还可以通过政策引导和资金支持等方式,鼓励企业创新发展,培育一批具有示范引领作用的研学旅行品牌企业。支持企业开展研学旅行产品创新和服务模式创新,开发具有地方特色、文化内涵丰富、体验性强的研学旅行项目。例如,可以结合地方传统文化和自然资源,打造"非遗传承""生态探索"等特色研学线路。对积极开展研学旅行活动、在提升学生综合素质方面取得显著成效的学校和企业给予一定的奖励和补贴,激发市场主体的积极性和创造力。

相信在各方共同努力下,研学旅行市场将为学生提供更加丰富、优质的研学旅行体验,成为教育领域和旅游行业的重要组成部分,为学生的全面发展和社会进步做出更大贡献。研学旅行不仅是一种旅行方式,还是一种富有教育意义的成长体验,它可以帮助学生在实践中开阔视野、增长知识、锻炼能力、培养品德,为培养适应新时代发展需求的创新型人才奠定坚实基础。同时,研学旅行也将带动相关产业协同发展,形成新的经济增长点,推动文化传承与创新,促进地方经济繁荣和社会和谐发展。

二、研学旅行的政策体系

2013年2月,国务院办公厅发布《国民旅游休闲纲要(2013—2020年)》,首次在国家层面提出推进研学旅行。此后一大批与研学旅行相关的重要文件相继出台,我国的研学旅行进入了快速发展时期。近年来国家层面发布的与研学旅行相关的政策文件介绍如下。

(一)《国民休闲旅游纲要(2013—2020年)》

发布部门:国务院办公厅。

发布时间:2013年2月。

《国民休闲旅游纲要(2013—2020年)》中明确提出:"在放假时间总量不变的情况下,高等学校可结合实际调整寒、暑假时间,地方政府可以探索安排中小学放春假或秋假","逐步推行中小学生研学旅行","鼓励学校组织学生进行寓教于游的课外实践活动,健全学校旅游责任保险制度"。

(二)《中小学学生赴境外研学旅行活动指南(试行)》

发布部门:教育部。

发布时间:2014年7月。

《中小学学生赴境外研学旅行活动指南(试行)》对境外研学旅行活动的教学主题选择、内容安排、合作机构选择、合同订立、行程安排、行前培训、安全保障等方面的内容提出指导意见,特别在操作性方面,规范了带队教师人数占比、协议规定事项等具体内容,为整个行业活动划定了基本标准和规则。

(三)《关于促进旅游业改革发展的若干意见》

发布部门:国务院。

发布时间:2014年8月。

《关于促进旅游业改革发展的若干意见》中首次明确了将研学旅行纳入中小学生日常教育范畴。该文件提出了"积极开展研学旅行"的要求:按照全面实施素质教育的要求,将研学旅行、夏令营、冬令营等作为青少年爱国主义和革命传统教育、国情教育的重要载体,纳入中小学生日常德育、美育、体育范畴,增进学生对自然和社会的认识,培养其社会责任感和实践能力。

(四)《关于推进中小学生研学旅行的意见》

发布部门:教育部等11部门。

发布时间:2016年11月。

《关于推进中小学生研学旅行的意见》中提出"各中小学要结合当地实际,把研学旅行纳入学校教育教学计划",并具体规定了研学旅行基地建设、组织管理、经费支持、安全保障、课程评价等方面的工作要求。该文件的发布有助于进一步加强研学旅行工作,推动研学旅行健康快速发展。

(五)《研学旅行服务规范》(LB/T 054—2016)

发布部门:国家旅游局(现文化和旅游部)。

发布时间:2016年12月。

《研学旅行服务规范》(LB/T 054—2016)是国家旅游局针对研学旅行实施制定的权威性的标准,该标准规定了研学旅行服务的术语和定义、总则、服务提供方基本要求、人员配置、研学旅行产品、研学旅行服务项目、安全管理、服务改进和投诉处理,是首个关于研学旅行的标准。

(六)《中小学德育工作指南》

发布部门:教育部。

发布时间:2017年8月。

《中小学德育工作指南》中明确要求,"把研学旅行纳入学校教育教学计划,促进研学旅行与学校课程、德育体验、实践锻炼有机融合,利用好研学实践基地,有针对性地开展自然类、历史类、地理类、科技类、人文类、体验类等多种类型的研学旅行活动","要规范研学旅行组织管理,制定研学旅行工作规程,做到'活动有方案,行前有备案,应急有预案',明确学校、家长、学生的责任和权利"。

（七）《中小学综合实践活动课程指导纲要》

发布部门：教育部。

发布时间：2017年9月。

《中小学综合实践活动课程指导纲要》中指出，"综合实践活动是国家义务教育和普通高中课程方案规定的必修课程，与学科课程并列设置，是基础教育课程体系的重要组成部分"。《中小学综合实践活动课程指导纲要》中要求，"高中学校要结合实际情况，研究制定学生综合实践活动评价标准和学分认定办法，对学生综合实践活动课程学分进行认定"，进一步明确了研学旅行的课程地位。

（八）《教育部办公厅关于公布第一批全国中小学生研学实践教育基地、营地名单的通知》

发布部门：教育部办公厅。

发布时间：2017年12月。

《教育部办公厅关于公布第一批全国中小学生研学实践教育基地、营地名单的通知》中对中小学生研学实践教育基地、营地建设及中小学研学实践教育提出了原则性要求，名单涵盖了各省、自治区、直辖市的著名教育基地。

（九）《教育部基础教育司2019年工作要点》

发布部门：教育部基础教育司。

发布时间：2019年3月。

《教育部基础教育司2019年工作要点》中指出，"继续实施中央专项彩票公益金支持校外教育事业发展项目，加强研学实践教育基地（营地）课程资源和服务平台建设，遴选推广典型线路"。

（十）《关于进一步激发中小学办学活力的若干意见》

发布部门：教育部等8部门。

发布时间：2020年9月。

《关于进一步激发中小学办学活力的若干意见》中强调，"各地要加强与社会有关方面合作，建立相对稳定的研学实践、劳动教育和科普教育基地，打造中小学生社会实践大课堂，免费或优惠向学生开放，充分发挥各类公共文化设施和科技场馆重要育人作用"。

（十一）《中小学生研学旅行服务合同（示范文本）》

发布部门：教育部等8部门。

发布时间：2021年3月。

《中小学生研学旅行服务合同（示范文本）》明确了学校、研学机构、家长三方的权利与义务，以及对行程安排、住宿餐饮、安全保障等的具体要求，要求公示费用构成，禁止隐性收费,细化应急预案、保险购买、突发事件处理流程,约定协商、调解、诉讼等纠纷处理方式。

(十二)《"十四五"旅游业发展规划》

发布部门:国务院。

发布时间:2021年12月。

《"十四五"旅游业发展规划》中指出,"推动研学实践活动发展,创建一批研学资源丰富、课程体系健全、活动特色鲜明、安全措施完善的研学实践活动基地,为中小学生有组织开展研学实践活动提供必要保障及支持"。

(十三)《关于健全学校家庭社会协同育人机制的意见》

发布部门:教育部等13部门。

发布时间:2023年1月。

《关于健全学校家庭社会协同育人机制的意见》中明确了学校、家庭、社会在协同育人中各自的职责定位及相互协调机制,要求学校要"用好社会育人资源","建立相对稳定的社会实践教育基地和资源目录清单";家长要"主动利用节假日、休息日等闲暇时间带领或支持子女开展户外活动和参观游览,积极参加多种形式的文明实践、社会劳动、志愿服务、职业体验以及文化艺术、科普体育、手工技能等实践活动,帮助子女更好亲近自然、开阔眼界、增长见识、提高素质";社会应"有效支持服务全面育人","积极构建普惠性家庭教育公共服务体系","各类爱国主义教育基地、法治教育基地、研学实践基地、科普教育基地和图书馆、博物馆、文化馆、非遗馆、美术馆、纪念馆、科技馆、演出场馆、体育场馆、国家公园、青少年宫、儿童活动中心等,要面向中小学生及学龄前儿童免费或优惠开放","鼓励支持社会有关方面提供寓教于乐的优秀儿童文化精品"。

推进研学旅行出于以下两方面的战略需要。一方面,国家旅游产业战略升级的需要。随着国民生活水平的提高,旅游逐渐成为社会的基本需求,但是传统的观光旅游在满足人们基本的旅游需求的同时也带来了一系列的问题,国家旅游产业发展需要实现由观光旅游向休闲旅游的战略提升,研学旅行就是这一战略提升的新的经济增长点。另一方面,国家深化基础教育改革的需要。《关于推进中小学生研学旅行的意见》中指出,"开展研学旅行,有利于促进学生培育和践行社会主义核心价值观,激发学生对党、对国家、对人民的热爱之情;有利于推动全面实施素质教育,创新人才培养模式,引导学生主动适应社会,促进书本知识和生活经验的深度融合;有利于加快提高人民生活质量,满足学生日益增长的旅游需求,从小培养学生文明旅游意识,养成文明旅游行为习惯"。研学旅行正是全面推动基础教育改革发展的重要途径。

研学旅行相关政策落地催生市场份额增加,更多机构涌入研学旅行服务市场,使得研学旅行服务、品牌的竞争更加激烈。旅行社、教育机构、咨询机构及一些非营利组织都争相挤占游学市场,目前市场参与主体众多,良莠不齐,高度分散,竞争激烈。通过综合考虑研学旅行相关企业发展情况、营收规模、品牌影响力、融资和上市情况,以及产品和服务的研发情况等指标,大致可将研学旅行相关企业划分为四个梯队:第一梯队企业营业收入超过亿元;第二梯队企业营业收入在千万元水平;第三梯队企业营业收入为一千万元至五千万元;第四梯队企业营业收入低于一千万元。

三、研学旅行的产业联盟

2013年以来,特别是2016年以后,研学旅行相关专业机构纷纷成立,形成了景区、旅行社以及其他跨行业机构竞相参与的发展局面。部分机构和地区还先后成立了一些产业联盟。当前研学旅行主要产业联盟的相关信息介绍如下。

(一)中国课程化研学旅行联盟

2014年12月6日,践行陶行知教育思想——首届"实践教育"论坛暨中国课程化研学旅行联盟在北京成立。来自旅游界和教育界的近100位专家和业界代表出席了本届论坛和联盟成立大会。

(二)内地游学联盟

2015年7月23日,由国家旅游局指导,河南、江苏、福建、山东、湖北、广东、陕西七省旅游委(局)共同组成的内地游学联盟在河南郑州宣告成立。

(三)中国研学旅游目的地联盟

2017年5月25日,中国研学旅游目的地联盟大会在安阳举行,中国研学旅游目的地城市代表联合绘制联盟地图,标志中国研学旅游目的地联盟正式成立。会议最后,安阳市文化广电体育旅游局负责人宣读中国研学旅游目的地联盟倡议书——《中国研学旅游目的地城市安阳宣言》。

(四)中国研学旅行联盟

2017年5月26日,中国研学旅行联盟成立大会暨红旗渠研学旅行论坛在河南红旗渠召开,大会围绕红旗渠制定了《中国研学旅行联盟团体系列标准》和《中国研学旅行联盟红旗渠宣言》,并将每年的5月26日定为"中国研学旅行日"。

(五)中国研学旅游推广联盟

2017年9月27日,中国研学旅游推广联盟成立大会召开,宣告中国研学旅游推广联盟在山东曲阜成立。该联盟由国家旅游局指导,山东省旅游发展委员会牵头,与北京、上海、天津、江苏、浙江、福建、河南、广东、陕西等省市共同发起成立。大会现场表决通过了《中国研学旅游推广联盟章程》。

各大旅行社也纷纷成立专门负责研学旅行的部门,大力拓展研学旅行业务。一些留学和教育企业也纷纷涉足研学旅行行业,如新东方教育科技有限公司等。在线下机构纷纷成立的同时,线上的研学旅行平台也相继建立。各地的旅游协会也相继成立了研学旅行专业委员会。

⛵ **教学互动**

请参照表1-1,制作一份适合小学四年级学生的研学项目实践学习单。

表1-1　"制作皮筋琴"项目实践学习单

姓名:

班级:

学号:

吉他,是一种常见的弹拨乐器,通常有6根琴弦,所以也称为"六弦琴"。利用身边的简单材料,我们也可以制作一个弹拨乐器,演奏出美妙的音乐

前置学习	1.拨动吉他的琴弦,琴弦会发出声音这是因为琴弦在(　　)。 A.颤动　　B.震动　　C.振动 2.吉他上的旋钮可以调节琴弦的松紧用来改变声音的(　　)。 A.高低　　B.强弱　　C.远近
初级任务	制作一个3根弦的皮筋琴
实践材料	皮筋3根,木板1块,铅笔2支

⛵ **项目小结**

推行研学旅行是国家大力推动教育改革的举措之一,研学旅行活动以中小学生为主体对象,旨在通过集体旅行生活提升学生素质,依托旅游吸引物等社会资源进行体验式教育和研究性学习。本项目从研学旅行的缘起、理论和研究入手,讲述了国内外研学旅行的发展历程,以及研学旅行的目的与要素,旨在通过系统梳理,让读者清楚了解研学旅行的全貌。

⛵ **能力训练**

知识训练
▽

以下提供俄罗斯小鹰营地的研学案例,请思考其开发的原理和意图,并结合国内现状,探讨国内研学活动开展的方向。

俄罗斯小鹰营地概况及教育理念

一、营地概况

俄罗斯小鹰营地位于俄罗斯克拉斯诺达尔边疆区的黑海沿岸,靠近图阿普谢市,于1960年创立,占地面积约3平方千米。小鹰营地拥有完善的教育、住宿和娱乐等方面的设施,包括主题营地(如"星辰"营地、"海鸥"营地、"太阳"营地等),体育场馆、游泳池、剧院、博物馆,自然探索基地和户外活动区等,主要面向7—16岁的学生。

项目一

Note

二、教育理念与特色

1.教育理念

通过多元化的活动促进学生在智力、体能、情感和社会性上的成长；培养对俄罗斯历史、文化和价值观的认同感；强调户外实践和团队协作，鼓励探索自然、挑战自我。

2.特色项目

（1）主题营地："星辰"营地，聚焦科技创新与航天教育；"海鸥"营地，以海洋生态和探险活动为主；"太阳"营地，侧重于艺术与文化创作。

（2）国际交流：定期举办国际青少年论坛，吸引各国学生参与。

（3）社会实践活动：组织模拟议会、志愿者服务、环保项目等，培养公民责任感。

3.教学方法

（1）体验式学习：通过角色扮演、野外生存训练、科学实验等实践课程深化知识应用。

（2）个性化发展：根据学员兴趣定制活动计划，如编程课程、舞蹈课程、运动课程等选修课程。

（3）导师制：由专业教育工作者和心理学家全程指导，关注学员心理健康。

三、营地活动示例

（1）户外探险：登山、划船、野外定向、露营技能培训。

（2）文化体验：俄罗斯传统手工艺制作、民族舞蹈、历史遗迹参观。

（3）科技与创新：机器人编程、航天模拟实验、3D建模。

（4）艺术与表演：戏剧、音乐会、绘画与摄影展览。

四、国际影响力

（1）合作网络：与中国的中俄青少年活动中心、欧洲的国际夏令营协会等机构建立长期合作。

（2）品牌价值：与联合国教科文组织国际志愿服务协调委员会（CCIVS）合作，开展生态保护项目。

（3）媒体报道：俄罗斯国家电视台、塔斯社等多次报道其教育活动。

五、与中国的关系

（1）中俄交流项目：自2010年起，中国多地中小学组织学生参与"小鹰营地"的夏季交换计划。

（2）特色合作：2023年，双方联合推出"丝路文化周"，通过敦煌艺术展、茶道体验等活动促进文化互鉴。

项目二
市场营销概述

项目描述

营销,普遍存在于我们的日常活动之中。营销是一门理性的科学,也是一门艺术,不仅是推销、广告,还是创造、传递客户价值的思维活动。树立科学的营销理念是研学旅行市场营销工作的第一步,本项目将从科学理解市场及研学旅行市场的角度出发,具体讲解市场营销理论、市场营销观念的演变以及研学旅行市场营销的发展展望等内容。

项目引入
▼

项目二

项目目标

知识目标

(1)掌握市场营销的基本概念及理论框架,了解什么是市场,什么是市场营销,市场营销观念的演变及研学旅行市场营销的特点、发展趋势。

(2)了解市场营销的内涵及其特征,掌握营销观念在研学旅行市场中的运用。

能力目标

(1)能够根据不同企业的营销手段准确判断企业所处的营销观念阶段。

(2)能够通过调查旅游企业人员的服务属性,判断企业的消费者导向特征,并提出较为专业的意见和建议。

素养目标

能够以团队协作的方式完成实践任务,提升团队合作能力。

项目重难点

项目重点

了解市场营销、旅游市场营销以及研学旅行市场营销的发展脉络。

项目难点

理解并掌握市场营销的7P营销理论和STP营销理论,以及研学旅行市场营销的特点、现状以及发展趋势。

知识导图

市场营销概述
- 市场和市场营销
  - 市场
  - 市场营销
  - 市场营销理论
  - 市场营销观念的演变
- 旅游市场营销
  - 旅游市场营销的含义
  - 旅游市场营销的特征
  - 旅游市场营销的产生和发展
  - 旅游市场营销的作用
  - 旅游市场营销观念的演变
- 研学旅行市场营销
  - 认识研学旅行市场营销
  - 研学旅行市场营销的特点
  - 研学旅行市场营销的现状与发展趋势

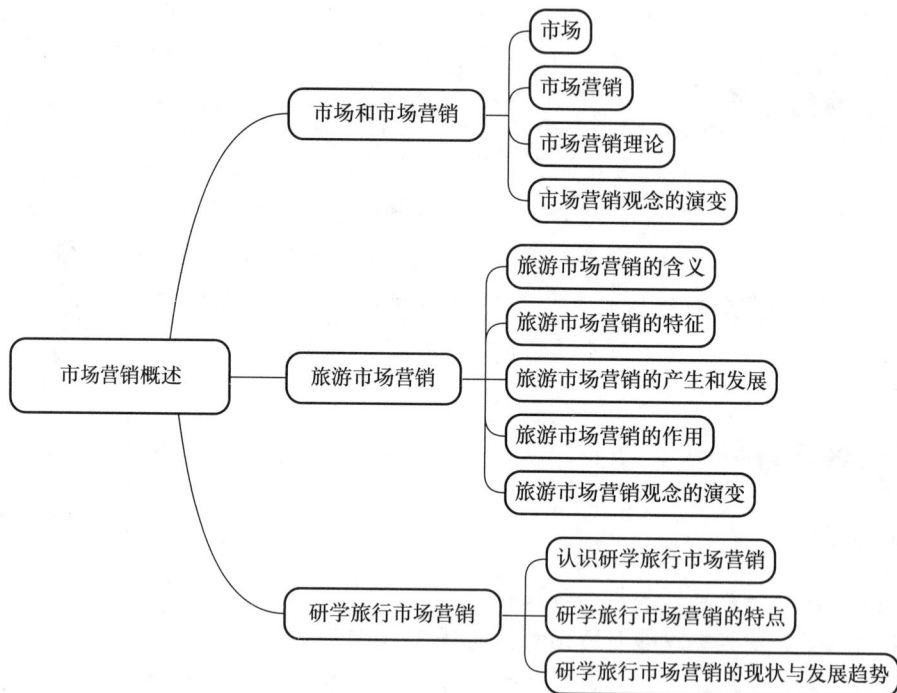

任务一　市场和市场营销

任务描述

本任务对市场营销相关知识进行了较为全面的介绍,包括市场营销理论以及市场营销观念的演变等。

任务目标

理解市场和市场营销的概念,了解市场营销相关理论知识。

一、市场

市场是企业经营活动的起点和终点,也是企业与外界建立协作关系与竞争关系的传导媒介,与此同时,市场还是企业经营活动成功与否的评判者。发现市场、占领市场、满足需求,让企业活动与社会需求相协调,是市场营销活动的核心。

市场也有狭义和广义之分。从狭义上讲,市场是买卖双方交易商品的场所。例如,我们常见的超市、农贸市场、服装市场、建材市场等,这些市场具有共性:既有买方、卖方,又有具体的交易地点和一定的交易条件,还有较为稳定的交易活动。从广义上讲,市场是指在一定时间、场所条件下的商品交换关系的总和,是体现供给与需求之间矛盾的统一体。市场是商品经济高度发展和社会分工进一步深化的产物。随着生产力的不断发展和商品生产、交换的进步,市场也得到了空前的发展。我们可以从以下几个角度来理解市场。

(一)从经济学的角度看市场

从经济学的角度来看,市场是商品交换关系的总和,是社会分工和商品生产的产物。在商品生产的条件下,不同的分工使产品相互独立且必须能够作为商品进行交换。在商品交换中,买卖双方交换的目的以及在交换中的地位和作用各不相同,各自的经济利益也不同。通过商品交换,买卖双方均接受交易价格,市场交换得以形成。通过交换,完成了商品的形态变化。因此,市场体现着商品买卖双方之间的关系,体现了人与人之间的经济关系。

(二)从场所的角度看市场

从场所的角度来看,市场是指进行商品交换的场所。我国早期便形成了类似于市场的概念,如南方的"赶场"、北方的"集市",以及后来出现的庙会、交易会、贸易货栈、超级市场和连锁商店等。由此可见,市场是一种以商品交换为主要内容的经济联系形式,同时也是买卖双方进行交易活动的场所。随着商品经济的发展以及网络技术的迅速普及,商品的交换早就不再局限于某个特定的地点、限定的时间。买卖双方可以通过网络市场这个虚拟的市场,不受时间和空间的约束进行商品的交换。

(三)从需求的角度看市场

从需求的角度来看,市场是指对某类或某种商品的消费需求。市场是在商品所有者为了满足大众需求而相互交换商品的基础上产生的,因此,市场是指愿意并能够通过交换来满足特定需求或欲望的全部潜在购买者。

美国市场营销协会(American Marketing Association,AMA)的定义委员会在1960年对市场做出如下定义:市场是指一种货物或劳务的潜在购买者的集体需求。美国著名的市场学家菲利普·科特勒认为,市场是指某种货物或劳务的所有现实购买者和潜在购买者的集合。因此,我们可以把市场理解为对某类商品或劳务具有需求的所有现实和潜在的购买者。

（四）从营销学的角度看市场

从营销学的角度来看，人口、购买力和购买欲望三要素构成了市场，在市场活动中，只有把这三者结合起来，才能产生买卖行为，则市场可以表示为"市场＝人口＋购买力＋购买欲望"。

人口是构成市场的基本要素，人口越多，说明现实的和潜在的消费需求就越大，市场就越大。购买力是指人们购买商品或服务愿意支付多少费用的能力，购买力水平的高低决定了市场容量的大小，是市场规模的重要指标。购买欲望是消费者产生购买行为的驱动力，是消费者把潜在购买力变为现实购买力的重要条件。一个国家或地区若是收入水平很高，但是人口很少，那么其市场发展就会受限，如欧洲的瑞典、丹麦等国家。一个国家或地区若是人口数量巨大，但是居民的收入水平很低，购买能力有限，则其市场狭小。有的国家或地区人口众多又具有一定的收入水平，这样的市场就属于有潜力的市场。例如，我们常常会听到有人夸赞"中国是一个很大的市场"，这句话并不是说中国的地理区域很大，而是指中国的市场需求，包括现实的和潜在的需求很大，形成了一个庞大的市场。

二、市场营销

营销，不仅是现代经济发展中的必然组成部分，还是社会文化中一种有趣的现象。我们身边的任何活动中几乎都有它的身影，街道上随处可见的推销员，商场里五花八门的促销广告，从传统媒体如报纸、广播、电视上的广告，到新兴自媒体平台上令人目不暇接的推广信息等，无不彰显着营销的无处不在。

市场营销，又称"市场行销""行销学"或"市场学"，简称"营销"。市场营销对应英文 Marketing，20 世纪 80 年代初期，伴随着改革开放的深入和商学教育在高等院校的重建，现代管理学中的 Marketing 概念开始引入中国，先后译作"销售学""市场学""市场推销"。直到 20 世纪 80 年代中期，"市场营销"这一汉语翻译名称才正式出现，并逐渐被学术界所接受。市场营销有两种含义：一种是名词理解，是指研究企业的市场营销活动或行为的学科，通常被称为"市场营销学""营销学"或"市场学"等；另一种是动词理解，是指企业的具体活动或行为，通常被称为"市场营销"或"市场经营"。

在市场营销理论发展演变的过程中，各国的学者和机构从不同的角度对市场营销的概念内涵进行了界定，其中较典型的有以下三种。

（一）菲利普·科特勒的观点

菲利普·科特勒是美国西北大学凯洛格管理学院国际市场学 S. C. 强生荣誉教授，被誉为"现代市场营销学之父"，是世界市场营销学领域的权威之一。他在不同时期对市场营销的定义如下所示。

（1）市场营销是致力于通过交换过程满足人类需要的活动。在交换过程中，卖方通过寻找买主并识别其需要，设计出适当的产品，进行产品的促销、储存和运输、出售

等。其中最重要的市场营销活动是产品开发、市场研究、促销、分销、定价和服务。(菲利普·科特勒,1983)

(2)市场营销是企业具有的一种职能。这种职能要求企业能识别目前未被满足的需要和欲望,估计和确认需求量的大小,从而选择目标市场(企业能够为其提供最好的服务),并确定企业的产品计划,以便为目标市场服务。(菲利普·科特勒,1984)

(3)市场营销是计划和实施对产品和劳务进行设计、定价、促销及分销的过程,从而实现个人的满足和组织目标的交换。(菲利普·科特勒,1985)

(4)营销是寻找、留住和增加盈利性消费者的艺术和科学。(菲利普·科特勒,2011)

(二)美国市场营销协会(American Marketing Association,AMA)2008年的观点

市场营销是创造、传播、传递和交换对客户、合作伙伴和整个社会有价值的产品的活动、制度和过程。

(三)英国市场营销协会(The Chartered Institute of Marketing,CIM)1984年的观点

市场营销是一个组织或企业以获取利润为前提,负责识别消费者需要、预测消费者需要和满足消费者需要的管理过程。

通过观察以上三种市场营销的定义,我们不难发现这三者在内涵上的一致性,即市场营销是一个社会化管理的过程,这包括识别并满足消费者需求,为消费者创造价值。

市场营销与推销有区别。市场营销不是卖东西,市场营销与推销的不同之处在于:首先,出发点不同。市场营销着眼于消费者的需要;推销着眼于企业的现有产品。其次,目的不同。市场营销旨在满足消费者的需要,让消费者满意,实现长期获利;推销是达成销售目标,实现眼下获利。最后,手段不同。市场营销的手段主要表现为整合营销;推销的手段主要表现为销售和促销。

以下以兴建和经营一家餐厅为例来说明这二者之间的区别。要修建一家餐厅,在开工前需要综合考虑很多问题,进行一定的准备工作。首先要考虑如下问题。

(1)该地现有多少家餐厅?市场竞争态势如何?

(2)与拟建餐厅同类型或同档次的餐厅有多少家?

(3)该地餐饮服务的消费者市场需求状况如何?需求规模是否够大?是否确实需要兴建新的餐厅?

(4)拟建的餐厅的目标市场面向哪些客群?这些客群有什么特征?

(5)拟建餐厅的规模有多大?

(6)拟建餐厅在哪里选址?

(7)拟建餐厅计划提供哪些类型的设施和服务?

(8)拟建餐厅的产品和服务应该选择哪种定价策略?

以上这些问题属于餐厅筹建阶段需要回答的问题,它们显然不属于促销宣传工作,更不属于销售活动。然而,考虑这些问题并开展相关工作,属于市场营销工作所涉及的范围。如果我们把一家旅游企业的全部工作分为产前、产中、产后三个阶段,那么,市场营销工作不仅会涉及上述的产前阶段,还会贯穿产中和产后阶段。由此,我们可以发现,市场营销工作的开展实际上涉及一个企业从筹建,到开发、开业、生产和运营等的整套流程,而不仅仅局限于产中阶段的促销和销售。

三、市场营销理论

(一)7P营销理论

20世纪60年代,美国营销学学者杰罗姆·麦卡锡提出了著名的营销组合模型——4P营销理论,即产品(Product)、价格(Price)、渠道(Place)、促销(Promotion),强调以产品为中心。4P营销理论的出现,在现代市场营销理论变革过程中具有划时代的意义。此后,营销管理成了企业管理运营的重要部分,涉及的领域也远比销售广。20世纪80年代初,在4P营销理论的基础上,布姆斯和比特纳进行了补充,增加了三个带有"服务性质"的元素,即人员(People)、过程(Process)和有形展示(Physical Evidence),最终形成现在的7P营销组合。

1. 产品

产品是指企业提供给目标市场的货物、服务的集合,主要包括产品的实体、效用、质量、外观、式样、品牌、包装和规格,以及服务和保证等因素。在服务业,产品被视为"消费者愿意支付的实物产品或服务"。

2. 价格

价格是指企业出售产品所追求的经济回报,消费者获得产品所需支付的金额,主要包括产品的销售价格、折扣价格、付款时间、借贷条件等。

3. 渠道

渠道是指企业为使其产品进入目标市场所组织实施的各种活动,主要包括分销渠道、储存设施、运输设施、存货控制等。在旅游市场,选择渠道时,应根据潜在旅游者(消费者)的需求,选择不同旅行线路沿线的景点,并向潜在旅游者介绍其他旅行线路的相关信息,如旅行时间、旅行距离等,帮助潜在旅游者对不同旅行线路的优劣进行比较。

4. 促销

促销是指企业利用各种信息载体与目标市场进行沟通的传播活动,包括广告、人员推销、营业推广与公共关系等。促销是向消费者强调产品或服务的活动,以满足消费者需求,吸引更多消费者购买产品。积极的促销活动与消费者满意度之间具有正向影响。

5. 人员

人员是连接消费者与企业之间的纽带。旅游业的服务焦点是服务人员的服务质量和产品质量控制,服务人员的工作能力和素质对于企业营销而言非常重要。

6. 过程

过程是指服务通过一定的程序、机制使活动得以实现的过程,亦即消费者管理流程。旅游业的过程主要包括旅行计划和预测、旅行过程管理、旅行结束反馈、旅行计划改进等。在旅行之前,对旅行行程进行精心设计是为了给旅游者提供便捷的服务,这能够大大提高消费者对企业的满意度。在旅行结束后,对整个旅行过程进行反馈和总结是在为下一次制订旅行计划做铺垫。

7. 有形展示

有形展示是指有形商品承载和提供服务的能力,包括服务供给得以顺利传送的服务环境、当前消费者的无形消费体验,以及向潜在消费者传递消费满足感的能力。旅游业中的有形展示主要体现在旅行体验、停留时间和旅行舒适度等方面。旅游产品具有高度的无形性,因此旅游景点、服务人员等都可能影响旅游者的体验。例如,首次探访名胜古迹的旅游者,不仅会形成关于建筑的记忆,还会将可供使用的交通设施、周边的市场氛围以及当地人的行为举止等因素整合,形成关于旅游目的地的整体经验。

（二）STP营销理论

1956年,美国营销学家温德尔·史密斯(Wendell Smith)首次提出了市场细分(Market Segmentation)的概念。美国营销学家菲利浦·科特勒进一步发展和完善了温德尔·史密斯的理论,最终形成了成熟的STP营销理论,即市场细分(Segmentation)、目标市场(Targeting)和市场定位(Positioning)。

1. 市场细分

市场细分是指企业通过市场调研,分析消费者对产品或服务的不同需求和欲望、不同购买行为与购买习惯,把该产品的整体市场根据不同需求分割成若干个小市场的过程。分割后的若干个小市场被称为"子市场",也叫"细分市场"。

需要强调的是,市场细分不是通过产品本身的分类来进行的,而是根据消费者需求的不同来进行细分的,消费者的需求差异性是市场细分的基础。企业必须对市场进行分类,把购买欲望和购买力大致相同的消费者归为一类,形成细分市场。

(1)地理细分,是指企业按照消费者所处的地理位置以及其他的地理变量来细分消费者市场,如国家或地区,城市或农村,以及面积、城镇规划、交通条件、通信条件、地势地形、气候变化等。

(2)人口细分,是指企业按照人口变量来细分消费者市场,如人口总数、人口密度、家庭户数、年龄结构、性别比例,以及国籍、民族、宗教、文化、职业、经济收入等。

(3)心理细分,是指企业按照消费者的生活方式、观念等心理变量来细分消费者市场,如消费习惯、购买动机、价值取向、对商品和服务方式的感受或偏爱、对商品价格的反应灵敏度等。

（4）行为细分，是指企业按照消费者购买或使用某种产品的时机、使用频率、对商店（或品牌）的忠诚程度，以及在待购阶段对产品的态度等行为变量来细分消费者市场。

2. 目标市场

目标市场是指企业决定要将产品投入的市场，是企业通过市场细分，选中并决定以企业的营销活动去满足市场需求的一个或几个细分市场。

市场细分的目的是为企业选择目标市场提供科学的依据，目标市场的选择将决定企业为谁经营，经营什么产品，生产什么档次的产品，以及产品如何营销等一系列策略。目标市场的选择正确与否，将决定企业的生存与发展。企业在选择目标市场时可采用的策略主要有以下几种。

（1）无差别性市场策略。

无差别性市场策略是指企业把整个市场作为自己的目标市场，只考虑市场需求的共性，而不考虑其差异，利用一种产品、一种价格、一种推销方法，吸引尽可能多的消费者。这种策略的优点是产品单一，产品质量容易得到保证，且能进行大批量生产，能够降低并很好地控制生产和销售成本，但如果同类企业也采用这种策略，必然会形成激烈竞争。采用无差别性市场策略，其产品在内在质量和外在形态方面一定要有独特风格，这样才能得到多数消费者的认可，从而保持市场占有的稳定性。

（2）差别性市场策略。

差别性市场策略就是把整个市场细分为若干子市场，针对不同的子市场设计不同的产品，制定不同的营销策略，满足不同的消费需求。根据消费者的消费习惯、消费观念、价值取向等，生产和销售档次不同的产品，既能准确占有某类消费市场，也能根据消费者群体的需求快速调整产品的内容，从而保持目标市场的稳定性。

（3）集中性市场策略。

集中性市场策略就是在细分后的市场上，选择少数细分市场作为目标市场，在少数细分市场上发挥优势，实行专业化生产和销售，提高市场占有率。采用这种策略的企业对目标市场有深刻的了解，这是比较适合中小型企业的一种策略。

3. 市场定位

20世纪70年代，美国学者阿尔·赖斯提出了重要的营销学概念——市场定位。所谓"市场定位"，即企业针对目标市场中同类产品的竞争状况，根据消费者对该类产品某些特征或属性的重视程度，塑造出属于本企业的具有鲜明个性、竞争性强的产品，并将其传递给消费者，得到消费者的认同。企业进行市场定位的实质是使消费者明显感觉和认识到本企业的优势以及本企业与其他企业之间的差别，从而在消费者心目中占据特殊的位置，赢得市场份额。

传统营销观念认为，市场定位就是将生产出的不同产品投放在不同的细分市场上，实行产品差异化。一项产品是多种因素的综合反映，包括性能、构造、成分、包装、形状、质量等,市场定位就是要强化或放大某些产品因素,从而形成与其他企业产品不同的独特形象。

市场定位与产品差异化虽然关系密切,但二者之间存在本质区别:市场定位是通过创造个性鲜明的产品,从而塑造出独特的市场形象来实现的。产品差异化则是实现市场定位的手段之一,是市场定位的部分内容。市场定位不仅强调产品差异,还要求通过产品差异塑造独特的市场形象,赢得消费者的认同。

市场定位策略主要有以下三种。

(1)避强定位策略,是指避免与竞争者直接对抗,将本企业的产品定位于市场的某处"空白"或薄弱环节,生产目标市场上没有的产品,开拓新的市场领域。

(2)迎头定位策略,是与最强的竞争对手"同台竞技"的定位策略,只有具备比竞争对手更强的实力才能在市场上占有优势。

(3)重新定位策略,是指当企业的消费市场逐渐被竞争对手占有,或者消费者对产品的偏好发生改变并转移到其他企业产品上时,企业就要考虑为自己的产品重新定位,转变消费者对产品的原有印象,使消费者建立关于产品的新的认识。

四、市场营销观念的演变

市场营销观念是企业从事生产、营销活动时所依据的指导思想和行为准则,也是经营者处理与企业、消费者、社会之间的关系的基本原则。自第一次工业革命成功和机器大工业出现以来,随着经营环境的变化,企业所奉行的经营思想或管理导向都在不断演进。这些观念主要分为传统营销观念和现代营销观念两大类,反映出市场的变化、供需环境的变化、企业角色的变化。传统营销观念包括生产观念、产品观念、推销观念,现代营销观念包括市场营销观念和社会市场营销观念。营销观念的演进历程如表2-1所示。

表2-1 营销观念的演进历程

观念演进	市场背景	关注重点	主要特征	类型
生产观念	产品供不应求;几乎不存在竞争	提高生产能力;增加产量	以产定销,追求数量;眼光向内	传统营销观念
产品观念	产品供不应求;竞争者增多	提高产品质量	以产定销,追求质量;眼光向内	
推销观念	产品供过于求	加强销售力度;提高销量	以产定销,强调销售;眼光向内	
市场营销观念	产品供过于求	满足消费者需求	以销定产,以消费者需求为导向;眼光向外	现代营销观念
社会市场营销观念	产品供过于求,市场竞争激烈;消费者更加挑剔,关注社会健康和环境问题	消费者需要、消费者满意度和整个社会的利益	统筹兼顾企业、消费者、社会三方面的利益;眼光向外	

（一）生产观念

生产观念产生于20世纪20年代以前，是极为古老的观念之一，用于指导销售者行为，当时的市场背景是产品供不应求，是典型的卖方市场。在这种情况下，商品只要质量过关，价格合理，不愁在市场上找不到销路。企业在追求盈利的驱动下，通过扩大生产、降低成本来获取更多的利润。企业以产定销，想方设法扩大本企业的生产或供应能力。在这一时期，对任何一家企业来说，"无论生产什么，都不愁没有销路"。生产者和供应商无须担心市场需求不足，而是将注意力放在产品上，以生产部门为主体进行管理，较少关注消费者的需求。

生产观念时期的市场环境导致"营销近视"现象的出现，企业过分重视产品或服务的质量，忽视了市场需求正在悄悄转变，企业很少根据消费者的需求提供产品，而是常常怪消费者"不识货"。

（二）产品观念

产品观念也是典型的"以产定销"观念，产生于20世纪30年代以前，与生产观念几乎同时流行。这一时期，市场供求基本平衡，生产处于饱和状态，企业经营者的注意力由关注产品数量逐渐转移到提高产品质量。产品观念认为，消费者喜欢高质量、多功能的产品，企业应将所有精力集中在提高产品的质量、丰富产品的功能上，"酒香不怕巷子深"这句话形象地体现了这一时期典型的思想。

（三）推销观念

推销观念是一种以推销为中心的经营思想，产生于20世纪40年代。1929—1933年资本主义国家爆发空前的经济危机，致使大量产品滞销，很多企业的产品开始卖不出去，由于科技的进步，科学管理、大规模生产技术的推广，产品数量迅速增加，市场供求关系发生逆转，买方市场逐渐形成，卖方竞争日趋激烈。此时，许多企业开始奉行一种"生产什么就努力推销什么"的营销观念。企业致力于产品的推广，奉行"没有不成功的产品，只有不成功的推销员"的理念。

推销观念具有以下四个特点：一是产品不变，但加强了促销宣传；二是开始关心消费者，但主要停留在如何吸引消费者购买上，重视现有产品的推销工作，没有真正做到关心消费者的需求；三是营销工作的主要目的是尽可能把生产出来的产品卖出去；四是企业的销售部门还处于从属地位。现在仍有很多企业停留在这个营销观念阶段而不自知。

（四）市场营销观念

市场营销观念是对企业经营观念的一次革命，其形成和确立的时间是20世纪50年代。第二次世界大战结束后，世界政治环境趋向平稳，多数国家尤其是欧美国家的工作重点开始转向经济建设。这一时期买方市场形成并逐渐稳定,消费者消费欲望逐渐增强。

同时,科学研究和技术发展方面不断取得突破,社会供给能力进一步增强,市场竞争也因此更激烈,从而使得消费者在购买产品和服务时有了更多的选择。企业经营者必须首先重点关注消费者市场的需求及其变化趋势,同时留意同业竞争者的行动以及外部经营环境的变化对本企业产生的影响。在这种经营思想的指导下,企业开始由过去的"以产定销"转变为"以销定产",此阶段奉行的是"消费者需要什么,我们就生产什么"的营销理念。

市场营销观念具有以下几个特点:一是企业的经营是以消费者需求为导向的;二是企业注重长远利益和可持续发展,而不是简单地追求短期销售量的增长;三是企业开始建立和维护市场营销网络,以扩大企业的市场份额和销售额。

(五)社会市场营销观念

20世纪80年代,菲利普·科特勒提出了社会市场营销观念。这一观念产生的背景是西方资本主义国家出现能源短缺、通货膨胀、失业率增加、环境污染严重、消费者保护运动盛行等现象。消费者市场对社会问题、健康问题以及环境问题的关心程度越来越高,社会市场营销观念被越来越多的政府、社团和企业接受,并且有越来越多的政府、社团和企业将这一观念纳入自己的组织文化或企业文化。

社会市场营销观念认为,企业的任务是确定各个目标市场的需要、欲望和利益,并以保护或提高消费者和社会福利的方式,比竞争者更有效地向目标市场提供能够满足其需要、欲望和利益的产品或服务。在满足消费者需求的同时,企业或社会组织还要注意维护和推进社会的整体利益的可持续发展。例如,企业生产冰箱,这在给人们带来便利的同时,也对人类赖以生存的地球环境带来一定程度的破坏。又如,长时间连续使用电子产品等很可能会影响人们的健康。当环保和健康等方面的问题日益凸显的时候,便出现了一种新的营销观念——社会市场营销观念。农夫山泉的"一分钱"公益营销活动便是社会市场营销观念的典范,是由我国民间企业发起的,有着广泛好评的持续性公益行为。农夫山泉通过"一分钱"精神,传递一种信念:消费者每购买一瓶农夫山泉,就给水源地的贫困孩子捐了一分钱。这个强大的社会责任营销使得农夫山泉的销量扶摇直上,快速地突破了一亿元。社会责任营销不仅为企业,还为整个社会带来了巨大的效益。

拓展案例
▼

"进淄赶烤"为何如此火?

🔭 知识活页

在中国古代曾出现过许多成功商人,他们在经商活动中提出的"与时逐""乐观时变"等观点,强调了经商活动要把握时机,预测市场行情;提出的"务完物""取上种",强调了要供应高质量的商品,以维持市场信誉。

Note

任务二　旅游市场营销

任务描述

随着社会经济的发展,产品的种类越来越多样,旅游企业的经营活动也在发生根本性的变化,在市场的主导下,旅游市场营销的作用日益凸显。重视营销、成功营销是旅游企业生存和发展的重要因素,也是旅游企业成功的关键。本任务将围绕旅游市场营销的特征、产生与发展等来解析旅游市场营销的奥秘。

任务目标

理解旅游市场营销的含义,熟悉旅游市场营销的特征、发展、作用、观念的演变。

一、旅游市场营销的含义

旅游市场营销,即市场营销在旅游业的具体应用,是指通过采取一系列的市场策略和活动,以满足旅游者的需求和期望,并达到市场营销目标的过程。这个过程包括分析、计划、执行、反馈和控制等环节,以旅游消费需求为导向,旨在协调各种旅游经济活动,提供有效的产品和服务,使旅游者满意,同时使企业获利。

旅游市场营销的主体广泛,包括旅游景区(点)、旅行社、宾馆、酒店,以及交通运输部、文旅部等。旅游市场竞争激烈,各种旅游企业努力争夺有限的市场份额,通过创新产品、提供优质服务、建立品牌形象等方式来吸引消费者。旅游企业在进行旅游市场营销时,还需要考虑季节性波动、地域性差异等方面的因素,结合不同地域的特点和需求,制定相应的市场营销策略。

旅游市场营销的目的在于吸引更多的旅游者,提高旅游产品的销量和市场份额,从而获得更大的市场竞争优势。在这个过程中,旅游企业需要提供具有竞争力的服务,包括行程规划、导游服务、交通安排等,以提高消费者的满意度和忠诚度。此外,旅游企业还需要不断创新,以吸引消费者的关注。

二、旅游市场营销的特征

(一)服务性

旅游市场的核心是服务,消费者对于旅游的期望主要是获得舒适、便捷和优质的服务体验。因此,旅游市场营销的主要任务是提供并宣传这些服务,以满足旅游者的需求和期望。

（二）体验性

旅游产品通常不是可以感知的实物，而是一种旅游经历和体验，旅游者实际上购买的不是旅游产品而是一次独特的体验。因此，旅游市场营销需要特别强调旅游产品的体验性，让旅游者在旅游过程中获得难忘的体验。

（三）参与性

旅游者在旅游过程中会积极参与旅游产品的生产和消费过程。这就要求旅游市场营销应充分考虑旅游者的参与度和体验感受，提供能够满足他们需求和期望的旅游产品。

（四）季节性

旅游市场的需求存在季节性波动，不同的季节对旅游产品的需求程度不同。旅游企业在进行旅游市场营销时，需要根据季节的变化调整市场策略，以满足不同季节旅游者的需求。

（五）合作性

旅游市场营销需要多个部门和行业的协同合作。旅游产品的生产和销售涉及多个环节和部门，需要各个环节和部门之间紧密协作，以确保旅游产品的质量和旅游者的满意度。

三、旅游市场营销的产生和发展

（一）旅游市场营销的产生

旅游市场营销的产生与社会经济的发展、旅游市场的形成、旅游业的产生紧密相连，其产生可以分为孕育期、萌芽期、成长期三个阶段。

1. 孕育期（公元前776年至第二次世界大战之前）

旅游作为一种社会现象有着悠久的历史，至少可以追溯到公元前776年的古代奥林匹克运动会期间，但那时旅游作为特权阶层的一种享乐活动，范围很小，没有被当作营利性的经济活动，也就不存在旅游市场营销。然而，从人类早期的旅游一直到第二次世界大战之前，每一次旅游实践及其提升，特别是西方近代旅游业的出现，都为旅游市场营销的孕育做出了或多或少的贡献。

2. 萌芽期（第二次世界大战之后至20世纪60年代）

第二次世界大战结束后，第三产业得到快速发展，营销学界逐渐展开对服务营销的研究。二战后，许多资本主义国家经济快速发展，民众收入得以提高，工作时间缩短，并开始出现公费度假的现象，这为民众性旅游活动的出现奠定了物质基础。同时，社会的相对稳定、交通的发达、文明的进步，也为民众性旅游活动创造了良好的外部条件。为了适应这种变化,大批旅游公司尝试应用营销学原理和灵活多样的方式迎合大众旅游需求,形成了以产促销的经营局面,这也是旅游市场营销的萌芽。一些酒店、饭店成立了销售部,一些旅行社成立了营业部,这些部门主要负责推销旅游产品。20世纪70年代,推销的观念在西方旅游企业的经营思想中占据统治地位。

3. 成长期(20世纪70年代至80年代)

20世纪70年代以后,随着生产力的发展、经济的增长、人们生活休闲方式的转变,旅游业很快发展成为一门新兴的第三产业。不少国家和地区大力发展旅游业,旅游设施迅速增加,旅游市场竞争也越来越激烈,旅游者选择的余地也日渐增大。旅游企业逐渐认识到,即使提供了便捷的交通工具、经济的旅游线路,也不一定能在竞争中压倒对手,这迫使旅游企业从消费者的需求出发创设旅游项目,以使自身更具竞争力。激烈的竞争缩短了旅游企业在进入市场前的准备时间,在经营过程中,经营者们从旅游者的需求出发,通过改造企业的组织结构,提高产品的质量,增加产品的种类,改变销售渠道,使自身立于不败之地。由此,旅游市场营销逐渐成形。

（二）旅游市场营销的发展

1. 市场变化促进营销发展

20世纪80年代以后,各国旅游业之间的竞争日益激烈。一方面,旅游者群体逐渐成熟,对旅游产品和服务的要求越来越高,特殊需求和偏好越来越明显,旅游消费越来越"挑剔"。另一方面,随着全球人口数量的增长和旅游业规模的扩大,服务质量、旅游者权利和安全保障等系列问题决定着旅游企业经营的成败。进入21世纪,旅游市场营销的对象又发生了变化,最明显的是增加了一批具有鲜明时代特征的年轻消费者。这些在信息时代和数字媒体环境下成长起来的年轻人,其价值观念、行为准则等呈现出新的特点。他们的全球视野、反权威的沟通方式、对环境问题的关注等,在很大程度上反映了一定的时代特征,并对旅游市场营销活动产生了一定的影响。以上这一切迫使旅游企业的经营者加强市场研究、进行市场细分、强化市场定位、研究营销战略、丰富营销策略,进而推动了旅游市场营销的发展。

2. 营销实践促进营销发展

市场营销的发展首先表现为理论不断更新。20世纪70年代产生的以社会为中心的营销理论,20世纪80年代的大市场营销理论、营销-竞争导向理论、市场营销战略组合理论、直接市场营销、顾客让渡价值、市场营销决策支持系统、市场营销专家系统等的基础上,不断出现新的理论,如绿色营销、关系营销、整体营销、体验营销、网络营销等。这些新的理论指导并推动了第三产业市场营销实践的全面提升,对包括旅游业在内的服务业市场营销的发展具有重要的意义。其中,网络营销、绿色营销已成为旅游市场营销新的焦点。

四、旅游市场营销的作用

（一）寻找市场机会的钥匙

市场营销的基本任务在于重点分析消费者的各种需求,从社会总需求与总供给的差异中寻找市场机会;通过分析复杂人群的不同需求,寻找适销对路的市场机会;从对广阔市场的缜密分析中和市场环境的动态变化中寻找市场机会。旅游业的国际性质、消费者的个性需求性质,要求旅游企业的经营者以独特的眼光和智慧分析市场。当今市场上,只顾生产、推销而不懂市场营销的旅游企业是无法真正、长久地把握市场机会的。

（二）实现经营目的的根本保证

企业经营的目的是创造利润。旅游市场营销倡导"以消费者为中心"的观念,强调以满足消费者需求为企业的根本任务,把创造利润的过程建立在满足消费者的需求之上。只有如此,旅游企业才能真正做到自觉改进产品和营销手段,从而适应消费者需求的不断变化。市场营销的根本原则是:市场需要什么,消费者需求什么,企业就提供什么。

（三）合理调节供求关系的准则

旅游产品无法储存,消费者需求也因时间、空间不同而存在差异。例如,酒店经营会因季节不同出现淡季和旺季,从而使酒店供需矛盾突出,高峰时期酒店需求超过供给能力,部分消费者流失,企业失去市场机会或造成酒店设施紧张;淡季需求低于日常需求,导致酒店设施与人员闲置,服务能力过剩,造成极大浪费。旅游企业应通过研究市场需求,深入分析消费者的各种需求状况,在淡季吸引消费者,在旺季提升服务品质,合理调节供求关系,从而保持相对的最佳经营状态。

五、旅游市场营销观念的演变

（一）绿色营销观念

绿色营销观念是旅游企业在生产经营活动的过程中,以消费者的绿色消费需求为基础,通过注重生态环境保护的方式进行市场营销的过程。随着环境的日益恶化和可持续发展理念逐步深入人心,消费者逐渐树立起了环保意识,减少或避免环境污染、使用无公害产品等成为人们的主流生活方式。在市场营销中,强调评估产品对环境的影响可以体现出旅游企业的道德水准,旅游企业也能因此赢得消费者的认可。

绿色营销观念不仅有利于旅游企业的长远发展,还对社会可持续发展和人们的健康生活起到了很大的作用,是现代人比较推崇的市场营销观念。因此,在旅游市场营销中,旅游企业应高度重视在产品规划、旅游资源开发和产品设计时的环境效益。当今,对自然保护区、文化遗产的保护与改善以及生态旅游的兴起,都体现了旅游市场营销中的绿色营销观念。

（二）文化营销观念

文化营销是指旅游企业通过系统化整合文化资源（如历史遗产、民俗艺术等），将文化内涵注入产品设计与服务流程，从而满足消费者对物质功能与精神价值的双重需求。在这一过程中，企业需通过市场调研、产品开发、品牌传播等环节，将文化符号转化为可感知的消费体验。例如，故宫文创通过提取传统文化元素设计周边产品，既满足实用需求，又激发消费者对中华优秀传统文化的认同感，从而实现文化价值与经济价值的协同提升。

一般来讲，文化营销观念包括四层含义：一是旅游企业应借助具有不同特色的文化来开展市场营销活动；二是旅游企业应综合利用文化因素实施文化营销战略；三是旅游企业应将文化因素渗透市场营销，形成具有文化特色的市场营销组合；四是旅游企业应充分利用市场营销战略，全面构筑企业文化。消费者心理的相关研究表明，消费者属于社会个体，在一定的文化影响下，个体的消费心理体现了对文化的需求，这种消费心理决定了企业的营销重点是解决如何满足人们对文化的心理需求的问题，即企业将以何种文化作为营销手段去开拓市场。

（三）网络营销观念

网络营销观念是以计算机、互联网技术为基础，借助电脑通信和数字交换式多媒体等与潜在消费者接触，向潜在消费者提供更好的产品和服务来实现旅游市场营销目标。网络营销观念是在传统营销观念的基础上产生的新的营销观念，但它并非虚拟营销，而是对传统营销的一种拓展，即传统营销向互联网的延伸，所有的网络营销活动都是真实存在的。

互联网的存在拉近了旅游企业与旅游者之间的距离，无论是旅游企业和团体，还是旅游者，都可以自由地发布和搜索信息，在网上开展交互式沟通。特别是随着互联网应用的普及，如微博、小红书、抖音、微信、电子杂志等，每一个旅游者都可以成为信息的发布者和传播者，因此，网络营销兼具直接营销、目标营销、双向互动营销、参与式营销的特点。借助网络开展旅游市场营销，几乎可以不用顾忌媒体的信息容量瓶颈问题，它可以帮助旅游企业或旅游目的地以最快的传播速度、最大的信息容量和最精确的信息内容实现对营销信息的传递，显示出了极其广阔的覆盖面。

（四）体验营销观念

随着体验经济时代的来临，体验营销逐渐成了营销界的主流。体验营销观念是旅游企业利用消费体验加深消费者对旅游产品的认知，推动旅游产品销售的手段，即营销者依据消费者的情感、思维、行动等重新定义和设计营销活动，它打破了传统的"理性消费者"假设，认为旅游者的消费行为是理性和感性兼具的，认为旅游者在消费前、消费中和消费后的体验是研究旅游者行为和品牌经营的关键。

通常，旅游企业可以通过采用让目标消费者观摩、聆听、试用等方式来体验旅游企业提供的产品或服务,充分刺激和调动目标消费者的感性因素和理性因素,让目标消费者实际感知产品或服务的品质或性能,从而增进目标消费者对产品或服务的认知,最终促成目标消费者的购买行为。这种营销观念以满足旅游者的体验需求为目标,以有形产品为载体,通过生产、经营高质量产品,拉近旅游企业与旅游者之间的距离。

任务三　研学旅行市场营销

任务描述

作为一种融合"旅行+教育"的创新教学模式,研学旅行得到了国家政策的大力支持,研学旅行市场的快速发展给企业的市场营销带来巨大挑战。本任务主要介绍研学旅行市场营销的含义、特点及其发展趋势,为进一步制定研学旅行市场营销策略奠定理论基础。

任务目标

了解研学旅行市场营销的含义和特点,培养分析研学旅行市场营销的现状与发展趋势的能力。

一、认识研学旅行市场营销

研学旅行市场营销是指将具有研究性、互动性和体验性的研学旅行产品,通过市场调研、规划、宣传、销售等手段,向目标消费者群体推广和销售的过程,主要目的是吸引消费者、提高品牌知名度和产品销量、推动产业发展。

在研学旅行市场营销中,确定目标市场是关键。研学旅行的目标市场主要是中小学生及其家长,因此,需要通过各种途径,如学校宣传、社交媒体宣传等,向这些目标群体宣传研学旅行的优势和价值,让他们了解研学旅行的重要性,从而吸引他们参加研学旅行。

同时,研学旅行市场营销还需要关注产品的设计和创新。可以推出以文化体验、科技探索、语言学习、体育健身等为主题的研学旅行产品,以满足学生多样化的需求。例如,可以推出以登山、徒步、观鸟等为主题的研学旅行产品,带领学生亲近自然、了解自然。

在价格策略方面,研学旅行市场营销需要充分利用价格杠杆,依据旅游市场和消费者需求进行适度调节,以保持旅游淡季、平季、旺季价格体系的相对稳定性,这将有利于市场开发中各个环节的稳定衔接。

此外,研学旅行市场营销还需要注重营销服务的提升。可以开展"一品为主,兼营其他"的营销组合模式,例如,以经营一种独特的纪念品为主,丰富品种,避免雷同,从而增强吸引力和竞争力,同时,对研学旅行纪念品的营销导购人员进行专业的培训,让每一个营销导购人员都具备良好的服务态度和专业的服务素质,为旅游者创造一个可信的购物环境。

总之,研学旅行市场营销是一个综合性的过程,需要综合考虑产品、价格、渠道、促销等多个方面,以实现营销目标并推动研学旅行行业的持续发展。

二、研学旅行市场营销的特点

(一)教育性

研学旅行市场营销的核心是教育,旨在结合学生的学习需求和兴趣,通过旅行开展一系列富有教育意义的实践活动。因此,研学旅行市场营销在推广和销售过程中,需要强调教育价值,以满足学校、家长和学生的教育需求。

(二)实践性

研学旅行强调学生的亲身参与,通过实践活动培养学生的实践能力和创新精神。因此,研学旅行市场营销也需要注重体现实践性,通过组织各种实践活动,如户外探险、科学实验、文化体验等,吸引学生和家长关注和参与。

(三)趣味性

研学旅行市场营销需要关注活动的趣味性,通过设计富有趣味性的活动,使学生在旅行过程中保持积极的学习态度。这要求营销人员在推广产品时,应充分了解学生的兴趣和需求,结合实际情况,设计有趣、有吸引力的研学旅行产品。

(四)综合性

研学旅行涉及多个学科领域,如历史、地理、科学、文化等,有助于拓展学生的知识面。因此,研学旅行市场营销也需要具备综合性的特点,涵盖多个学科领域的内容,提供多样化的研学旅行产品,以满足不同学校、不同学生的需求。

(五)稳定性

研学旅行的需求相对稳定,这使得研学旅行市场营销具有相对稳定的市场需求,有利于企业制定长期的市场营销战略。

总之,研学旅行市场营销具有教育性、实践性、趣味性、综合性、稳定性等特点,这些特点使得研学旅行企业在推广和销售过程中需要注重细节和创意,以满足不同消费者的需求。

三、研学旅行市场营销的现状与发展趋势

（一）现状

1. 快速增长的市场规模

近年来研学旅行市场呈现出快速增长的态势。随着家长和教育界对体验式、实践性教学的重视,研学旅行已成为学校教育的重要组成部分,并被广泛应用于小学、中学甚至大学教育领域。

2. 多样化的产品类型

研学旅行产品按照资源类型可分为知识科普型、自然观赏型、体验考察型、励志拓展型、文化康乐型等,满足了不同年龄段学生的多样化需求。

3. 多元化的参与主体

研学旅行市场的参与主体包括学校、研学旅行机构和旅游景区。学校是研学旅行活动的发起方和组织者,研学旅行机构主要提供专业的行程规划、导游服务,旅游景区主要提供丰富的教育资源。

（二）发展趋势

1. 政策支持与引导

未来,政府将加大对研学旅行市场的政策支持和引导力度,加快研学旅行相关法规、标准的制定和完善,出台更多实质性的扶持政策,吸引更多的社会资本进入该市场。

2. 市场细分与产品差异化

未来,研学旅行市场将更加注重市场细分和产品差异化,针对不同年龄段、不同需求的学生,推出更具针对性和个性化的研学旅行产品。

3. 营销渠道的创新与拓展

未来,研学旅行机构将更加注重营销渠道的创新与拓展,通过社交媒体等新型渠道进行宣传和推广,提高研学旅行产品的知名度和影响力。

4. 服务质量的提升与规范化

未来,研学旅行机构将更加注重服务质量的提升和规范化,加强服务意识的培养和管理,提高研学旅行的规范化、系统化、专业化程度。

5. 品牌建设与竞争力提升

随着市场竞争的加剧,研学旅行机构将更加注重品牌建设与竞争力提升,通过加强品牌建设、提高服务质量、创新产品等方式,提升自身的整体竞争力。

总之,研学旅行市场营销呈现出快速增长、多样化、多元化等特点,但也面临一些挑战,如主管部门不健全、政策支持不够、市场竞争激烈、品牌效应不明显、产品同质化

现象严重、营销渠道单一等。未来,随着政策支持的加强和市场需求的不断增长,研学旅行市场将迎来更加广阔的发展前景。

⛵ 教学互动

请学生按照班级内的座位顺序进行组队,以6人为一组。每组组员结合自身经历思考以下两个问题,并在组内进行讨论,讨论结束后,每组指派一名学生代表,将本组讨论的结果在班级内进行分享。

(1)营销的概念内涵是什么?

(2)我们为什么需要营销?

⛵ 项目小结

本项目介绍了市场营销的基本概念,强调了市场营销不仅是销售产品或服务的过程,还是一种以消费者为中心,满足和创造消费者需求的战略管理过程;从经济、场所、需求、营销等角度分别对市场进行解读,介绍了主流的三种市场营销观点;通过讲解市场营销的概念内涵,引出旅游市场营销和研学旅行市场营销概念,对旅游市场营销及研学旅行市场营销的含义、特点、现状及发展情况等进行了介绍,清晰地展示了研学旅行市场营销的基本知识框架。未来,研学旅行市场营销将朝着更加个性化、智能化的方向发展。借助大数据、云计算等现代信息技术手段,企业可以更精准地捕捉消费者的个性化需求,提供定制化的研学方案。研学旅行市场营销面临着机遇与挑战并存的局面,通过不断创新和完善,研学旅行必将成为连接教育与生活的桥梁,为青少年的成长提供更加丰富多样的选择。

知识训练
▼
项目二

⛵ 能力训练

以小组为单位完成实训任务:以消费者的身份联系两家旅游企业,通过询问两家旅游企业同类旅游产品或服务的价格、产品或服务的内容,比较两家旅游企业的消费者导向。在调查结束后,各组以"旅游企业消费者导向的调查与对比分析"为主题撰写调查报告(1000字左右),并在班级内分享各自的消费者体验。

任务要求:

(1)旅游企业可以是旅行社、酒店、旅游景区、旅游交通企业、餐厅、文娱企业,也可以是与旅游及其服务相关的企业。

(2)尝试通过旅游企业的客服中心热线、官方网站、官方App、官方微信公众号等与旅游企业取得联系,或作为消费者前往门店体验旅游企业的产品或服务。

(3)记录作为消费者的相关体验,包括旅游企业客服接听电话的速度、回复信息的速度,门店工作人员的服务态度等,并以此为依据判断旅游企业是否体现了以消费者为导向的理念。根据你的体验,对两家旅游企业进行比较、分析,判断哪家旅游企业的消费者导向更强一些,谈谈你的理由,并思考这家旅游企业是否还能做得更好。

项目三
研学旅行市场营销调研

项目描述

本项目主要介绍研学旅行市场营销调研的基本概念、类型、手段、方法及流程,引导学生结合研学旅行市场营销调研实例,学会分析研学旅行市场需求,为开展研学旅行市场营销活动和开发具有针对性的研学旅行课程奠定基础。

项目引入
▼

项目三

项目目标

知识目标

(1)了解研学旅行市场营销调研的概念内涵。

(2)熟悉研学旅行市场营销调研的方法及流程。

(3)掌握研学旅行市场营销调查问卷的设计方法。

能力目标

(1)能够将市场营销调研理论灵活运用于研学旅行行业。

(2)能够灵活运用调研方法和手段完成研学旅行市场营销调研工作。

(3)能够对研学旅行市场营销调研实例进行有效分析,并撰写初步调研报告。

素养目标

(1)树立以市场为导向的营销理念,培养诚实守信、求真务实的品质。

(2)形成独立分析的思维,增强职业荣誉感。

(3)培养精益求精的工匠精神。

项目重难点

项目重点

研学旅行市场营销调研的组织与实施。

项目难点

研学旅行市场营销调研结果的分析与解读。

知识导图

```
                              ┌── 研学旅行市场营销调研的定义
              研学旅行市场营销调研概述 ──┼── 研学旅行市场营销调研的类型
             │                └── 研学旅行市场营销调研的手段
             │
研学旅行市场    │   研学旅行市场营销调研的    ┌── 研学旅行市场营销调研的常用方法
营销调研 ─────┼── 方法及流程          └── 研学旅行市场营销调研的流程
             │
             │                ┌── 面向直客的研学旅行市场营销调研
             └── 研学旅行市场营销调研实例 ┼── 面向学校的研学旅行市场营销调研
                              └── 面向渠道端的研学旅行市场营销调研
```

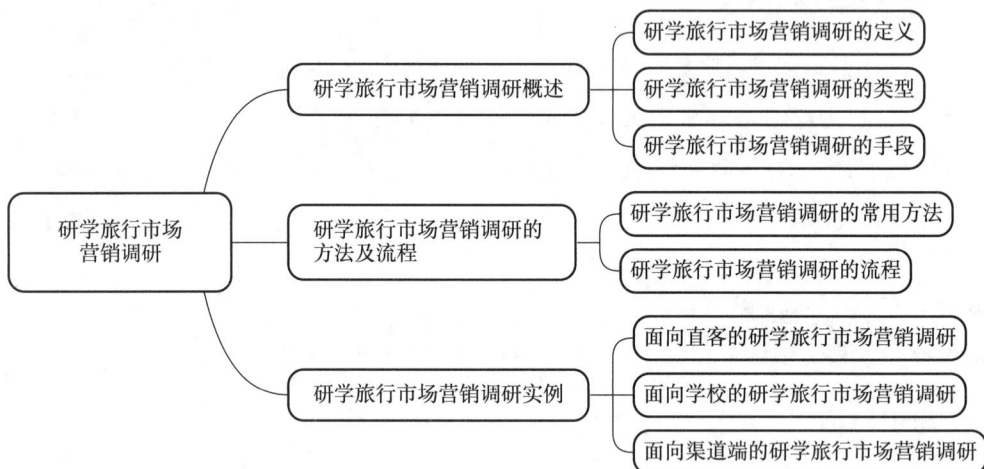

任务一　研学旅行市场营销调研概述

任务描述

本任务主要对研学旅行市场营销调研的定义、类型和手段进行讲解。

任务目标

了解研学旅行市场营销调研的定义和目的,熟悉研学旅行市场营销调研的基本类型,掌握研学旅行市场营销调研的基本手段。

一、研学旅行市场营销调研的定义

市场营销调研是指企业针对特定营销问题,运用科学方法系统、客观地收集、整理、分析市场信息,并通过解释与信息传递流程,向营销决策者提供制定、评估及优化营销策略的依据的研究过程。简而言之,市场营销调研就是通过一系列规范化、标准化的活动来帮助制定决策的过程。当前,研学旅行市场处于发展初期,相关法律和规章制度尚处于完善过程中。由于涉及政府部门、教育机构、旅行社、学生家长等多方主体,市场情况较为复杂。因此,亟须加强市场营销调研工作,以明确消费者的需求与偏好。市场调研可以提供系统、可靠的市场信息,为研学旅行企业、政府部门、学校及学生家长等提供有效的决策依据。

研学旅行市场营销调研应具备:①科学性,研学旅行市场营销调研不是简单的收集信息的活动,要想在有限的时间内和有限的经费条件下获得更多、更准确的资料信息,就必须对调研的过程进行科学的安排。②系统性,研学旅行市场调研应包含明确调研主题、设计调研方案、整理分析信息、拟定调研提案、实施信息采集和分析调研结果六个步骤。③目的性,研学旅行市场调研一般围绕研学旅行行业中存在的问题而展开,旨在通过调研活动有针对性地解决行业实践中面临的问题。④辅助性,通过研学旅行市场调研得到的信息以及经过数据分析得出的结论,可以作为行业主管部门、企业管理人员制定决策的参考。

二、研学旅行市场营销调研的类型

(一)按研究内容分类

根据研究内容不同,研学旅行市场营销调研可以分为市场需求容量调研、可控因素调研和不可控因素调研三大类。

市场需求容量调研的内容主要包括调研市场的最大需求量、最小需求量以及潜在的需求量,不同产品的市场需求的特点和差异,以及竞争对手的市场占有率等。教育部的相关统计数据显示,2022年我国小学阶段在校生约1.07亿人,初中阶段在校生约5120.6万人,普通高中在校生约2713.87万人。这些数据表明,我国基础教育阶段的学生数量庞大,为研学旅行市场提供了广阔的潜在客户群体。此外,教育部的相关文件也对研学旅行的开展提出了明确要求,规定中小学每学年至少需要开展一次研学旅行活动。这一政策导向为研学旅行市场的稳定发展提供了有力支持,同时也促使相关企业更加重视对市场需求容量的调研,以便更好地把握市场机会。

可控因素调研包括产品研究、定价研究、销售渠道研究、促销方式研究等对企业内部可控因素的调研。产品研究包括对自身产品与竞争对手产品的特性及市场反馈的调研,研学旅行产品包括但不限于研学旅行线路、研学旅行课程等。定价研究包括产品价格的弹性需求研究以及新老产品价格变动对销售量影响的研究,研学旅行产品是一种特殊的产品,需要具备公益属性,企业在定价时要进行综合考虑。销售渠道研究内容包括现有产品各类分销渠道的有效性、中间商营销能力的评价以及用户对相关内容的反馈等,在研学旅行市场中,渠道主要包含提供教育旅游服务的旅行社、文化公司、教育机构、研学实践教育基(营)地等。促销方式研究包括对人员推销、广告宣传以及其他宣传推销方式的有效性的研究。

不可控因素调研包括政治环境研究、经济发展情况研究、文化因素研究、技术发展状况及趋势研究以及竞争对手研究。研学旅行是在自上而下的政策推动下逐步发展的,政策的变化对研学旅行的发展产生重要影响。各个地区间以及不同家庭间经济文化水平的差异将间接影响消费者对研学旅行产品的需求偏好。

（二）按研究目的与方法分类

按研究目的与方法不同,研学旅行市场营销调研可以分为探测性调研、描述性调研、因果性调研和预测性调研四类。

探测性调研是对企业或者市场上目前仍不明确的问题进行调研,目的在于发现和明确问题所在及其本质,厘清与问题相关的外部环境,为后续的调研提供基础。这一类型的调研往往并不是指向得出某个具体的答案,而是希望获得更多关于问题本身的信息以及解决问题的思路。探测性调研往往会借助一些二手资料,通过文献检索与经验调研来进行。例如,若我们希望为学校提供全学段的研学旅行产品与方案,但目前还不清楚学校对研学旅行的期待是什么,便需要进行探测性调研以获得更多指向性的信息,如查询相关学段学生的学情、政策导向及学校的偏好,以便推进工作。研学旅行课程需求调研表见表3-1。

表3-1　研学旅行课程需求调研表

学校名称			
出行日期		出行天数	
出行人员	（　）年级	人数	学生（　）人,教师（　）人
校风校训			
学校特色			
社团课程			
校本课程			
综合实践活动课程			

描述性调研是对市场上存在的客观情况如实地加以描述和反映,从中找出各种因素之间的内在联系,通常是为了描述某类人群的特征或者某些现象的特点。因此,描述性调研的目的是对某些事物进行比较精确的描述说明,这也就意味着描述性调研必须设定明确的目标。例如,我们在推出不同的研学旅行产品之前,往往需要围绕消费者对不同类型产品的购买意愿进行调研,了解不同类型产品指向的消费者的特征。或

许我们能够得出这样的结论:高端、国际化的研学旅行产品总是能够吸引外国语学校的教师、学生家长为该产品买单,而具有普遍适用性的研学旅行产品则会得到更多公立学校的青睐。这类研究便属于描述性调研。因此,描述性调研需要利用更多的信息资料,与探测性调研相比,描述性调研还会使用一系列调研方法以获得一手资料。

如果说描述性调研揭示了两个及两个以上变量之间的相关关系的话,那么因果性调研则更强调两个及多个变量之间更直接的关联。因果性调研试图明确问题中两个或多个变量之间的因果关系,也就是专门调研"为什么"的问题。不同学校对高端的研学旅行产品和具有普遍适用性的研学旅行产品的接受度不同,如果我们想要进一步查明是否是价格因素所导致的,即伴随价格的提高,公立学校对研学旅行产品的接受度逐渐降低,那我们就可以进行因果性调研,在控制其他变量的情况下,调整价格以验证猜想。

预测性调研是指在描述性调研和因果性调研的基础上,对未来的市场需求与企业销售情况进行质和量两个方面的预测。这是企业制订各项计划的前提保障,对企业的经营而言至关重要。我们可以通过调研获得研学旅行产品价格、需求量和学校层次三者之间的变量关系,并以此为依据建立回归方程,从而预测销量或进行定价。当然,现实的情况往往不会如此简单,各个变量之间的关系也尤为复杂,在研学旅行行业,消费者对产品的需求往往受到政策、产品价格、研学天数、研学旅行目的地等因素的影响,因此,在调研过程中,我们需要将不同类型的调研相互结合,以确保考虑全面。

（三）其他分类方式

（1）按营销调研对象不同,研学旅行市场营销调研可分为消费者调研与生产者调研。

（2）按营销调研时间不同,研学旅行市场营销调研可分为经常性调研、定期性调研和临时性调研。

（3）按营销调研组织形式不同,研学旅行市场营销调研可分为专题性调研和综合性调研。

三、研学旅行市场营销调研的手段

研学旅行市场营销调研的手段分为传统的市场营销调研手段和网络市场营销调研手段。传统的市场营销调研手段是通过访谈、观察、实验等线下方式收集数据,了解消费者想要的是什么。网络市场营销调研手段是指通过互联网及其调研系统把传统的市场营销调研、分析方法在线化、智能化。

企业可以针对自身特定的市场营销问题,采用互联网的方式或思维,运用互联网相关技术,系统、客观地收集、整理、分析市场营销各方面的信息。这些信息不仅能够帮助企业明确问题的本质,还能为营销管理者制定、评估和改进营销决策提供依据。互联网为企业提供了新的市场营销调研工具,如企业可以利用问卷星了解不同群体对研学旅行产品的特定需求,从而为客户提供更具个性化的研学服务。

任务二　研学旅行市场营销调研的方法及流程

任务描述

本任务主要介绍研学旅行市场营销调研的方法及流程。

任务目标

了解研学旅行市场营销调研的方法,熟悉研学旅行市场营销调研的实施过程,能够运用相关调研方法和技巧完成一次专题调研。

一、研学旅行市场营销调研的常用方法

借助调研方法获得调研资料是市场营销调研的重要环节。在研学旅行市场营销调研中,一手资料的收集主要通过观察法、访谈法和问卷调查法等,二手资料的收集主要通过文献查阅的方式。

(一)观察法

观察法是直接通过观察、记录调研对象的行为或现象来获得所需资料的方法。观察法非常强调客观、如实记录所观察到的现象,因此相对于访谈法而言,观察法更为客观但所获得的资料受到的限制较大。在运用观察法的过程中,调研者需要确保所观察的对象或场景是能够被观察的,所观察的现象是经常会发生的,且发生的时间与频率可被记录。观察法的优点是所获得的资料比较客观;缺点是只能了解外部现象,无法了解调研对象的动机、意向、态度等内在因素。在研学旅行中,观察法的观察对象以学生为主,如观察学生在研学旅行课程中的参与度、研学手册的完成情况等。此外,在新的研学旅行产品推向市场前,研学旅行课程设计者或教育机构会反复磨课,观察和记录学生在研学活动中的表现,以便后期对研学旅行产品进行改进。

(二)访谈法

访谈,即研究性交谈,是指通过口头交流,根据询问对象的答复收集相对客观的、不带偏见的事实材料,以准确地说明样本所代表的总体情况。通过这种方法,调研者能够获得调研对象对产品或服务的态度意向信息。访谈有正式的,也有非正式的;可以采用逐一采访询问,即个别访谈,也可以组织小型座谈会,进行团体访谈。访谈法的优点是能够获得比较真实的一手资料;缺点是调研范围有限,速度慢,成本较高。在研学旅行市场营销调研中,访谈法被广泛使用。例如,在为某校开发设计研学旅行产品

时,可以举行小型座谈会,邀请学校领导、教师、家委会成员参与,了解他们对本次研学旅行活动的需求,共同探讨并确定研学旅行的主题、内容、目的地等。

(三)问卷调查法

问卷调查法是通过拟订的调查问卷收集信息资料的一种调查方法。问卷调查法是收集描述性信息的最佳方式。问卷调查法的优点是标准化程度高、收效快。问卷调查法能在短时间内调查较多的研究对象,取得大量的资料,并对资料进行数量化处理,经济、省时。问卷调查法的主要缺点是调查对象可能基于各种原因(如自我防卫、理解和记忆错误等),对问题做出虚假或错误的回答。问卷调查法已广泛应用于青年研究、教育心理学研究和社会调查等领域,其在研学旅行市场营销调研中的运用也非常广泛。例如,在进行研学旅行课程开发时,可以利用调查问卷了解学校、学生及其家长对研学旅行的需求,在研学旅行活动结束后,可以通过发放满意度调查问卷了解学生及其家长对研学旅行活动的满意度,并以此为依据对产品设计与活动实施进行改进。

调查问卷设计是市场营销调研的一项基础性工作,需要认真仔细地设计、测试和调整,其设计是否科学直接影响到市场营销调研成功与否。在设计调查问卷时,要把握好主题明确、结构合理、语言通俗易懂、篇幅适宜、信息适于统计等原则。

1.调查问卷的组成

一份正式的调查问卷由前言、正文和附录三部分组成。其中,前言主要说明调查主题、调查目的、调查意义,以及向调查对象致谢等。正文是调查问卷的主体部分,依据调查主题设计若干问题并要求调查对象回答,这是调查问卷的核心部分,一般要在有经验的专家的指导下完成设计。附录可附上调查者的个人档案,也可对调查问卷中的某些问题进行附带说明,还可再次向调查对象致谢。附录可视调查主题的不同而适当增删内容。调查问卷的整体结构要合理,正文应占整个调查问卷的70%—80%,前言和附录只占到很小的部分。

2.调查问卷的设计步骤

(1)设计调查问卷的主题。

(2)决定调查问卷的具体内容和所需要的资料。

(3)明确每个问题所期望获取的信息来源,以及是否需要结合其他渠道进行补充。

(4)确保每个问题只针对一个具体的调查点,避免问题过于复杂或包含多个内容。

(5)决定提问的方式,在调查问卷的问题设计上可以选择单项选择题、多项选择题、开放式问题等形式。

(6)将自己放在调查对象的位置,考查通过这些问题能否得到确切的资料,使问题易于解答。

(7)遵循思维逻辑,排列提问次序。

(8)对于每个问题,都要考虑怎样对调查结果进行恰当的分类。

(9)审查提出的各个问题,消除含义不清、具有倾向性的文字以及其他疑点。

(10)对调查问卷进行小范围的测试。

（11）审查测试结果，对不足之处予以改进。

（12）打印调查问卷。

3. 问卷调查的注意事项

在使用纸质调查问卷时应注意外观的设计，外观正式可使调查对象感受到这是一份有价值的调查问卷。调查问卷的内容应控制在一页纸之内，且必须留出足够的空白让调查对象作答，关键词应当用下划线醒目标记或进行单独设计。

问卷投放渠道一般分为线上填写、线下拦访、现场自填等方式。线上填写成本低，但调研对象对题目的理解可能存在偏差。线下拦访的调研对象对题目理解准确，但受制于调研者在现场，可能会有所保留，不愿给出真实评价。现场自填可以为调研对象当场答疑，但问卷整理录入成本高。调研者可以根据需要，灵活选择问卷投放渠道。

一份调查问卷是由许多题目组成的，在题目顺序设置上，要注意将相关的题目放在一起，题目排序要遵循先易后难、先事实后态度、先封闭问题后开放问题等原则。涉及收集调研对象个人信息的题目最好放在调查问卷的最后。题目数量应控制在30道以内，作答所需时长建议不超过5分钟。

二、研学旅行市场营销调研的流程

（一）调研准备阶段

调研准备阶段主要是指明确调研问题及目标，并在此基础上制订调研计划。调研人员首先需要根据决策者的要求或者在研学实践过程中所发现的情况和问题，提出明确的调研课题，确定调研目标，这是调研设计中最为关键的环节。调研人员在最初梳理问题时，应先将问题细化到具体的细节和可操作的层面，避免模糊不清或过于宽泛的表述，然后针对问题初步收集资料并进行分析，探测性调研往往在这一步发挥作用，最后确认调研目标，制定调研方案。调研方案中需要明确调研的目的、对象、具体步骤、时间和费用等。

（二）调研实施阶段

1. 对调研人员的培训

调研开始前应对调研人员进行必要的培训。培训内容包括：调研的基本方法和技巧、研学旅行产品的基本情况、实地调研的工作计划、调研的要求及注意事项等。

2. 进行实地调研

实地调研是相对于案头调研而言的，是对在实地进行市场营销调研活动的统称。当案头调研无法满足市场营销调研的目的，收集资料不够及时、准确时，就需要适时地进行实地调研以解决问题，取得一手资料和情报，使调研工作有效、顺利地开展。市场调研的各项准备工作完成后，便可以开始课题的实地调研了。在实地调研过程中，要做好实地调研的协调和控制工作，确保调研活动按照预定的计划和标准进行。具体而言,控制工作包括对调研人员的管理、对调研进度的把控、对数据质量的监督,以及对调研环境和资源的合理管理,从而保证调研结果的准确性和可靠性。

(三)调研结果的处理阶段

1. 调研资料的整理和分析

实地调研结束后,便进入调研资料的整理和分析阶段。调研人员收集好已填写的调查问卷后,由调研团队对调查问卷进行检查,剔除不合格的调查问卷,然后将合格的调查问卷统一编号,以便后续统计和分析调研数据。

2. 撰写调研报告

调研工作的最后往往需要出具相应的调研报告,这是一个将调研的目标、过程与成果整体化展示的环节。调研报告既是对调研过程的整体总结,同时也是决策者制定最优决策方案和合理计划的重要依据。因此,不论是市场营销调研过程中获得的资料,还是资料分析后得出的结论,都需要在调研报告中加以呈现。常见的调研报告结构包含标题页和封面、目录、内容概要、引言、调研方法、调研发现与结果、调研工作局限性、结论与建议、附录与参考书目等。同时,为便于决策者理解,调研报告的内容既要着重强调调研目标与结论,做到理论联系实际,也要使用阅读者容易理解的语言。

任务三　研学旅行市场营销调研实例

任务描述

本任务主要对不同主体的研学旅行市场营销调研实例进行讲解。

任务目标

了解研学旅行的参与者有哪些,熟悉不同参与者对研学旅行的关注点,掌握针对不同市场参与者的调研方法。

依据教育部印发的相关政策文件,中小学生研学旅行是由教育部门和学校有计划地组织安排,通过集体旅行、集中食宿方式开展的研究性学习和旅行体验相结合的校外教育活动。研学旅行过程涉及多个参与者,如研学旅行的服务对象——中小学生,研学旅行的主办方——学校,研学旅行的承办方——研学旅行企业,研学旅行的供应方——研学实践教育基(营)地,研学旅行的评价主体——教育部门、学校、学生、家长以及研学旅行行业从业者。其中,学校和教育部门不仅负责组织研学旅行活动,还承担着对研学旅行效果进行监督和评价的职责,以确保活动的质量和安全。一般而言,开展研学业务的各基(营)地或旅行社,其客户来源主要有直客、学校和其他渠道。渠道主要包含旅行社、教培机构、媒体平台、社群机构等。现在很多基(营)地既可以通过对接学校来获取研学客源,也可以通过自己的媒体渠道直接进行招生,渠道作为一个批量的获客方式,在现阶段是不可忽视的。旅行社在组织团队出行时,尤其在安排餐饮、住宿、景点、交通、研学旅行指导师等方面具有资源优势,学校也需要这样的机构来安排研学旅行相关事宜。在实践中极为普遍的是学校委托旅行社安排研学旅行相关事宜,旅行社根据学校的需求向不同的基(营)地采购研学旅行课程,将这些课程进行串联,形成主题鲜明的研学旅行产品,然后组织学生前往基(营)地体验研学旅行课程。因此,对于基(营)地、旅行社等而言,有必要对直客、学校和渠道端进行调研。

一、面向直客的研学旅行市场营销调研

直客即直接客源,又称"最终消费者",在旅游市场上被称为"散客",在研学旅行市场上主要指中小学生及其家长。这是研学旅行行业较难攻克的市场,在对其进行市场营销调研时,极为常用的是问卷调查法。

调研实例

2023年,中国青年报社社会调查中心联合问卷网(www.wenjuan.com)围绕"为孩子选择研学旅行团,家长都关注哪些方面"这一问题对1333名中小学生家长进行了调查。调查显示,安全保障(63.5%)排在第一位,食宿交通条件(57.2%)排在第二位,研学内容安排(55.1%)位列第三,之后依次是工作人员专业性(49.8%)、主办机构资质(43.1%)、规划的合理性(42.8%)、收费水平(40.7%)、服务质量(37.4%)。

参与本次调查的中小学生家长中,其孩子开学上小学低年级(1—3年级)的占40.0%,上小学高年级(4—6年级)的占35.5%,上初中的占15.1%,上高中的占9.5%;其孩子生活在一线城市的占33.8%,生活在二线城市的占38.2%,生活在三线、四线城市的占21.8%,生活在城镇或县城的占4.8%。

从调查结果可以看出,保障学生安全是研学旅行活动最基本也是最重要的要求,在满足安全、食宿等方面的基础要求后,学生家长极为关心的是研学旅行产品的内容、研学旅行指导师的水平及收费情况等。

(案例来源:中国青年报社社会调查中心)

面向直客的研学旅行市场营销调研通常由两部分组成:其一是在产品体验之前进行问卷调查,了解市场需求,开发设计研学旅行产品;其二是在产品体验结束之后进行满意度调研。客户之间的口碑传播是该类市场的重要获客渠道,不少企业将家长的反馈作为重要的宣传资料,甚至将家长发朋友圈的概率作为考核研学旅行指导师工作效果的指标。

需要注意的是,研学旅行产品的体验者是学生,而产品的付费者是家长,因此在制定调查问卷的过程中,要充分考虑到研学旅行市场中产品使用者与付费者间的差异,调查问卷的内容设计要充分考虑两类不同主体的独立反馈,以便回收更多有效信息。此外,在发放调查问卷的过程中,针对直客市场的问卷调研时间应集中在节假日,地点可选择亲子家庭集中的图书馆、博物馆、少年宫等。

直客市场营销调研的核心是产品的定位。研学旅行产品往往以夏冬令营、周末营为主,营员对于营地的运营来说至关重要,营销是营地应全年进行的活动,也是营员和团队招募最直接的方式。营销过程中,营地既要不断传递营会体验的一般性价值,也要呈现出自己的产品的具体内容,明确产品的定位。营地首先应确保营期定位与目标客户有关联(或者对目标客户有吸引力),然后根据营期定位进一步明确营期的内容。

二、面向学校的研学旅行市场营销调研

学校是研学旅行的主办方,面向学校的研学旅行市场营销调研主要集中在获取学校对研学旅行产品的需求以及收集学校对研学旅行产品的反馈。调研对象涉及学校管理者、教师、学生、家长等不同群体,调研方式也因此灵活多样。针对学校管理者的调研往往以访谈为主,针对教师、学生、家长的调研则多以问卷形式展开。

研学旅行课程需求调研通常从基本信息、课程需求、接待标准、以往案例四个维度进行。基本信息指学校的基本信息,这是设计研学旅行课程方案的基础;课程需求指研学旅行课程的主题、目标、内容,这是设计研学旅行课程的出发点和落脚点;接待标准指研学旅行中用餐、住宿、交通等服务环节的标准,反映了学校对研学旅行服务品质的要求;以往案例指学校以前开展的研学旅行课程案例,这些案例可以反映学校组织研学旅行课程的经验和标准,是设计研学旅行课程方案的重要参考,调研者能从中了解到设计研学旅行课程方案时需要注意避免的问题。

调研实例

该案例为某研学旅行机构针对××中学高中生到四川开展以"走进四川,感受古蜀文化"为主题的研学旅行活动的调研。

一、调研时间:2023年9月

二、调研对象:××中学校长、年级主任、教师、学生及其家长

三、调研客户区域:××区域

四、调研目的

了解××中学对于本次研学旅行活动的需求,以及对具体研学旅行产品的线路方案的反馈。

五、调研过程及方法

(一)产品需求调研——访谈法或问卷调查法

由学校领导组织小型座谈会,邀请校长、年级主任和教师代表参加。调

研者通过座谈会了解该校的研学计划，对研学旅行产品的需求，期望的研学旅行目的地、研学目标及研学接待标准等信息。

发放调研问卷了解学生及其家长对研学旅行活动的期待。访谈结果显示，该校希望通过探寻古蜀文化的研学旅行活动，激发学生对家乡的热爱。问卷调查结果显示，学生想去看大熊猫，想爬蜀道，看看是不是真的像李白诗里所描述的"难于上青天"，此外，学生希望在研学过程增加一些趣味性的活动，在游中学。调研者结合学校领导和学生的意见，将研学旅行目的地定为成都、广元，围绕武侯祠、大熊猫繁育研究基地、翠云廊古蜀道、剑门关、昭化古城等优质研学资源，设计以"探天府之国，研古蜀文化"为主题的研学旅行产品。

（二）产品开发调研——实地调研法

调研者在初步完成产品设计之后，组织学校领导、教师和家委会代表到成都、广元实地进行产品开发调研，主要调研研学线路和课程内容设计是否合理，能否落地。通过模拟展示和体验研学旅行课程内容，获取学校领导、教师和家委会代表对该研学旅行产品的认可，并针对调研中反馈的问题进行优化。

六、调研结果与应用

通过前期的访谈和问卷调研，明确了学校和家长对研学旅行产品的诉求，针对客户的诉求来制定相应的研学旅行课程方案，为研学旅行产品后续在学校端的有效营销起到了至关重要的作用。通过后续客户的实地调研，展示出相关研学旅行课程方案的细节与品质，进一步提升客户对产品的认可度；将研学旅行产品在具体实施中可能存在的问题提前暴露出来，规避安全风险，进一步提升研学旅行产品的质量。经过调研后设计并反复修改完善的研学旅行产品方案能够最终赢得学校的认可，并在实施过程收获学生的一致好评。

（案例来源：搜狐）

三、面向渠道端的研学旅行市场营销调研

对于研学实践教育基（营）地而言，研学旅行市场的渠道端主要包含旅行社、教培机构、媒体平台、社群机构等。由于渠道的特殊性，无法直接进行大规模的问卷调查或进行科学实验，一般采取访谈法或者观察法展开调研。对于渠道的关键人物，研学实践教育基（营）地可以进行现场访谈、电话调查、问卷调查，或者通过现场观察渠道方开展的市场活动，来获取所需信息。另外，对于有着良好合作关系的渠道，研学实践教育基（营）地还可以与渠道合作开展面向渠道生源的调研活动，进一步了解该渠道的生源的真实情况与需求。面向渠道端的研学旅行市场营销调研活动主要从以下方面展开。

（一）判断渠道的优劣并进行选择

需要综合考虑以下问题：我们可以从哪些渠道获取生源？哪些是适合我们的渠道？哪些是有效的渠道？哪些是我们比较容易促成合作的渠道？每个渠道的开拓成本如何？每个渠道的维护成本及收取的佣金如何？为了促成渠道合作，我们需要提供哪些服务？

（二）了解渠道的生源情况

需要综合考虑以下问题：该渠道的生源来自哪里？该渠道的直接生源或者潜在生源有多少？这些生源的消费能力怎么样？生源与渠道之间的关系是否稳定？这些生源的可转化率如何？

（三）了解渠道的现有合作情况

需要综合考虑以下问题：该渠道现在已经和哪些机构开展合作了？合作的情况怎么样？合作关系稳定吗？渠道收取的佣金高吗？

（四）了解渠道的产品情况

需要综合考虑以下问题：该渠道的产品选择权在渠道手上还是在生源手上？渠道现阶段推广的产品以及历史推广的产品有哪些？这些产品的价格、售卖情况怎么样？其中哪些产品是卖得较好的？这些产品有哪些优势？我们能够提供的产品与渠道的匹配度如何？渠道愿意去推广我们的产品吗？

（五）开展渠道的未来业务发展调研

需要综合考虑以下问题：渠道当下或未来对研学板块的合作持什么样的态度？渠道未来是否会进行一些战略上的调整，这些调整是否会影响到渠道在研学旅行市场上的业务或者影响到渠道与我方的合作？

（六）开展渠道的反馈调研（针对已经合作的渠道）

需要综合考虑以下问题：渠道是否在以合适的方式推广我们的产品？渠道对我们的产品是否满意？渠道对我们的产品有哪些改进建议与要求？渠道的生源是否愿意购买我们的产品？为什么愿意购买或者不愿意购买？针对我们的产品，渠道的生源有哪些改进建议与要求？

此外，行业协会也会对整个研学旅行行业开展调研活动，全面了解行业的发展趋势、存在的问题和面临的困境，为政府制定政策提供科学可靠的数据支持。

⚓ **教学互动**

同学们有被邀请填写调查问卷的经历吗？调研人员采用了什么样的话术？你被打动了吗？你认真填写完调查问卷了吗？请同学们以2人为一组，模拟线下市场调研的实际场景,扮演不同的角色(如调研员、受访者等),进行互动体验,然后围绕如何消除调研对象的戒备心、邀请他们完成调查问卷的填写进行讨论,最后每组派一名学生代表分享经验。

⛵ 项目小结

本章主要介绍了研学旅行市场营销调研的基本概念、类型、手段、实施方法及流程。研学旅行市场营销调研是通过深入探究研学旅行市场,以获取市场需求、消费者行为等方面的关键信息的过程,为后续开展研学旅行市场营销活动和开发具有针对性的研学旅行课程提供了有力的支持。

⛵ 能力训练

知识训练
▼

项目三

选取学校或者家乡所在地的一所小学,运用研学旅行市场营销调研的常用方法,了解该校的研学旅行需求,并形成调研报告。

任务要求:

(1)划分小组:以6—8人为一组,组内选出一名组长,由组长负责组织讨论、安排任务。

(2)选取研究对象:选取学校或者家乡所在地的一所小学作为研究对象。

(3)确定研究方法:实地调查法、问卷调查法、访谈法、数理统计法。

(4)收集资料:通过学校官网、官方微信公众号等获取二手资料,通过实地走访、问卷调查、访谈等方式获取一手资料,对收集到的数据资料进行整理、归类。

(5)分析数据:运用数理统计法对数据进行分析,得到该校师生对研学旅行的需求情况。

(6)撰写报告:按照本项目的研究范式对资料进行分门别类的整理,并撰写调研报告。

(7)汇报成果:每个小组派一名学生代表进行汇报展示,时长15分钟。

(8)评判成果:采取"教师评价+组内自评+组间互评"的方式,综合测评小组的成绩。具体评分标准参照分析方法合理性(占比50%)、调查全面性(占比30%)、报告撰写逻辑性(占比20%)三个维度执行,总分100分。

项目四
研学旅行市场营销环境分析

项目描述

本项目主要介绍研学旅行市场营销环境的基本概念、类型及分析过程与方法,旨在引导学生结合研学旅行市场营销调研实例,学会分析研学旅行市场营销环境的影响因素,为开展研学旅行市场营销环境影响因素分析和开发具有针对性的研学旅行课程做好准备。

项目引入
▼
项目四

项目目标

知识目标

(1)了解研学旅行市场营销环境的概念。

(2)了解研学旅行市场营销环境的影响因素。

(3)掌握研学旅行市场营销环境调查问卷的设计方法。

能力目标

(1)能够将市场环境分析方法灵活运用于研学旅行行业。

(2)能够分析研学旅行市场营销环境的影响因素。

(3)能够对研学旅行市场营销环境调研案例进行有效分析,并撰写初步调研报告。

素养目标

(1)树立以研学旅行市场为导向的营销理念,求真务实地开展研学旅行市场营销环境分析调研活动,培养诚信的品质。

(2)具备独立分析的能力,培养爱岗敬业的品质。

(3)培养精益求精的大国工匠精神。

项目重难点

项目重点

研学旅行市场营销环境影响因素的分析。

项目难点

研学旅行市场营销环境的分析与解读。

知识导图

研学旅行市场营销环境分析

- 研学旅行市场营销环境概述
  - 研学旅行市场营销环境相关概念
  - 研学旅行市场营销环境的特点
  - 研学旅行市场营销环境的发展趋势
- 研学旅行市场营销的一般环境
  - 政治法律环境
  - 社会文化环境
  - 人口环境
  - 经济环境
  - 科技环境
- 研学旅行市场营销的任务环境
  - 顾客群
  - 研学旅行中间商
  - 研学旅行竞争者
  - 社会公众
- 研学旅行市场营销环境分析方法
  - PEST分析法
  - SWOT分析法

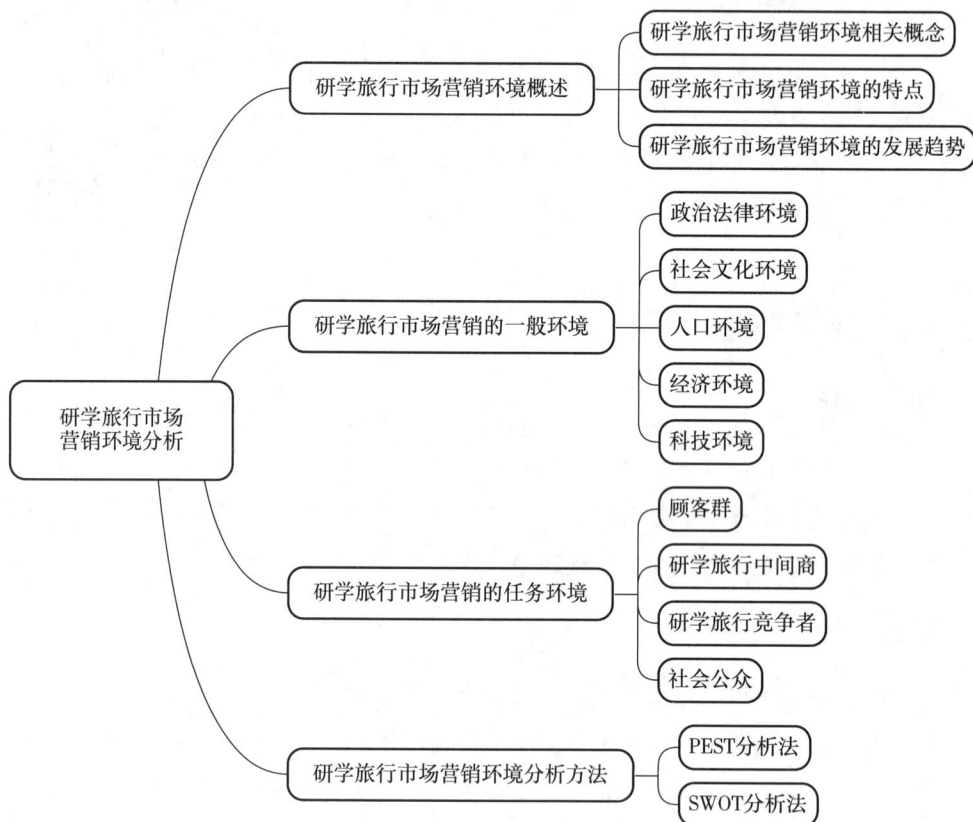

任务一　研学旅行市场营销环境概述

任务描述

本任务主要讲解研学旅行市场营销环境的概念、特点、发展趋势。

任务目标

了解研学旅行市场内外部环境的现状,掌握研学旅行市场营销环境相关的学科理论及其发展趋势。

一、研学旅行市场营销环境相关概念

(一)研学旅行市场营销环境的概念内涵

研学旅行市场营销环境是一个开放式的管理系统,受到多种内外部因素的综合影响。这种系统论观点最早由美籍奥地利理论生物学家路德维希·冯·贝塔朗菲(Ludwig Von Bertalanffy)提出。贝塔朗菲强调,任何系统都是一个有机的整体,它不是各个部分的机械组合或简单相加,系统的整体功能是各要素在孤立状态下所没有的性质。他用亚里士多德的"整体大于部分之和"的名言来说明系统的整体性,同时认为,系统中的各要素不是孤立地存在着,每个要素在系统中都处于一定的位置上,发挥特定的作用。由此可知,研学旅行各要素之间相互关联,构成了一个不可分割的整体。研学旅行贯穿从小学到高中的各个阶段,教育学生从爱家乡到爱祖国,从认知身边事物到走向全国各地进行实践探索,任何学段的研学旅行课程都涵盖历史类、人文类、地理类、科技类、体验类等主题活动,这就决定了研学旅行环境的复杂多变的特点。

研学旅行目的地与研学旅行企业处在一个动态的、复杂的环境中运行,是在各种宏观环境和微观环境不断变化的条件下开展经营活动的。研学旅行目的地与研学旅行企业的经营活动与社会的各个方面有着千丝万缕的联系,因而必然受到外界环境的影响。研学旅行市场在过去的几年中呈现出快速增长的态势,截至2023年,中国研学旅行市场规模已突破千亿元,年复合增长率超过15%。研学旅行市场的快速发展,得益于教育政策的推动、家长对子女综合素质的关注以及旅游市场的多元化发展趋势。对研学旅行市场营销环境进行分析,有助于研学旅行目的地与研学旅行企业更好地把握市场环境,充分利用市场机会,有效应对市场威胁,从而增强其市场营销战略和策略与环境的适应性。

综上所述,研学旅行市场营销环境是指影响和制约研学旅行目的地与研学旅行企业市场营销活动的内外部因素所组成的系统。

(二)研学旅行市场的内外部环境及其影响因素

研学旅行市场外部环境是指能够对研学旅行目的地与研学旅行企业绩效造成影响的外部力量和机构。根据对研学旅行企业的影响是否直接,可将外部环境分为一般环境与任务环境。一般环境是指能影响某一特定社会中一切企业的宏观环境,如政治环境、社会环境、技术环境、经济环境等,对研学旅行企业的影响比较间接,是为企业营销活动提供市场机会和造成环境威胁的主要社会力量。任务环境是指能够直接影响企业的具体环境,包括对企业运行活动有着直接影响的要素,如股东、客户、供应商、竞争对手、地方社团、政府部门、金融机构等。

本书提及的研学旅行市场内部环境是指研学旅行目的地与研学旅行企业内部的物质、文化环境的总和,包括企业文化、企业资源、企业能力等因素,也称"企业内部条件"。研学旅行市场营销环境示意图见图4-1。

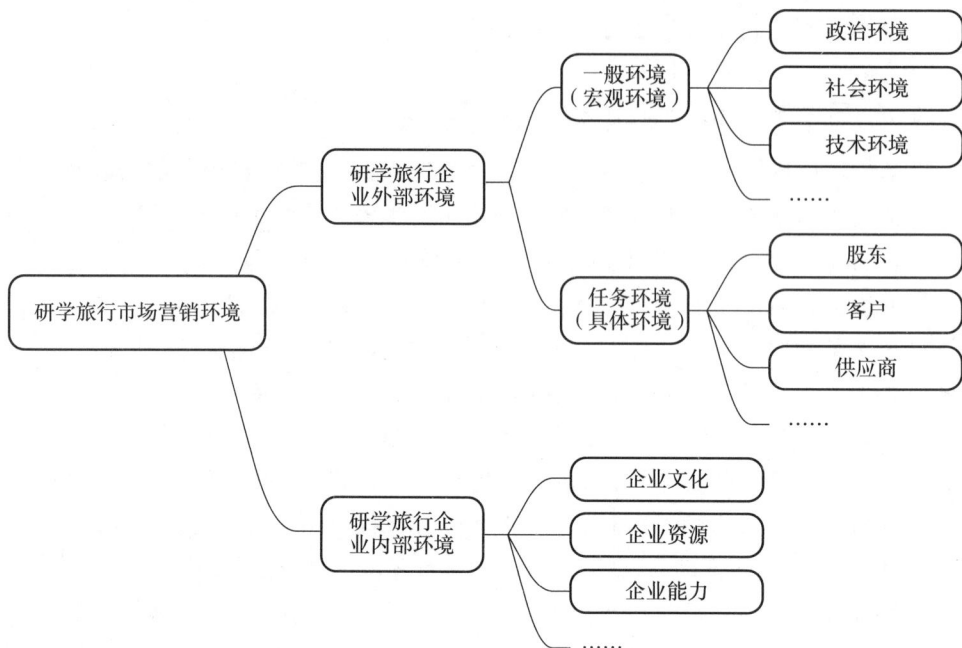

图4-1 研学旅行市场营销环境示意图

(三) 研学旅行市场营销影响因素

随着教育理念的不断升级和社会的发展,研学旅行逐渐成为学生综合素质教育的重要组成部分。2022年3月,教育部印发义务教育课程方案和课程标准(2022年版),提出着力发展学生核心素养的要求,即着眼于整体的人的智力和人格的全面、和谐地发展。因此,如何有效推广和营销研学旅行产品,成为业内需要深入研究的课题。研学旅行市场营销环境影响因素众多,包括政策因素、经济因素、社会因素、技术因素和竞争因素等。

1. 政策因素

研学旅行是一种具有综合性、体验性、开放性、探索性的户外实践活动,从狭义上来说,它是由教育部门和学校有计划地组织与安排,通过集体旅行、集中食宿方式开展的研究性学习和旅行体验相结合的校外教育活动。因此,政府相关部门制定的一些政策会影响研学旅行市场营销环境,政治环境成为影响研学旅行市场营销的重要因素。研学旅行目的地与研学旅行企业在进行市场营销时,特别是组织出境研学旅行活动时,需要考虑目的地国的政局变动和社会稳定情况可能带来的影响。

政治环境分析主要分析国内的政治环境和国际的政治环境。国内的政治环境主要包括政治性团体、党和国家的方针政策、政治氛围等。国际政治环境主要包括国际政治局势、国际关系、目的地国的国内政治环境。政治环境会给研学旅行目的地与研学旅行企业的市场营销活动带来影响。例如,国家通过降低利率来刺激消费的增长;通过征收个人收入所得税调节消费者之间的收入差异,从而影响人们旅游出行的消费能力。自2016年教育部等11部门印发《关于推进中小学生研学旅行的意见》以来,研学旅行在我国迅速发展并呈现出强劲的增长势头。2021年,文化和旅游部印发《"十四五"文化产业发展规划》,提出开发集文化体验、科技创新、知识普及、娱乐休闲、亲子互动于一体的新型研学旅游产品。政府对研学旅行的支持力度、推进措施,以及相关的法律法规的完善程度,都会对企业的市场营销环境产生影响。例如,政府制定的关于研学旅行的补贴政策、税收优惠政策等,能够满足研学旅行市场的需求并激发其活力,推动研学旅行的发展。

2. 经济因素

经济发展水平是指一个国家经济发展的规模、速度和所达到的水准。反映一个国家经济发展水平的指标有国民总收入(GNI)、人均国民总收入(GNI Per Capita)、人均国内生产总值(Real GDP Per Capita)、经济发展速度和经济增长速度等。有研究指出,人均GDP达到300美元时,近距离旅游需求"产生";人均GDP达到600美元时,旅游业开始"起步";人均GDP达到800美元时,国内旅游市场开始"起飞";人均GDP达到1000美元时,旅游的需求转向出境;人均GDP达到1500美元以上时,旅游增长速度更为迅速。目前,国内研学旅行市场已经进入飞速发展阶段,沿海地区的出境旅游市场十分红火。

从国际范围来看,收入差距已经成为不同国家消费商品购买差异的主要原因。人均国民总收入高的国家,其消费水平高,因而旅游消费市场的潜力也比较大。个人或家庭的收入并非全部用于外出旅游。因此,在旅游需求条件的相关研究中,经常使用以下收入相关概念。

(1)可支配收入,指个人或家庭收入中扣除应纳所得税之后的剩余部分。旅游需求是高层次的精神文化生活的需求,不属于基本生活需求,一般情况下,当个人可支配收入提高时,旅游市场营销的机遇随之增加。

(2)国内生产总值(GDP),与旅游市场的发育程度密切相关。不同区域经济发展水平和消费观念的变化,会直接影响消费者对研学旅行的需求和购买力。在经济发展水平较高的地区,消费者对研学旅行的接受度更高、购买力更强,这为研学旅行企业的市场营销提供了更广阔的空间。

3. 社会因素

社会因素包括社会阶层与消费行为、风俗习惯、价值观念、宗教信仰等。随着教育观念的转变和家庭教育投入的增加,越来越多的家长和学生开始重视研学旅行对于个体成长的重要性。

（1）社会阶层与消费行为。

现代各国的社会阶层更加细分化、多样化、复杂化。一般来说，每个社会阶层的成员在消费行为上会表现出一定的相似性。例如，不同阶层的消费者在选择研学旅行产品时，可能会根据自身的经济实力和消费偏好做出不同的决策。因此，研学旅行市场营销人员需要了解目标消费群体的社会阶层特征，以设计出更符合其需求的产品和服务。

（2）风俗习惯。

风俗习惯是指人们在长期经济与社会活动中所形成的一种生活方式与习惯。俗话说，"百里不同风，千里不同俗"，不同的风俗习惯对应着不同的旅游消费要求。了解研学旅行目标消费群体的禁忌、风俗、习惯、避讳等是研学旅行目的地与研学旅行企业进行市场营销的重要前提。同时，风俗习惯也是旅游开发时必须重点关注的因素。风土人情、地方习俗对研学旅行消费者有着极大的吸引力。不同国家的风俗习惯千差万别，即使在同一个国家内，不同地区的习俗也不同，这对研学旅行目的地与研学旅行企业的市场营销产生了极大影响。

（3）价值观念。

价值观念是指人们对社会生活中各种事物的态度和看法。不同文化背景下，不同个体的价值观念之间往往有着很大的差异。研学旅行目的地与研学旅行企业在进行市场营销时，需要根据消费者不同的价值观念来设计和提供相应的产品与服务。消费者的价值观念会影响其对研学旅行产品的评价，符合其价值观念的研学旅行产品会被消费者认同和接受；相反，则会被消费者拒绝，甚至抵制。

（4）宗教信仰。

宗教信仰是社会文化的重要因素，对人们消费需求和购买行为的影响很大，不同的宗教有自己独特的礼仪和禁忌。在研学旅行市场营销活动中，研学旅行目的地与研学旅行企业应注意尊重不同宗教信仰，避免因文化冲突给营销活动带来损失。

4. 技术因素

随着科技的不断发展，新的市场营销手段和技术不断涌现，如大数据、人工智能等。政府通过制定政策、提供资金支持等方式，推动产业界与教育界的深度融合。例如，日本政府设立了产学官合作机制，鼓励企业、高校与政府之间的合作，以共同推动技术创新和人才培养。通过应用这些技术，企业能够更加精准地定位目标客户、优化市场分析和产品，进而提升市场营销的效果和效率。

5. 竞争因素

随着研学旅行市场的不断发展，竞争也日益激烈。研学旅行目的地和研学旅行企业与自己的消费者、旅游供应商之间，存在着某种意义上的竞争关系。狭义的竞争者是那些与本企业提供的旅游产品或服务相类似，并且所服务的目标消费者也相似的其他企业。

（1）研学旅行目的地与研学旅行企业竞争者类型。

从消费需求的角度划分,研学旅行目的地与研学旅行企业一般会有以下四种类型的竞争者。

① 愿望竞争者,是指提供不同产品以满足不同需求的竞争者。

② 一般竞争者,是指提供能够满足同一种需求但不同产品的竞争者。例如,飞机、火车、汽车都可以作为出游的工具,这三种交通工具的经营者之间存在竞争关系。

③ 产品形式竞争者,是指生产不同规格、档次的产品的竞争者。例如,不同档次(如豪华型、经济型、标准型等)的研学旅行产品的生产者之间存在竞争关系。

④ 品牌竞争者,是指产品的规格、档次相同,但品牌不同的竞争者。例如,消费者可以选择入住香格里拉饭店或喜来登饭店,这两家饭店虽然都是五星级饭店,但是品牌不同。

（2）研学旅行目的地与研学旅行企业竞争者分析。

① 未来目标分析。通过未来目标分析,企业可以明确竞争对手发展的驱动力。研学旅行目的地与研学旅行企业不仅要了解竞争对手的财务目标,还要了解竞争对手在其他方面的目标,如在社会责任、环境保护、技术发展等方面所设定的目标。

② 现行战略分析。通过现行战略分析,企业可以明确竞争对手目前正在做什么和将来能做什么。研学旅行目的地与研学旅行企业应当列出竞争对手并分析其可能采取的战略,以便做出及时、有效的回应。

③ 竞争实力分析。通过竞争实力分析,研学旅行目的地与研学旅行企业可以从中找出自身与竞争对手的差距,以及自身在市场竞争中的优势和劣势,从而更好地改进自身的工作。

④ 自我假设分析。通过自我假设分析,企业可以明确竞争对手的战略定位,以及竞争对手对于行业发展前景的预测。需要注意的是,竞争对手对自身的定位以及对行业发展前景的预测不一定准确。通过掌握这些假设,研学旅行目的地与研学旅行企业可以从中找到发展的契机,从而使自身在竞争中处于有利的地位。

总之,研学旅行目的地与研学旅行企业需要不断推陈出新,提供具有竞争力的产品和服务,以吸引和留住消费者。同时,研学旅行目的地与研学旅行企业还需要积极关注竞争对手的动态,及时调整自身的市场营销策略,保持竞争优势。

二、研学旅行市场营销环境的特点

（一）研学旅行市场发展得到国家政策支持

国家出台了一系列政策。例如,2023年8月,文化和旅游部、教育部、共青团中央、全国妇联、中国关工委印发《用好红色资源 培育时代新人 红色旅游助推铸魂育人行动计划(2023—2025年)》,明确以习近平新时代中国特色社会主义思想为指导,全面贯彻落实党的二十大精神,认真落实中央关于加强青少年思想政治教育工作决策部署,落实立德树人根本任务,以"用好红色资源 培育时代新人"为主题,充分发挥红色旅游在红色教育方面的积极作用,坚持科学教育观念,建立完善红色旅游教育常态化工作机制,推动广大青少年自觉践行社会主义核心价值观,不断增强永远跟党走的信仰信念信心,争做担当民族复兴大任的时代新人。在主要任务方面,要求开展红色研学精品课程建设。文化和旅游部将以红色旅游资源为依托,面向新时代青少年,在全国推出一批导向明确、特色鲜明、内容丰富、形式活泼、具有新时代引领力的红色旅游研学项目;组织相关旅游类院校拍摄制作"探寻红色足迹,聆听红色故事"特色思政课实践教学课程。要求各地文化和旅游部门会同教育部门遴选推出一批红色研学精品课程。各地团组织要充分发挥全国青少年学习实践习近平新时代中国特色社会主义思想工作联络点、全国青少年教育基地、少先队校外实践教育基地等阵地作用,依托"青年大学习""红领巾爱学习"传播体系,打造"思想引领+红色旅游"的青少年研学课程,制作推出专题团课、队课。各地学校可择优遴选相关研学精品课程作为社会实践课程,供广大思政课教师用作教学案例、教学素材等,为广大思政课教师备好课、上好课提供资源支撑。这些要求为研学旅行市场的发展提供了有力的政策支持。

(二)研学旅行市场消费升级

随着社会经济的持续发展和人们生活水平的显著提高,家长对孩子的教育投入愈发重视,教育观念也发生了深刻转变。他们不再满足于让孩子在传统课堂中获取知识,而是更加注重孩子的全面发展。研学旅行作为一种将教育与旅行相结合的创新教育方式,恰好契合了家长的这一需求,因而受到越来越多家长的青睐和追捧。

在消费升级的大背景下,家长不断提升对研学旅行的期待。他们希望研学旅行能够为孩子提供丰富多样的学习资源和实践机会,让孩子在真实的社会环境中获得锻炼和成长。例如,孩子可以通过参观博物馆、科技馆等文化场所,直观地了解历史、文化和科学知识;通过走进工厂等生产一线,近距离观察生产流程,感受劳动的价值和创造的过程;通过参与户外拓展、野外生存等活动,锻炼身体、磨砺意志,培养团队协作精神和应对挑战的能力。这些多样化的研学内容,能够全方位地促进孩子知识、技能、情感、态度等方面的综合发展,满足家长对提升孩子综合素质的迫切需求。

与此同时,家长的消费能力也在不断增强,他们愿意为孩子的研学旅行投入更多的资金和精力。这使得研学旅行市场得以快速发展,市场规模不断扩大,产品和服务的质量也随之提升。一方面,研学旅行的项目更加丰富和高端,出现了许多特色鲜明、主题突出的研学旅行线路和课程,如以中华优秀传统文化为主题的非遗研学、以科技创新为主题的科技研学、以自然探索为主题的生态研学等,这些项目能够为孩子提供更加专业和深入的学习体验。另一方面,研学旅行的配套设施和服务也更加完善,如在交通、住宿、餐饮等方面提供更好的条件,安全保障措施更加严格和规范,师资队伍更加专业和优质,这些都为孩子提供了更加安全、舒适、优质的研学旅行环境。

此外,消费升级还推动了研学旅行市场的个性化和定制化发展。家长对研学旅行的需求呈现出多样化和个性化的特点,他们希望能够根据孩子的年龄、兴趣、性格等特征,量身定制专属的研学计划和课程,以更好地满足孩子的个性化发展需求。例如,可以针对喜欢历史的孩子,安排更多的历史文化遗迹参观和相关历史知识讲解活动;可以为对科学感兴趣的孩子提供更多的科学实验和科技体验活动;对于性格内向的孩子,可以设计一些团队合作和沟通交流的活动,帮助他们提升社交能力。个性化的研学计划和课程能够更好地激发孩子的学习兴趣和潜能,使研学旅行的效果更加显著。

总之,研学旅行市场的消费升级,不仅为孩子提供了更加丰富、优质、个性化的学习和成长机会,还为研学旅行市场的繁荣发展注入了强劲动力。未来,随着家长教育观念的进一步转变和消费能力的持续提升,研学旅行市场将迎来更加广阔的发展前景,为孩子的全面发展提供更加有力的支持和保障。

（三）研学旅行市场产业链完善

研学旅行市场的产业链包括教育机构、旅行社、景区、酒店等。随着市场的不断发展,各环节之间的协同合作日益紧密。应切实发挥政府部门的统筹协调作用,推动部门联动,整合、优化资源,引导社会参与,强化服务保障,着力构建政府、学校、社会等各方面、各领域高效协同配合的工作机制,促进研学旅行助推铸魂育人工作走深走实。这些环节的协同效应逐渐显现,为研学旅行市场增长提供了强大动力。

（四）动态性

研学旅行市场营销环境时刻都在发生变化。国家发展改革委等部门印发的《促进户外运动设施建设与服务提升行动方案(2023—2025年)》中指出,鼓励学校开展具有育人价值且适合青少年年龄、身体素质、兴趣爱好的户外运动项目教育教学,鼓励和支持大中小学在校生在寒暑假充分利用户外运动设施开展研学活动。各级发展改革部门、体育部门应强化组织领导,将发展户外运动产业纳入相关规划,纳入全民健身工作协调机制,纳入政府重要工作议事日程。地方政府应充分发挥政府在规划引领、政策扶持、资源对接等方面的作用,支持和推动户外运动产业发展。因此,在大多数情况下,研学旅行市场的宏观环境表现为渐变状态,如政策环境、法律环境、社会文化环境等较为稳定,属于渐变环境。相对稳定的渐变环境对研学旅行市场产生的影响较小,这便是所谓的"一般环境"。研学旅行市场需要适应瞬息万变的时代特征,抓住机遇促进自身发展。

（五）关联性

研学旅行的市场环境包含研学旅行目的地与研学旅行企业的内外部环境,相关环境因素分为宏观因素和微观因素,这些因素相互联系、相互制约。

三、研学旅行市场营销环境的发展趋势

其一,从内容来看,新的研学形式会逐渐出现,研学旅行市场专业化发展成为趋势。未来,研学旅行将朝着更加专业化的方向发展,出现更多针对不同年龄段、不同需求的细分市场。这要求市场参与者提高专业水平,以满足市场的个性化需求。

其二,从形式上来看,科技与研学旅行的融合将成为重要趋势。例如,利用大数据

和人工智能分析用户需求,利用 AR、VR 等技术提升学习体验等。这些技术的应用将进一步提升研学旅行的效果和吸引力。

其三,从参与主体来看,跨国、跨界合作将成为主流,未来,研学旅行领域将需要更多的跨界合作。教育机构、研学旅行企业、科技公司等各方应加强合作,共同推动研学旅行的创新和发展。跨界合作有助于实现资源共享、优势互补,为消费者提供更优质的产品和服务。

其四,从距离上看,长距离研学旅行规范化发展将成为必然趋势。未来,政府将出台更多政策,规范市场秩序,保障消费者权益。同时,行业协会和标准化组织也将发挥重要作用,通过制定和完善行业标准和规范,促进市场的健康发展。

任务二　研学旅行市场营销的一般环境

任务描述

本任务主要讲解研学旅行市场营销的一般环境,包括政治法律环境、社会文化环境、人口环境、经济环境、科技环境等。

任务目标

了解研学旅行市场营销一般环境的特点,掌握与研学旅行市场营销一般环境相关的学科理论及其未来发展趋势。

研学旅行市场营销的一般环境主要由政治法律环境、社会文化环境、人口环境、经济环境、科技环境等构成。

一、政治法律环境

(一)政治环境分析

研学旅行市场营销的政治环境主要包括研学旅行企业所在地区政权、立法依据和立法体系、所在地区加入的政治联盟及政治联盟的有关条款,以及政府的宏观产业政策等。

中央政府出台了一系列政策支持研学旅行的发展。例如,《关于推进中小学生研学旅行的意见》中要求各中小学要结合当地实际,把研学旅行纳入学校教育教学计划;《研学旅行基地(营地)设施与服务规范》(DB51/T 2786—2021)中明确了开展研学旅行基地(营地)经营的基本原则、基本条件、设施设备要求、服务规范及安全保障。地方政府也积极推出补贴政策,如取消研学旅行企业税收、制定行业发展政策等。

(二)法律环境分析

研学旅行的法律环境是指与研学旅行企业相关的各种法规以及政府机构和社会团体活动。2024年11月,文化和旅游部办公厅发布《文化和旅游部办公厅关于促进旅行社研学旅游业务健康发展的通知》(以下简称《通知》)。《通知》包括九个方面的内容:注重研学旅游正向引导、丰富研学旅游资源供给、发挥研学旅游标准引领作用、制定推广研学旅游合同示范文本、强化研学旅游安全管理、防范出境研学旅游风险、加强研学旅游市场监管、培育研学旅游专门人才,以及落实研学旅游主体责任。《通知》主要聚焦于以下四点。

一是促进研学旅游业态发展。《通知》提出丰富研学旅游资源供给,鼓励文化、历史、艺术、科技、教育、体育、自然资源等领域和工业、农业、服务业等行业面向社会提供优质研学旅游资源。提出由文化和旅游部牵头制定研学旅游产品、服务、营地、基地标准,鼓励行业组织制定研学旅游相关的质量标准,发挥标准引领作用和行业自律作用。提出支持将研学旅游从业人员纳入文化和旅游行业人员培训体系。支持有条件的职业学校开设研学旅游相关的专业和课程等。

二是规范旅行社与消费者签约履约行为。《通知》提出由文化和旅游部会同市场监管总局制定推广研学旅游合同示范文本,积极引导旅行社参照示范文本与消费者签订书面研学旅游合同,规范旅行社在提供研学旅游产品时与消费者之间的签约履约行为。

三是强化研学旅游安全管理和风险防范。要求旅行社在经营研学旅游业务时选择具备资质的供应商、合作商,与具备开放条件和接待服务能力的机构开展合作,落实旅行社用车"五不租"规定,对研学旅游产品进行安全评估,不得将未开发开放、缺乏安全保障的区域纳入研学旅游产品。要求旅行社和在线旅游经营者发布研学旅游产品时要对内容及宣传进行严格把关,确保赴境外研学旅游内容符合我国法律、法规和社会公德等。

四是加强研学旅游市场监管。《通知》强调各级文化和旅游行政部门和相关执法机构应进一步完善工作机制,加大对旅行社经营研学旅游的监督管理和服务力度,畅通举报投诉渠道,依法查处旅行社、在线旅游经营者在经营研学旅游产品中的违法违规行为。

二、社会文化环境

研学旅行的社会文化环境是一个复杂而多元的领域,涉及旅游目的地的社会结构、文化传统、生活方式、价值观念等多个方面。对于研学旅行者来说,研学旅行不仅是为了欣赏美丽的自然风光或历史遗迹,还是为了体验不同的文化和生活方式,与当地居民进行交流和互动。因此,了解研学旅行目的地的社会文化环境对于提高研学旅行质量、促进文化交流和保护当地文化传统都具有重要意义。

Note

研学旅行的社会文化环境对当地研学旅行行业的影响是显而易见的。研学旅行者在旅行过程中会不可避免地与当地居民接触，而这种接触的质量和效果往往取决于当地的社会文化环境。如果当地社会文化环境比较开放、友善、热情，研学旅行者就会感到舒适和受欢迎，从而更容易融入当地生活，深入了解当地文化；相反，如果当地社会文化环境比较保守或排外，研学旅行者可能会感受到他人的冷漠或敌意，这不仅会影响研学旅行者的旅行体验，还可能对当地研学旅行行业造成负面影响。

研学旅行的社会文化环境对当地经济发展的影响也不容忽视。旅游业是许多国家的重要经济来源之一，因此，良好的社会文化环境可以吸引更多的研学旅行者，从而促进当地经济的发展；相反，如果当地社会文化环境中存在不良因素，如安全隐患、卫生问题等，可能会让研学旅行者望而却步，从而影响当地经济的增长。

研学旅行的社会文化环境对当地传统文化的保护和传承也具有重要影响。研学旅行的发展往往会给当地带来外来文化的冲击，这可能会对当地传统文化造成一定的影响。因此，在发展旅游业的同时，必须注重保护和传承当地的文化传统，让研学旅行者在欣赏当地美景的同时，也能领略到当地独特的文化魅力。为了实现这一目标，当地政府和社会各界应该共同努力，制定有效的保护措施和文化传承政策。

为了提高研学旅行的质量，研学旅行者也需要了解和尊重当地的社会文化环境。研学旅行者在旅行过程中应该遵守当地的规定和习惯，尊重当地居民的价值观和生活方式，避免做出不恰当的行为或发表不当的言论。只有这样，研学旅行者才能与当地居民建立良好的关系，深入了解当地文化，获得更好的研学旅行体验。

研学旅行社会文化环境对当地研学旅行行业、经济的发展以及传统文化的保护和传承具有重要的影响。为了实现研学旅行的可持续发展和提高研学旅行的质量，必须重视对社会文化环境的保护和利用。

三、人口环境

随着全球化的推进和人们生活水平的提高，研学旅行已经成为一种重要的教育旅游方式。不同的人口构成对研学旅行的影响是显著的。以下将探讨人口构成对研学旅行的影响，并分析应对这些影响的策略。

市场是由具有购买力和购买欲望的人所组成的，研学旅行企业市场营销活动的对象是研学旅行者，即研学旅行产品的购买者。人口数量、地理分布、人口结构、家庭结构等与人相关的因素构成了市场营销活动的人口环境。人口环境影响着市场的规模和结构，进而影响着企业的市场营销活动。

年龄结构对研学旅行的影响是不可忽视的。不同年龄段的研学旅行者在需求和偏好上存在显著差异。例如，低年龄段（1—3年级）的学生通常精力旺盛且好奇心强，但注意力集中时间较短，因此更倾向于参与趣味性强、互动性高的研学实践活动，这个年龄段的学生需要更多的引导和照顾，因此对研学旅行指导师的要求较高；高年龄段（3年级以上）的学生则相对成熟，具备更强的自主学习能力和团队协作能力，对研学活动的需求更加多样化，不仅关注趣味性，还对知识性和探索性有更高的要求。此外，不同年龄段的研学旅行者在研学旅行目的地的选择上也有所不同。例如,青少年可能更愿意选择具有教育意义的历史遗迹或科技馆,而成年人则可能更倾向于选择专业进修类或文化交流类的研学旅行项目。

性别对研学旅行市场的影响不容忽视。女性通常更注重安全和卫生,因此在选择研学旅行目的地时更注重细节和服务质量。男性则更注重自由和冒险,更愿意选择具有挑战性的研学旅行项目。此外,性别比例也会影响研学旅行市场的需求。例如,在一些发达国家,女性人口比例较高,因此针对女性的研学旅行服务和产品也更加丰富。

针对不同的人口构成对研学旅行的影响,研学旅行行业应该采取相应的策略来应对。针对不同年龄段的研学旅行者,应开发适合其需求的研学旅行产品和服务。例如,针对低年龄段的研学旅行者,可以推出趣味性强、互动性高的实践型研学项目;针对高年龄段的研学旅行者,可以提供更具知识性和探索性的研学旅行产品。针对不同性别的研学旅行者,应提供相应的研学旅行产品和服务。例如,针对女性研学旅行者,提供更加安全、卫生的研学旅行环境,针对男性研学旅行者,提供更具挑战性的研学旅行项目。

总之,人口构成对研学旅行的影响是多方面的,研学旅行企业应该根据不同的人口构成制定相应的策略,只有这样,才能更好地满足不同研学旅行者的需求,推动研学旅行行业的发展。

四、经济环境

研学旅行市场营销的经济环境是一个复杂而多元的领域,它涵盖了从研学旅行资源的开发、研学旅行目的地的管理,到消费者的体验和研学旅行产业的可持续发展等多个方面。为了深入理解经济环境,我们首先需要了解研学旅行市场经济的核心构成及其与周边环境的相互关系。

研学旅行资源是研学旅行经济的基础。这些资源可以是自然风光,如山脉、湖泊等,也可以是文化景观,如历史遗迹等。对这些研学旅行资源进行合理开发和利用,可以推动研学旅行行业的发展。然而,开发研学旅行资源并非单纯的商业行为,还需要考虑到环境保护、社区参与和文化传承等多方面的因素。

研学旅行目的地的管理同样重要,一个良好的研学旅行目的地不仅需要具备丰富的研学旅行资源,还需要配备完善的基础设施,如交通、住宿、餐饮等方面的基础设施,以及高效的管理和服务。此外,研学旅行目的地的形象和声誉也是吸引研学旅行者的重要因素。因此,研学旅行目的地营销和品牌建设成为提升研学旅行目的地竞争力的关键。

仅仅关注研学旅行目的地的硬件设施和管理水平是不够的,研学旅行者的体验同样重要。研学旅行者体验涉及多个方面,包括景点的吸引力、景点的服务质量、研学旅行者的参与度等。为了提升研学旅行者的体验,研学旅行目的地需要深入了解研学旅行者的需求和期望,并据此提供个性化的服务和活动。

最后,还需要关注研学旅行市场经济的可持续发展。研学旅行市场的发展应当与环境保护、社区发展和文化传承相协调。过度开发或不当管理可能导致资源枯竭、环境破坏和文化失真。因此,可持续的研学旅行发展应当是长期的、有计划的和负责任的。

总的来说,研学旅行市场营销的经济环境是一个多元化和动态的领域。要想实现其可持续发展,需要综合考虑资源开发、研学旅行目的地管理、研学旅行者体验和环境保护等多个方面。只有这样,才能确保研学旅行市场既能带来经济收益,又能促进社区发展、环境保护和文化传承。

未来,随着科技的进步和社会需求的变化,研学旅行市场营销的经济环境将面临新的挑战和机遇。例如,互联网和大数据技术的应用将改变传统的研学旅行市场营销和服务模式;公众环境保护意识和社会责任意识逐渐增强,将助推研学旅行行业的可持续发展;新兴市场的崛起将为研学旅行市场提供新的发展空间。

为了适应以上这些变化,研学旅行企业需要不断学习和创新,以更全面、可持续的方式发展研学旅行行业。只有这样,才能确保研学旅行市场经济环境始终保持活力和竞争力,为人们带来更多的美好体验和价值。

五、科技环境

随着科技的飞速发展,研学旅行的内涵和形式也在不断演变,科技不仅改变了我们的学习方式,也为我们提供了更多的学习资源和机会。为深入贯彻党的二十大和二十届二中、三中全会精神,认真落实习近平总书记在全国教育大会上的重要讲话精神,为促进新质生产力发展储备人才,探索中小学人工智能教育的实施路径,培育具有创新潜质的新少年群体,教育部办公厅印发了《关于加强中小学人工智能教育的通知》,明确加强中小学人工智能教育的总体要求,包括坚持立德树人、坚持以人为本、坚持激发兴趣、坚持统筹谋划等方面。同时,提出了六大主要任务和举措,包括构建系统化课程体系、实施常态化教学与评价、开发普适化教学资源、建设泛在化教学环境、推动规模化教师供给和组织多样化交流活动。此外,强调2030年前在中小学基本普及人工智能教育。以下将探讨科技环境对研学旅行的影响以及科技环境下的研学旅行展望。

(一)科技环境对研学旅行的影响

1.学习方式的变革

传统的研学旅行往往依赖于实地考察和亲身体验,而科技的发展使得研学旅行的学习方式发生了根本性变革。借助VR、AR等技术,学生可以在虚拟环境中进行沉浸式学习,获得与真实环境相似的体验。

2.信息获取的便利

互联网和移动设备的普及使得信息获取变得极为便利。通过搜索引擎、在线课程、社交媒体等途径,学生可以轻松地获取各种学习资源。

3.数据分析的应用

大数据和人工智能等技术为研学旅行提供了强大的数据支持。通过对学生的学习行为、兴趣爱好等进行数据分析,教师可以更好地了解学生的学习需求,为研学旅行的内容和形式提供更有针对性的设计。

(二)科技环境下的研学旅行展望

1.个性化学习的兴起

随着人工智能技术的发展,个性化学习在研学旅行中占据越来越重要的地位。借助智能推荐系统,学生可以根据自己的兴趣和需求选择合适的研学项目,实现个性化发展。

2.跨界融合的创新

未来的研学旅行将更加注重跨界融合,将科技、艺术、文化等领域的知识融为一体。例如,可以通过与博物馆、科研机构等合作,开展跨学科的研学项目,培养学生的综合素质和创新能力。

3.可持续发展的推动

随着环保意识的提高,未来的研学旅行将更加注重可持续发展的理念。借助科技手段,学生可以在实践中了解环境保护的重要性,培养可持续发展的意识。

4.安全保障的加强

科技环境下的研学旅行需要更加重视安全保障。可以利用智能监控、定位等技术,实时掌握学生的行踪,加强安全防范。同时,建立健全安全管理制度和应急预案,确保研学旅行顺利进行。

科技环境对研学旅行产生了深远的影响,带来了学习方式的变革,使信息获取更加便捷、数据分析得以应用。展望未来,个性化学习、跨界融合、可持续发展和安全保障将成为科技环境下研学旅行的关键词。作为教育工作者,我们应该积极探索科技与研学旅行的结合点,为学生提供更加丰富、多元的学习体验。

任务三 研学旅行市场营销的任务环境

任务描述

本任务主要讲解研学旅行市场营销的任务环境,包含顾客群、研学旅行中间商、研学旅行竞争者、社会公众等,旨在引导学生积极思考研学旅行市场营销任务环境的影响因素。

任务目标

　　了解研学旅行市场营销任务环境的特点,掌握与研学旅行市场营销任务环境相关的理论及其发展趋势。

　　研学旅行市场营销的任务环境是指对企业服务造成直接影响的各种力量。这些力量主要包括顾客群、研学旅行中间商(研学旅行市场营销中介)、研学旅行竞争者、社会公众等,会影响研学旅行企业为其目标市场服务的能力。

一、顾客群

　　顾客群是影响研学旅行最基本、最直接的任务环境因素。研学旅行,又称"教育旅游",逐渐成为中国教育行业的新的增长点。这种结合学术研究与实地考察的学习方式,吸引了不同的顾客群。

　　首先,学生和家长是研学旅行市场的主要顾客群。研学旅行可以帮助孩子开阔视野,了解不同的文化,增强跨文化交流的能力。因此,许多家长愿意为孩子的研学之旅付出时间和金钱。

　　其次,学校是研学旅行市场的重要顾客群。学校可以通过组织研学旅行活动,为学生提供更多的学习机会,同时提高学校的知名度和影响力。此外,学校还可以通过与研学旅行机构合作,获得更多的教育资源和教学支持,进一步提高教学质量。

　　再次,政府是推动研学旅行市场发展的重要力量。政府可以出台一系列政策,鼓励和支持研学旅行的发展。例如,政府可以为研学旅行机构提供资金支持,此外,还可以通过与国际组织合作,推动研学旅行市场的国际化发展。

　　最后,旅游机构也是研学旅行市场的重要参与者。随着研学旅行市场的不断扩大和产品的多样化,越来越多的旅游机构开始涉足研学旅行领域。这些旅游机构可以为学生提供丰富多样的研学旅行线路和活动,满足学生和家长的不同需求。同时,旅游机构还可以通过与学校和研学旅行机构合作,获得更多的客源和市场机会。

　　总之,研学旅行市场的顾客群非常广泛,随着研学旅行市场的不断发展和完善,相信未来会有更多的顾客群涌现出来。

二、研学旅行中间商

　　研学旅行中间商的主要职责是为学生提供一站式的研学旅行服务。他们不仅为学生提供丰富的研学旅行目的地选择,还负责安排学生的行程、住宿、交通等事宜。同时,他们还为学生提供专业的导游服务,确保学生在研学旅行中能够获得最佳的学习体验。

　　在选择研学旅行中间商时,首先要考虑的是其专业性和信誉度。优秀的研学旅行中间商应该具备丰富的行业经验和资源,能够为学生提供个性化的研学方案;应该具备完善的服务体系和专业的服务团队,确保学生在研学旅行中的安全和舒适。除了专业性和信誉度,价格也是选择研学旅行中间商时需要考虑的重要因素。不同的研学旅行中间商提供的价格可能会有所不同,因此需要结合实际预算进行选择。同时,还需要注意研学旅行中间商的服务质量和附加价值,不能仅仅以价格作为选择的标准。

在选择研学旅行中间商时,还需要注意一些其他的事项。例如,要了解研学旅行中间商的服务流程和操作规范,确保其服务质量和安全性;要了解研学旅行中间商的合同条款和注意事项,确保自身权益;要了解研学旅行中间商的客户评价和口碑,以便更好地了解其服务质量和信誉度。

选择优秀的研学旅行中间商,有助于学生更加顺利地完成研学旅行,获得最佳的学习体验。优秀的研学旅行中间商不仅可以为学生提供个性化的研学方案,还可以为学生提供全方位的服务支持,确保学生在研学旅行中得到充分的关注和照顾。

此外,优秀的研学旅行中间商还应该具备创新意识和市场敏感度,能够根据市场需求和学生需求不断调整和优化研学方案,为学生提供更加丰富和有意义的研学体验。这些中间商还应该积极推动研学旅行的普及和发展,通过与其他教育机构、旅游机构的合作,不断拓展研学旅行的领域和范围,为学生提供更多的选择和发展机会。

总之,在选择研学旅行中间商时,需要综合考虑其专业性、信誉度、价格、服务质量和附加价值等因素。同时,还需要了解其操作规范、合同条款、客户评价等方面的情况,选择优秀的研学旅行中间商,为学生提供更加全面和优质的服务支持。

三、研学旅行竞争者

随着研学旅行的普及,各级各类学校纷纷发挥自身优势,开展特色研学旅行活动,竞争日趋激烈。高校凭借其学科优势和师资力量,在组织学生进行科技探索和文化考察方面具有显著优势;中小学则更加注重实践和体验,通过组织志愿服务等活动,培养学生的社会责任感和团队协作精神。

然而,在激烈的竞争中也暴露出一些问题。例如,部分机构为了追求短期效益,可能会采取一些不正当手段进行竞争,如虚假宣传或贬低竞争对手。此外,一些学校缺乏创新意识,盲目跟风,导致活动同质化严重。这些行为不仅影响了研学旅行的健康发展,也损害了学生的利益。

四、社会公众

社会公众会对研学旅行市场营销活动的成败产生实际的或潜在的影响。企业的生存和发展依赖于良好的公众关系和社会环境,对于研学旅行目的地与研学旅行企业而言,作为任务环境的公众包括新闻媒介、政府机构、群众组织以及企业内部员工。研学旅行目的地与研学旅行企业应当努力赢得社会公众的信赖、支持与合作。在市场营销活动中,研学旅行目的地与研学旅行企业应注重加强社会联系,让社会公众深入了解研学旅行企业的市场营销活动,从而获得良好的营销效果。

任务四　研学旅行市场营销环境分析方法

任务描述

近年来,随着家长对综合素质教育的重视程度不断提高,研学旅行市场需求持续增长。政策的推动和专门机构的运作,为研学旅行行业的发展提供了良好的内外部环境。本任务主要讲解研学旅行市场营销环境的分析方法,包括PEST分析法、SWOT分析法等。

任务目标

准确把握国内研学旅行市场营销环境的分析方法,了解研学旅行市场营销环境,能够更好地开展相关实践活动。

一、PEST分析法

PEST分析法是用来帮助研学旅行企业检阅其外部宏观环境的一种方法。研学旅行企业应当根据自身特点和经营需要,对影响企业的主要外部环境因素,如政治(Political)环境因素、经济(Economic)环境因素、技术(Technological)环境因素和社会(Social)环境因素等进行分析。PEST分析法具体如图4-2所示。

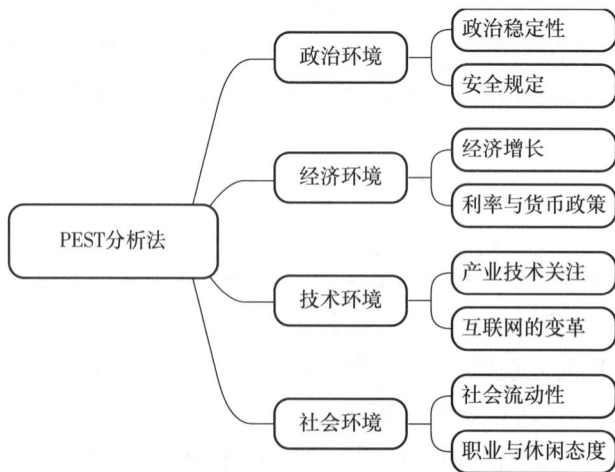

图4-2　PEST分析法

二、SWOT分析法

SWOT分析法是一种常用的商业策略工具,主要对研学旅行企业自身的优势(Strengths)、劣势(Weaknesses)、机会(Opportunities)和威胁(Threats)进行全面分析,有助于研学旅行企业制定出更加科学、合理的发展战略。以下将从定义、应用、步骤和注意事项等方面对SWOT分析法进行详细介绍。

(一)SWOT分析法的定义

SWOT分析法是一种基于研学旅行企业内外部环境的战略分析方法,它将研学旅行企业的内部条件(优势和劣势)与外部环境(机会和威胁)相结合,形成一个四象限的分析模型。具体来说,优势和劣势主要关注企业的内部条件,包括产品、技术、管理、品牌等方面,机会和威胁则主要关注企业的外部环境,包括市场、竞争、政策、社会等方面。

通过SWOT分析,企业可以识别自身的优势和劣势,并结合外部环境的机会和威胁,制定相应的发展战略。常见的战略类型包括:优势-机会战略(SO),利用自身优势抓住外部机会;劣势-机会战略(WO),通过外部机会弥补内部劣势;劣势-威胁战略(WT),应对外部威胁,减少内部劣势的影响;优势-威胁战略(ST),利用自身优势应对外部威胁。研学旅行企业应根据SWOT分析的结果,选择适合自身情况的发展战略。

(二)SWOT分析法的应用

SWOT分析法广泛应用于研学旅行企业战略制定、市场营销、产品研发、竞争分析等领域。通过SWOT分析,研学旅行企业可以更加清晰地认识自身的优势和劣势,把握市场的机会和威胁,从而制定出更加符合实际情况的发展战略。同时,SWOT分析还可以帮助研学旅行企业进行风险评估和预警,及时发现潜在问题并采取相应措施,确保研学旅行企业稳健发展。

(三)SWOT分析法的步骤

1.确定分析对象

明确要分析的研学旅行企业或产品,收集相关资料。

2.列出优势和劣势

根据研学旅行企业的内部条件,列出研学旅行企业的优势和劣势。优势如产品或服务的特点、较高的品牌知名度、较强的管理能力等;劣势如产品或服务的不足之处、品牌形象欠佳、管理效率低下等。

3.列出机会和威胁

根据研学旅行企业的外部环境,列出研学旅行企业面临的机会和威胁。机会包括市场需求增长、政策支持、技术进步等;威胁包括市场竞争激烈、政策法规变化、经济环境不稳定等。

4. 构建SWOT矩阵

将列出的优势、劣势、机会和威胁填入SWOT矩阵中,形成一个四象限的分析模型。

5. 制定战略

根据SWOT矩阵的分析结果,结合研学旅行企业的实际情况,制定相应的发展战略。

（四）SWOT分析法的注意事项

1. 全面性

应全面考虑研学旅行企业的内部和外部环境,避免遗漏重要信息。

2. 客观性

应保证分析过程客观公正,避免主观臆断和受情绪干扰。

3. 针对性

应针对具体的研学旅行企业或产品进行分析,不能一概而论。

4. 动态性

市场环境和企业内部条件处于不断变化中,研学旅行企业应依据实际情况动态调整SWOT分析的具体内容,以适应新的形势。

总之,SWOT分析法是一种非常实用的商业策略工具,它可以帮助研学旅行企业全面认识自身的优势和劣势,把握市场的机会和威胁,从而制定出更加科学、合理的发展战略。在实际应用中,研学旅行企业需要注意SWOT分析的全面性、客观性、针对性和动态性,以确保分析结果的准确性和有效性。

⛵ 教学互动

淄博博山风景名胜区为国家级风景名胜区,自然景观、人文景观众多,研学旅行资源丰富,结构分布合理,可以为中小学提供较全面的研学旅行资源。淄博博山积极借助文旅融合、深度旅游、全域旅游等背景平台,全面展示自然资源风貌,彰显博山文化特色,如把当地以孝文化、陶瓷文化、琉璃文化和饮食文化为首的优秀传统文化融入研学旅行课程,借助深度旅游的理念和模式丰富、完善研学旅行的体验环节,借助全域旅游的理念,把博山打造成为以研学旅行为品牌的特色研学大基地。

请你结合所学知识,对淄博博山研学旅行市场进行SWOT分析,并结合分析结果提出促进当地研学旅行市场发展的建议。

⛵ 项目小结

本项目主要讲解了研学旅行市场营销环境的相关概念、研学旅行市场营销的一般环境、研学旅行市场营销的任务环境、研学旅行市场营销环境的分析方法等内容。研学旅行市场营销环境分析不仅是研学旅行企业适应市场变化、保持竞争力的关键所在,还是推动研学旅行市场增长、促进销售转化的重要手段。因此,研学旅行企业应积极学习和应用相关策略,不断提升自身的市场影响力和盈利能力。

⛵ 能力训练

知识训练
▼

项目四

　　山东省临沂市沂南县乡村研学旅行市场营销环境良好,研学旅行资源丰富。面对区位优势独特、交通便捷通畅、生态环境优良、农耕文化浓厚的乡村,要想做好乡村研学旅行项目,小李需要对乡村研学旅行市场营销环境进行详尽的分析。

　　请思考:

　　(1)山东省临沂市沂南县乡村研学旅行市场营销环境的优势、劣势分别是什么?

　　(2)当地具有发展机会的研学旅行产品有哪些?

　　(3)请你结合自己对山东省临沂市沂南县乡村研学旅行市场营销环境的调研,撰写一篇800字左右的调研报告。

项目五
研学旅行消费者行为

项目描述

本项目主要介绍研学旅行消费者行为的基本概念、类型、调查实施过程与方法,旨在引导学生结合研学旅行消费者行为调查实例,学会分析研学旅行消费者需求,为开展研学旅行市场营销活动和开发具有针对性的研学旅行课程做好准备。

项目引入
▼

项目五

项目目标

知识目标

(1)了解研学旅行消费者的概念。

(2)熟悉研学旅行消费者行为特点与购买决策过程。

(3)掌握研学旅行消费者行为调查问卷的设计方法。

能力目标

(1)能够准确分析研学旅行消费者的购买行为。

(2)能够正确运用市场调查手段进行研学旅行消费者调查。

(3)能够对研学旅行消费者行为调查案例进行有效分析,并撰写初步调查报告。

素养目标

(1)树立以人为本的经营理念,求真务实地开展研学旅行消费者行为调查活动,培养诚实守信的品质。

(2)具备独立分析的能力,增强职业荣誉感。

(3)培养精益求精的大国工匠精神。

项目重难点

项目重点

研学旅行消费者行为调查的组织与实施。

项目难点

研学旅行消费者行为调查结果的分析与解读。

知识导图

研学旅行消费者行为
- 研学旅行消费者行为概述
  - 研学旅行消费者购买行为的概念
  - 研学旅行消费者购买行为的类型
- 研学旅行市场价格策略
  - 研学旅行购买行为一般模式与行为选择模型
  - 研学旅行消费者购买行为特点
  - 研学旅行消费者购买决策模式
- 研学旅行消费者调查
  - 研学旅行消费者调查的内容
  - 研学旅行消费者调查的方法
- 研学旅行消费发展趋势
  - 研学旅行消费市场规模持续扩大
  - 多元化、个性化发展趋势明显
  - 科技赋能提升研学品质
  - 跨界合作拓展研学领域
  - 政策支持推动市场发展

任务一　研学旅行消费者行为概述

任务描述

本任务主要讲解研学旅行消费者行为的概念和类型。

任务目标

具备分析研学旅行消费者行为的概念和类型的能力。

一、研学旅行消费者购买行为的概念

研学旅行是一种兼具旅行属性和教育属性的探究式学习活动,旨在满足研学旅行者的求知欲。研学旅行者的研学旅行消费行为是在消费心理的支配下发生的,并随着消费心理的发展变化而变化。同其他消费行为一样,研学旅行消费行为有其自身的特点和规律。从消费心理学的角度对消费行为进行实际观察,我们可以发现,消费者的行为具有习惯性、不可逆性、模仿性和复杂性等特性。国内学者刘纯(1986)认为,研学旅行消费行为的实质是研学旅行消费者对研学旅行产品和服务的购买决策和购买行动过程,刘纯还根据消费心理学的相关理论设计了一个研学旅行消费者购买行为的综合模式。国外关于一般消费者行为模式的研究较多,英国社会学家约翰·厄里(John Urry)在《游客的凝视》(*The Tourist Gaze*)一书中,探讨了现代消费社会中旅游体验的转变,以及全球化、技术进步等因素是如何影响研学旅行消费者购买行为的。游客行为分析理论是由美国学者 Ernest R. Smith 于1980年提出的,其在著作《旅游者行为:原理和实践》(*Tourist Behavior:Principles and Practices*)中首次系统地介绍了游客行为研究的理论框架。

研学旅行消费者的需求及其购买行为,是研学旅行目的地与研学旅行企业制定经营战略的依据和基本出发点。因此,在制定研学旅行市场营销策略时,首先应了解研学旅行消费者的行为特点和购买行为模式,研究影响研学旅行消费者购买行为的各种因素及购买决策过程的各个阶段,以及研学旅行过程中的消费者的体验。服务提升、流量获取体现为正向的循环,研学旅行企业应重视消费者的口碑传播,做好服务,只有这样,研学旅行目的地与研学旅行企业才能在市场营销活动中取得成功。

综上所述,研学旅行消费者购买行为是指人们为满足研学旅行需要和欲望而寻找、选择、购买、使用、评价及处置研学旅行产品、服务时介入的主客观活动。它包括消费者的主观心理活动和客观物质活动两个方面。研学旅行消费者的购买行为是由一系列环节、要素构成的完整过程。研学旅行消费者的购买行为不仅发生在研学旅行产品购买之前、购买过程之中,还发生在购买之后。因此,当客人到研学实践教育基(营)地后,研学旅行企业要保障产品与服务的品质,实现口碑的正向循环。研究研学旅行消费者的购买行为对于研学旅行企业把握消费者的购买心理、设计开发符合消费者需求的研学旅行产品、制定有效的市场营销方案、增加企业收入有着极其重要的现实意义。

二、研学旅行消费者购买行为的类型

随着教育观念的转变和生活水平的提高,研学旅行逐渐成为许多家庭选择的教育方式。它不仅能让学生在实践中获得知识,还能培养学生的实践能力和团队协作能力。然而,面对市场上琳琅满目的研学旅行产品,消费者的购买行为也呈现出多样化的特点。在快节奏的城市生活中,人们感到身心疲惫,渴望获得轻松愉快的体验,使自己的身心得到放松。在研学旅行中,人们可以寻找到属于自己的空间,并在其中寻求自我认知,观察和体验新的事物,实现自我价值。

研学旅行是一种探索和发现的过程,研学旅行者可以在研学旅行中寻求自我表达,实现自我价值。例如,研学旅行者可以通过参与探险活动、文化交流活动等,赋予人生更多的意义和价值。在研学旅行过程中,研学旅行者可以结交新朋友,拓宽社交圈。研学旅行不仅可以为研学旅行者提供放松身心的空间,还可以将研学旅行者的家人、朋友和同事等团聚在一起,让他们共同享受研学旅行带来的乐趣和新鲜感。这种共同研学旅行的经历可以增进参与者之间的感情,使参与者更加愉快和乐观。研学旅行产品属于典型的公共产品,研学旅行者在研学旅行中得到的享受是建立在私人资源或公共资源的基础之上的,因此需要一定的经济投入。

本书将从多个角度探讨研学旅行消费者购买行为的类型。按照不同的分类标准,可以将研学旅行消费者购买行为划分为不同的类型。

(一)根据购买主体划分

1. 个体购买行为

个体购买行为是指以个人、家庭或者小群体为购买单位的研学旅行购买行为。例如,越来越多的个体研学旅行消费者选择自助游、自驾游、骑行游等方式出游,他们不愿意跟团行动,而是自己选择研学旅行线路,个人独行或结伴而行。

2. 组织机构购买行为

组织机构购买行为是为了满足较大规模组织的研学旅行消费,或者是为了盈利而产生的研学旅行购买行为,又分为一般组织机构的购买行为和研学旅行中间商的购买行为。

(二)根据研学旅行消费者个性特点划分

1. 理智型购买行为

理智型购买行为是指消费者在购买研学旅行产品时,以理性分析和客观评价为主要依据,注重产品的性价比、教育意义以及服务质量。这类消费者通常会提前了解市场上的产品信息,对比不同产品的优劣,然后做出决策。

2. 感性型购买行为

感性型购买行为则是指消费者在购买研学旅行产品时,容易受到情感因素的影响,如产品的宣传语、图片展示以及他人的推荐等,从而做出购买行为。这类消费者可能更注重旅行的体验和感受,希望能够在旅行中放松心情,享受快乐,可能会选择一些具有特色或者能够引起情感共鸣的研学旅行产品。

3. 习惯型购买行为

心理学中把个体身上稳定表现出来的心理特点的总和称为"个性"。研学旅行消费者千差万别,其个性特征也迥然不同。习惯型购买行为是指消费者在购买研学旅行产品时,会根据自己的习惯和经验来进行选择。他们可能会选择自己信任的研学旅行机构或者品牌。这类消费者在购买时可能不会过多考虑其他因素,而是直接选择自己熟悉的产品。习惯型研学旅行消费者的兴趣具有指向性,体现出对一定事物的特殊喜好。这类消费者的兴趣非常集中,甚至可能表现出极端化的倾向,直接影响到其购买研学旅行产品的种类。以往的购买经验和消费习惯使这类研学旅行消费者的购买行为呈现出反复性,形成习惯型购买行为。例如,不少自助游研学旅行消费者习惯入住价格实惠的青年旅舍,而有些高端商务研学旅行消费者则偏好入住设备齐全、服务良好的星级饭店。

4. 冲动型购买行为

冲动型研学旅行消费者兴趣广泛,他们对外界刺激反应灵敏,较容易受到各种广告宣传、推销方式的吸引或社会环境的影响。这类消费者喜欢追求新产品,从个人兴趣出发,不大讲究产品的效用、性能,常常在没有充分了解和考虑的情况下做出购买决策,因而他们的购买行为具有一定的随机性和不确定性。

5. 社交型购买行为

社交型购买行为是指研学旅行消费者因受到社交圈子的影响而做出购买决策。这类消费者可能会根据朋友、同学或者亲戚的推荐来选择产品,或者选择与他人一起加入某个研学旅行团。这类消费者在购买时更注重社交体验和团队氛围,希望通过研学旅行增进与他人之间的交流和了解。

(三)根据研学旅行消费者购买目的划分

1. 观光研学旅行购买行为

观光研学旅行购买行为是指研学旅行消费者以观光游览为主要目的,离开常住地外出进行研学旅行而导致的购买行为。观光研学旅行如观赏异国异地的风景名胜、人文古迹、城市美景及风土人情等。这种基本的研学旅行购买行为,在今后一段时间内仍将继续占据重要地位。在不少国家,"观光"一词与"游览"或"研学旅行"同义。

2. 休闲研学旅行购买行为

休闲研学旅行是指以研学旅行资源为依托,以通过休闲、消遣方式求得精神上的放松为主要目的,以研学旅行设施为条件,以特定的文化景观和服务项目为内容,离开定居地而到异地逗留一段时间的游览、娱乐、观光和休息。

目前,乡村休闲研学旅行比较受欢迎,乡村休闲研学旅行是现代农业与旅游业态的融合,依托现有的乡土资源和现代农业设施,结合农业科技、农业景观、农业产品资源,根据青少年旅行的特点,建设一批研学实践教育基地,进而构建一个相对完整的农业旅游和乡土文化研学旅行体系,这对于我国的乡村旅游的转型升级意义重大。

休闲研学旅行是研学旅行消费者占据了较多的闲暇时间和可自由支配的经济收入,在研学旅行目的地有了一定服务设施条件下逐渐形成的,是研学旅行逐步发展下的产物。目前,观光研学旅行的发展速度明显减缓,休闲研学旅行则越来越受到关注与欢迎。

3. 文化研学旅行购买行为

文化研学旅行是通过研学旅行达到了解、体察人类文化具体内容的目的的行为过程。研学旅行是学校教育课程体系的重要组成部分,在整个基础教育过程中起着不可磨灭的作用。因此,研学旅行具有不同于其他传统意义上的学习的文化特点,主要体现在文化普及、文化课程、文化教育和文化体验四个方面。基于文化旅游资源的研学旅行旨在让学生有更多的机会接触和亲近自然,使他们能够在旅游中体会学习的快乐和吸收更多的知识,培养他们的动手能力,促进他们养成文明旅行、吃苦耐劳、团结友爱、自立自信等的优秀文化素养,更重要的是,能够使他们对当今的社会有更进一步的了解和认识,从而增强他们的社会责任意识。

4. 探究研学旅行购买行为

探究研学旅行以科学为主题,旨在让学生探究科学及历史文化的奥秘。孩子们可以参观科技馆、博物馆、天文馆和海洋馆等,了解科学的发展和应用。通过化学实验、物理实验等科学活动,孩子们可以亲手探究科学及历史的奥秘。探究之旅可以是"动植物王国"探究之旅,也可以是博物馆探究之旅,还可以是古代文明探究之旅。

综上所述,研学旅行消费者的购买行为的类型多样,主要取决于其购买目的。观光研学旅行购买行为、休闲研学旅行购买行为、文化研学旅行购买行为和探究研学旅行购买行为分别反映了消费者对基础旅游、休闲放松、文化知识和深度探索的不同需求。这种划分有助于更好地理解消费者行为,为研学旅行市场的精准营销和产品设计提供依据。

任务二　研学旅行市场价格策略

◎ 任务描述

研学旅行市场目前处于不断发展和完善中,制定合理的价格策略对于研学旅行企业而言极为重要。研学旅行属于体验类项目,其价格策略需要综合考虑产品的教育价值、市场定位以及学生的经济承受能力。学生和家长在选择研学旅行产品时,不仅关注行程安排和课程内容,还会重点考虑价格的合理性。现阶段,研学旅行机构在价格策略上存在一定的局限性,部分机构未能充分考虑市场细分和消费者需求差异,导致价格设置较为单一,无法满足不同层次消费者的需求。因此,优化价格策略,提供多样化的定价方案,对于提升市场竞争力和满足不同消费者需求至关重要。

本任务重点介绍研学旅行购买行为的一般模式与行为选择模型、研学旅行消费者购买行为特点和购买决策模式等内容。

拓展案例
▼

暗期研学
游受青睐，
价格"虚
高"最令家
长反感

任务目标

了解研学旅行购买行为的一般模式，熟悉研学旅行消费者的购买行为特点，掌握研学旅行消费者的购买决策模式。

一、研学旅行购买行为一般模式与行为选择模型

人类行为的一般模式S-O-R（Stimulus-Organism-Response），即"刺激—个体生理、心理—反应"，该模式表明消费者的购买行为是由刺激引起的，这种刺激既来自消费者自身的生理、心理因素，又受到外部环境的影响。研学旅行购买行为一般模式包括自然教育模式、生活体验模式、文化考察模式、交换学习模式等。

研学旅行购买行为选择模型主要指技术接受模型。技术接受模型（Technology Acceptance Model，TAM）由 Fred D. Davis 于 1986 年提出，该模型主要用来研究人们接受信息系统的行为，具体内容如图 5-1 所示。TAM 认为个体使用信息系统的行为由使用信息系统的行为意向决定，行为意向由个体对使用信息系统的态度和感知有用性共同决定。外部变量指其他可能影响个体接受信息系统的因素，如系统设计特征、用户培训等外部影响因素。感知易用性指个体对使用一种特定系统的感知容易程度，它由外部变量决定。个体感知系统越容易使用，则采用系统的态度越正向；感知易用性越高，则感知有用性越高。感知有用性指个体对使用一种特定系统将增加工作绩效的相信程度，它由外部变量和感知易用性共同决定。个体感知系统的有用性越高，则采用系统的态度越正向。态度反映了个体对使用一种特定系统的喜欢与否的感觉，它由感知有用性和感知易用性共同决定。行为意向指个体对一种特定系统的使用意愿。因此，对研学旅行而言，个体感知研学旅行的有用性、易用性越高，则实施该研学旅行行为的频率会越高。

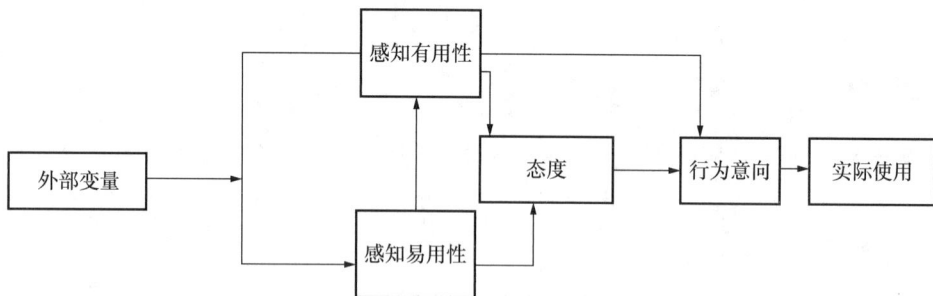

图 5-1　技术接受模型

二、研学旅行消费者购买行为特点

（一）教育意识强

选择研学旅行的学生家长，往往对教育有着较高的重视程度，他们认为通过研学

旅行可以提高学生的综合素质、增强学生的文化自信、促进教育公平。

1. 提高学生的综合素质

研学旅行强调启发式教学和体验式学习,可根据不同学段学生的特点,设计目标明确、系统有效的课程内容,引导学生通过参与社会实践等方式,培养动手实践能力和知识应用能力,提高社会适应能力和综合素质。

2. 增强学生的文化自信

研学旅行可以将非遗技艺等中华优秀传统文化的学习与体验相结合,使学生在轻松愉悦的旅行中感受中国悠久的历史文明和灿烂的文化艺术,增强文化自信。

3. 促进教育公平

在研学旅行活动过程中,来自不同地区和有着不同家庭背景的学生有机会接触各领域的专家学者,获得权威人士的指导,接受平等的启发式教育。

（二）需求多元化

不同的消费者对研学旅行的需求各不相同,有的侧重于了解历史文化,有的侧重于体验科技创新,有的关注自然生态等。这种多元化的需求,要求研学旅行产品必须具有丰富的内涵和多样性。

（三）价格敏感度

学生家长虽然对教育的投入意愿较高,但价格仍然是他们选择研学旅行产品时的重要考虑因素。学生家长往往会根据自己的经济能力和预算,选择性价比高的产品。因此,研学旅行机构应对产品合理定价,做好产品内容的开发和设置工作,从而为消费者提供有竞争力的服务。同时,政府相关部门应出台相关管理办法,制定相关行业标准,完善并细化研学旅行机构的资质、经营能力、经营范围等,从业人员的考核、资质以及管理,研学实践教育基(营)地的硬件设施和配套服务,研学旅行产品的内容、饮食住宿标准、价格明细等方面的要求。

三、研学旅行消费者购买决策模式

（一）认知现状与需求差异

研学旅行作为一种新型的教育方式,逐渐受到广大消费者,特别是学生家长的青睐。然而,消费者对于这种新型教育方式的认知不足,需求差异仍然存在。丰富产品的类型将成为研学旅行未来发展的重点,如设计开发工业科技研学游、农业研学游、文化研学游、拓展研学游等。因此,对研学旅行消费者的认知现状和需求差异进行深入研究,不仅有助于推动研学旅行市场的健康发展,还有助于更好地满足消费者的多样化需求。

1. 研学旅行消费者的认知现状

当前,消费者对研学旅行的认知主要停留在其"游"与"学"相结合的特点上。他们普遍认为,研学旅行不仅可以让学生在游玩的过程中增长知识,还可以锻炼学生的实践能力,提高学生的综合素质。然而,对于研学旅行的具体实施方式、课程内容、师资力量等方面,消费者的认知还不够深入。

2. 研学旅行消费者的需求差异

(1)课程内容需求:不同消费者对于研学旅行课程内容的需求存在明显差异。一些消费者更看重中华优秀传统文化的传承,希望课程内容能够涵盖历史、文化等方面;一些消费者更关注现代科技的发展,希望课程内容能够涉及科技创新、人工智能等领域。

(2)师资力量需求:师资力量是影响消费者选择研学旅行产品的重要因素之一。一些消费者更看重教师的专业素养和教学经验,希望由有丰富教育经验的教师带队;一些消费者更注重教师的亲和力和沟通能力,希望教师能够与学生建立良好的互动关系。

(3)研学旅行体验需求:研学旅行体验也是消费者关注的重点之一。一些消费者更看重旅行的舒适度和安全性,希望住宿条件和交通工具能够符合一定标准;一些消费者更注重旅行的趣味性和教育性,希望能够在旅行中获得更多的启发和感悟。

3. 提升研学旅行消费者认知的建议

(1)加强研学旅行宣传:可以通过多种渠道加强对研学旅行的宣传,提高消费者对研学旅行的认知度和了解程度。同时,也可以邀请一些知名教育专家或学者围绕研学旅行进行解读和点评,帮助消费者更深入地了解研学旅行的教育价值和实践意义。

(2)丰富课程内容设置:可以根据消费者的不同需求,设置多样化的课程内容。同时,也要注重课程内容的创新性和实践性,让消费者能够在研学旅行中获得更多的启发和收获。

(3)加强师资队伍建设:应加强对研学旅行师资队伍的培训和考核,提高教师的专业素养和教学能力。同时,也要注重增强教师的沟通能力,让教师能够与学生建立良好的互动关系,提高学生的满意度和认可度。

综上所述,研学旅行作为一种新型的教育方式,具有广阔的市场前景和发展空间。然而,研学旅行企业要想在激烈的市场竞争中脱颖而出,就必须深入了解消费者的需求和期望,不断优化产品和服务,提高消费者的满意度和忠诚度。

（二）收集信息

研学旅行消费者收集信息的行为具有鲜明的特点,他们通常会通过多个渠道来获取信息,包括但不限于研学旅行网站、社交媒体、旅行社的推荐以及亲友的分享。在信息的选择上,研学旅行消费者倾向于详细、全面且具有实用性的内容,如研学旅行目的地的历史文化、风土人情、交通状况、住宿条件以及研学活动的具体安排等。此外,研学旅行消费者还会关注研学旅行的安全问题和售后服务,以确保整个行程顺利进行。

在收集信息的过程中,研学旅行消费者通常会遵循一定的规律。他们可能会先通过搜索引擎或社交媒体了解研学旅行目的地的整体情况,然后选择几家信誉良好的旅行社进行比较,最后根据自身需求和预算做出决定。研学旅行消费者的决策过程会受到多种因素的影响,如个人的兴趣爱好、经济能力、时间安排等。

随着技术的不断进步和市场的日益成熟,研学旅行消费者的信息收集行为也在发生变化。未来,随着大数据和人工智能等技术的应用,消费者可能会更加依赖于智能推荐系统来获取信息,这将使得信息的收集和筛选更加高效和精准。同时,随着研学旅行市场的不断细分和专业化,消费者对于信息的需求也将更加多样化和个性化。

(三)判断评估

研学旅行消费者判断评估的标准体现为以下几个方面。

1. 研学内容的科学性

消费者在选择研学旅行产品时,应首先关注研学内容的科学性和系统性。研学内容应紧扣教学大纲,具有针对性,能够帮助学生巩固和拓展学科知识。同时,研学内容应具有层次性,满足不同年龄段和学段学生的需求。研学内容的科学性主要体现在教育理念、课程设计、实施方式以及评价体系等方面。

(1)在教育理念方面,研学旅行应遵循科学的教育观,强调学生的主体性,让学生在实践中主动探索、发现并解决问题,从而培养学生的创新精神和实践能力。这种教育理念符合现代教育的发展趋势,也是科学教育的重要特征。

(2)研学旅行的课程设计应具有科学性。课程设计应根据学生的年龄特点和认知水平,结合学科知识和社会实际,选择适合的主题和内容;应注重知识的系统性和连贯性,确保学生在研学旅行中能够系统地掌握相关知识和技能;应根据学生的兴趣和需求进行适当的调整和优化,以满足学生的个性化需求。

(3)研学旅行的实施方式应具有科学性。在实施研学旅行时,应采用小组合作、互动探究等多样化的教学方式,激发学生的学习兴趣和积极性;应充分利用现代科技手段,如AI、大数据等,为学生提供更加丰富、生动的学习体验。这些科学化的实施方式有助于提高学生的学习效率和质量。

(4)研学旅行的评价体系应具有科学性。在研学旅行结束后,应采用多元化的评价方式,如学生自评、学生互评、教师评价等,对学生的学习成果进行全面的评估。这种评价体系不仅关注学生的学习成果,还注重学生的学习过程和态度,有助于提升学生的综合素质和自我评价能力。

综上所述,研学旅行应在多个方面体现科学性。然而,要想充分发挥研学旅行的优势,还需要在以下几个方面做进一步的探索:一是加强研学旅行的规范化管理,确保研学旅行的质量和效果;二是加强师资队伍建设,提高教师的专业素养和指导能力;三是加强与社会的合作与交流,丰富研学旅行的资源和渠道。以上这些举措有助于推动研学旅行的科学发展,为学生的全面发展提供更好的支持和保障。

2. 行程安排的合理性

研学旅行的行程安排应充分考虑学生的学习特点和身心发展规律,做到劳逸结合,既要保证学生的学习效果,又要保证学生的身体健康。行程中的各个环节应紧密相连,形成完整的教育体系。研学旅行是一种结合学习和旅行的教育方式,旨在让学生通过亲身体验和实践,拓宽视野,增长知识,提升综合素质。为了确保研学旅行的效果,合理的行程安排至关重要。以下将从研学旅行的目的、学生特点、活动内容、时间分配和安全保障等方面,探讨研学旅行行程安排的合理性。

(1)研学旅行的目的决定了行程安排的方向。研学旅行的核心目的是让学生在实践中学习,通过亲身体验增长见识。因此,在安排行程时,应充分考虑学生的年龄、兴趣、学科特点等因素,选择能够激发学生兴趣的研学主题和目的地。同时,行程安排要具有教育性,能够让学生在旅行过程中学到知识,提升能力。

(2)学生特点对行程安排有着重要影响。不同年龄、性别、性格的学生对研学旅行的需求和期望不同。因此,在安排行程时,要充分考虑学生的特点,如兴趣爱好、体力状况、心理需求等。例如,对于低年级的学生,可以安排一些互动性强的活动,如户外拓展、手工制作等;对于高年级的学生,可以安排一些更具挑战性的活动,如科研实践、社会调查等。

(3)活动内容是行程安排合理性的关键影响因素。研学旅行的活动内容应丰富多样,涵盖多个学科领域,让学生得到多方面的锻炼。同时,活动内容要具有可操作性和实践性,能够让学生在活动中亲身实践。此外,活动内容还应具有挑战性和趣味性,能够激发学生的学习兴趣和动力。

(4)在时间分配方面,研学旅行行程的安排要充分考虑时间的合理利用。一方面,要确保每个研学活动都有足够的时间进行,让学生能够充分参与和体验;另一方面,要避免研学活动的时间安排过于紧凑,这样会使学生疲劳不堪或无法充分体验活动。此外,还要考虑到旅行途中乘坐交通工具和休息等所需的时间,确保整个行程顺利进行。

(5)安全保障是研学行程安排不可忽视的一环。在安排行程时,要充分考虑学生的安全问题,采取必要的措施确保学生的安全。例如,应选择安全可靠的交通工具,确保学生的出行安全;在活动过程中,应设置专门的安全人员负责学生的安全;应对学生进行必要的安全教育和培训,提高他们的安全意识和自我保护能力。

综上所述,合理的研学旅行行程安排对于保障研学旅行的效果至关重要。在安排行程时,要充分考虑研学旅行的目的、学生特点、活动内容、时间分配和安全保障等因素,确保行程的合理性和有效性。只有这样,才能让研学旅行真正发挥其应有的教育价值,让学生在研学旅行中得到全面的发展。

3.师资团队的专业性

研学旅行的师资力量是影响产品质量的关键因素之一。消费者在选择产品时,应关注师资团队的专业背景和实际教学经验,以及对学生的关注程度和指导能力。随着教育的不断创新和发展,研学教育逐渐成为教育领域的热点。研学教育强调的是培养学生的实践能力、创新精神和团队协作能力,而这一切都离不开专业的研学师资团队的引导和支持。本书将从师资团队的专业性角度,探讨其在新时代教育中的重要性和作用。

（1）师资团队专业性的主要内容。

① 知识储备：师资团队应具备扎实的专业知识，包括教育学知识、心理学知识、学科知识等，以便更好地指导学生开展研学活动。

② 教学能力：师资团队应具备较高的教学水平和丰富的教学经验，能够根据学生的实际情况和需求，灵活运用多种教学方法和手段，激发学生的学习兴趣和动力。

③ 实践能力：师资团队应具备一定的实践经验和技能，能够有效参与和指导学生的实践活动，引导学生将理论知识与实践相结合。

④ 创新精神：师资团队应具备创新意识和创新能力，能够不断探索和尝试新的研学项目和方法，为学生提供更加丰富和有趣的研学体验。

（2）师资团队专业性的重要性。

① 保障研学教育质量：专业的研学师资是研学教育质量的重要保障。他们具备丰富的教育经验和扎实的专业知识，能够根据学生的特点和需求，制订科学合理的研学计划，确保研学活动的有效性和安全性。

② 激发学生的研学兴趣：专业的研学师资能够根据学生的兴趣和需求，设计富有创意和趣味性的研学项目，激发学生的学习兴趣和动力，使学生在轻松愉快的氛围中获得知识和技能。

③ 促进学生的全面发展：专业的研学师资不仅关注学生的知识和技能学习，还注重学生的情感、态度和价值观的培养。他们通过研学活动，帮助学生提升团队协作、创新实践、沟通交流等方面的能力，促进学生的全面发展。

（3）提升师资团队专业性的途径。

① 加强教育培训：应通过定期的教育培训，提升师资团队的专业知识储备和教学技能，使其能够更好地适应新时代教育的发展需求。

② 鼓励实践探索：应鼓励师资团队积极参与实践活动，积累实践经验和技能，将理论知识与实践相结合，不断提升自身的专业素养。

③ 建立激励机制：应通过设立奖励机制、晋升机制等，激发师资团队的工作热情和创新精神，促进他们的专业成长和发展。

总之，专业的研学师资是新时代教育发展的重要支撑和保障，应高度重视研学师资的培养和发展，不断提升他们的专业素养和能力水平，为培养新时代的优秀人才贡献力量。

4. 安全保障的完善性

安全是研学旅行的重要前提。消费者在选择产品时，应关注主办方是否制定了完善的安全保障措施，如专业的安全人员、完备的安全制度，以及应对突发事件的预案等。

5. 性价比

消费者在选择研学旅行产品时，应考虑产品的性价比。价格过高或过低的产品都可能存在一定的问题，消费者应根据自己的经济能力和实际需求，选择性价比高的产品。

（四）购买决策

随着社会的快速发展和教育观念的更新,研学旅行作为一种新兴的教育方式,越来越受到广大家长和学生的青睐。研学旅行为学生提供了实地学习的机会,学生能在旅行中锻炼团队合作能力、独立解决问题的能力。消费者在选择研学旅行产品时,会在多种因素的影响下做出购买决策。以下将分析影响研学旅行消费者购买决策的因素,并探讨如何提高消费者的购买意愿。

1. 影响研学旅行消费者购买决策的因素

（1）内容与质量。研学旅行产品的内容和质量是影响消费者购买决策的关键因素。消费者在选择研学旅行产品时,会关注产品的教育性、趣味性和实践性。同时,产品的行程安排、住宿条件、餐饮质量等也是消费者考虑的重要因素。只有当产品内容丰富、质量可靠时,消费者才会产生购买意愿。

（2）价格。价格会对消费者购买决策产生不可忽视的影响。消费者会根据自己的经济条件和预算,选择处于合适的价格区间的研学旅行产品。同时,价格与产品价值的匹配度也会影响消费者的购买决策。如果价格过高而产品价值不足,消费者可能会产生犹豫或拒绝购买。

（3）口碑与评价。口碑与评价是消费者了解研学旅行产品的重要途径。消费者会通过查阅其他消费者的评价、听取亲朋好友的建议等方式,了解产品的优缺点。正面的口碑会增强消费者的购买信心,而负面的口碑则可能导致消费者产生疑虑或放弃购买。

（4）消费者的个人因素。消费者的个人因素如年龄、性别、兴趣爱好等也会对消费者购买决策产生影响。例如,低年级的学生可能更注重研学旅行的趣味性,而学生家长则可能更关注产品的教育性和安全性。

2. 增强研学旅行消费者购买意愿的策略

（1）优化内容与质量。研学旅行产品提供者应根据消费者的需求和市场趋势,不断优化产品的内容与质量;通过增加具有实践性、趣味性和教育性的活动内容,提高产品的吸引力和竞争力;加强对行程安排、住宿条件和餐饮质量的监管,确保产品的整体品质。

（2）合理定价。研学旅行产品提供者应根据产品的成本和市场需求,合理制定价格策略;通过市场调研和价格分析,确保价格与产品价值的匹配度,避免过高或过低的价格影响消费者的购买决策。

（3）加强口碑营销。研学旅行产品提供者应重视口碑营销的力量,通过提供优质的产品和服务,赢得消费者的好评和口碑传播;积极回应消费者的反馈和建议,不断改进和提升产品质量和服务水平。

（4）针对不同消费者群体制定个性化策略。研学旅行产品提供者应根据不同消费者群体的特点和需求,制定个性化的营销策略。例如,针对低年级的学生,可以设计更具趣味性和活动性的研学旅行产品;针对家长,可以强调产品的教育性和安全性。通过满足不同消费者群体的需求,提高消费者的购买意愿和满意度。

综上所述,研学旅行消费者购买决策受到多种因素的影响。为了提高消费者的购买意愿和满意度,研学旅行产品提供者应从内容与质量、价格策略、口碑营销以及个性化策略等方面入手,不断优化产品。同时,关注消费者的需求和反馈,与消费者建立良好的沟通和互动关系,为研学旅行市场的健康发展贡献力量。

(五)购后行为

消费者的购后行为,是指在完成购买行为后,消费者对产品的评价行为、使用行为、处置行为以及再次购买意愿等。购后行为不仅影响着消费者的满意度和忠诚度,还直接关系到企业的品牌形象和市场竞争力。

1. 研学旅行消费者购后行为的特点

(1)评价行为:消费者在参加研学旅行后,会根据自身的体验和感受对产品进行评价。这些评价通常通过社交媒体、亲朋好友等途径进行传播,对研学旅行产品的口碑和市场表现产生直接影响。

(2)使用行为:研学旅行的使用行为主要体现为消费者对研学内容的吸收和实践。消费者在研学旅行过程中会获得知识、技能和体验,这些成果的使用情况将直接影响研学旅行的教育效果和市场竞争力。

(3)处置行为:研学旅行结束后,消费者可能会对相关物品(如研学手册、研学纪念品等)进行处置。这些处置行为反映了消费者对研学旅行产品的整体态度。

(4)再次购买意愿:消费者对研学旅行产品的满意度将直接影响其再次购买的意愿。满意的消费者更有可能成为忠实客户,促进产品的口碑传播,为研学旅行市场带来一定的客流。

2. 影响研学旅行消费者购后行为的因素

(1)产品质量和教育价值:研学旅行产品的质量和教育价值是影响消费者购后行为的关键因素。优质的产品能够让消费者获得更好的体验,收获更多,从而提高消费者的满意度和再次购买意愿。

(2)服务质量:研学旅行过程中的服务质量,包括导游讲解、食宿条件、安全保障等方面,直接影响着消费者的评价和再次购买意愿。

(3)价格因素:研学旅行产品的价格水平及性价比是影响消费者购后行为的重要因素。合理的价格定位能够让消费者感受到物有所值,有助于提高消费者的满意度和忠诚度。

(4)消费者的个人因素:消费者的年龄、性别、教育背景等个人因素也会对购后行为产生影响。

3. 结论与建议

通过对研学旅行消费者购后行为的分析,我们可以看到,消费者的评价行为、使用行为、处置行为和再次购买意愿等对研学旅行市场的健康发展具有重要影响。因此,研学旅行企业和相关部门应从以下几个方面着手提高研学旅行产品的质量和市场竞争力。

(1)加强产品研发和创新力度,提高研学旅行的教育价值和吸引力。

(2)提升服务质量,关注消费者的需求,提供个性化、专业化的服务。

(3)合理定价,确保产品价格与价值相匹配,提高产品的性价比。

(4)提高消费者对研学旅行的认知度和满意度。

(5)建立完善的售后服务体系,关注消费者反馈,及时处理问题,提高消费者的忠诚度。

我们相信,以上措施的实施会使研学旅行市场迎来更加广阔的发展空间和更加美好的发展前景。

任务三　研学旅行消费者调查

🔍 任务描述

本任务主要对研学旅行消费者调查的内容和方法进行讲解。

🔍 任务目标

掌握研学旅行消费者调查的方式,能够有效进行市场调研,真正做到将所学知识运用到实践中。

一、研学旅行消费者调查的内容

研学旅行消费者调查的内容主要包含以下几个方面。

(一)消费者基本信息

调查者需要收集消费者的基本信息,包括年龄、性别、学历、家庭背景等。通过对这些信息的分析,调查者可以了解消费者的基本特征,相关分析结果也能为产品设计和后续的市场定位提供参考。

(二)研学旅行目的与期望

调查者应当询问消费者的研学旅行目的和期望。多数消费者希望通过研学旅行拓宽视野、增长见识,培养独立能力和团队协作精神。同时,他们期望在旅行过程中享受到优质的教育资源,获得丰富的文化体验。

（三）研学旅行目的地偏好

在研学旅行目的地选择方面,消费者表现出多样化的偏好。一些消费者倾向于选择历史文化名城,从而感受历史的厚重和文化的瑰丽;一些消费者更喜欢自然风光优美的地区,想要在大自然的怀抱中探索生命的奥秘;一些消费者关注科技创新和现代教育理念,倾向于选择具有科技教育特色的研学旅行目的地。

（四）研学旅行产品与服务需求

调查者需要详细了解消费者对研学旅行产品与服务的需求。在住宿方面,消费者普遍期望住宿环境安全、舒适、卫生;在餐饮方面,消费者关注食品的卫生和营养均衡;在课程设置方面,消费者希望课程能够结合实际,注重实践操作和互动体验;在导游服务方面,消费者期望导游具备专业知识和良好的沟通能力。

（五）消费心理与行为特征

调查者需要深入剖析消费者的消费心理与行为特征。消费者在选择研学旅行产品时,会综合考虑价格、品质、口碑等多方面的因素。同时,针对消费者偏好的个性化和定制化服务,能使消费者在研学旅行中获得独特的体验。此外,消费者的决策过程也受到社会和家庭因素的影响。

（六）产品满意度与改进建议

调查者需要收集消费者对当前研学旅行产品的满意度和改进建议。多数消费者对当前的研学旅行产品表示满意,但也提出了一些改进建议,如加强课程设置的针对性和实效性、提高导游的专业素质和服务水平等。

通过对调查结果进行梳理和分析,调查者可以进一步了解研学旅行消费者的需求和偏好,为研学旅行市场的健康发展提供有力支持。同时,这些调查结果也为研学旅行产品和服务提供商提供了改进方向。

二、研学旅行消费者调查的方法

（一）问卷调查法

问卷调查法是研学旅行消费者调查中极为常用的一种方法。调查者可以通过设计合理的问卷,收集消费者的基本信息以及研学旅行的目的、偏好、满意度等方面的信息,从而了解消费者的需求和存在的疑问。在设计问卷时,调查者需要注意问题的逻辑性和层次性,避免设置引导性问题和歧义性问题,从而确保收集到的数据真实可靠。

（二）访谈法

访谈法是一种深入了解消费者内心想法和需求的方法。访谈法通过与消费者进行面对面的交流,了解他们对研学旅行的看法、期望和建议。访谈可以采用结构化访谈和非结构化访谈两种方式。结构化访谈按照预定的问题和流程进行,适用于大规模的调查;非结构化访谈则更加灵活,可以围绕消费者的回答进行深入探讨,适用于小规模的深入调查。

(三)观察法

观察法是通过观察消费者的行为和表现,了解他们的需求和偏好。在研学旅行过程中,调查者可以通过观察消费者的活动参与度、互动情况、情绪变化等,了解他们对研学旅行的满意度和体验感受。调查者可以将观察法与其他调查方法相结合,从而提高调查的准确性和客观性。

(四)数据分析法

数据分析法是通过收集和分析大量的消费者数据,了解消费者的需求和偏好。调查者可以通过对消费者的基本信息、研学旅行记录、反馈意见等进行统计分析,发现不同消费者之间的共性和差异,相关分析结果也可以作为研学旅行的改进和创新的依据。数据分析法需要借助专业的数据分析工具,以确保分析的准确性和可靠性。

综上所述,研学旅行消费者调查的方法包括问卷调查法、访谈法、观察法和数据分析法等。这些方法各有优劣,调查者可以根据实际情况和需求选择合适的方法开展调查活动。

通过调查深入了解消费者的需求和偏好,有助于研学旅行企业为消费者提供更加优质、个性化的研学旅行服务。未来,研学旅行企业需要不断完善和优化消费者调查方法,以适应不断变化的市场需求和消费者行为。同时,研学旅行企业需要加强与其他领域的合作和交流,共同推动研学旅行行业的发展和创新。学校市场竞争激烈,其教育属性导致更换供应商成本较高,研学旅行企业应努力与学校直接建立良好的合作关系,提供优质产品及安全保障,这将极大稳固这种合作关系。

任务四　研学旅行消费发展趋势

拓展案例
▼
[QR code]
"行走的课堂"需要支持和指导

🔵 任务描述

本任务对研学旅行消费发展趋势进行了介绍,并深入探讨了构建研学旅行消费市场的重要性和意义。

🔵 任务目标

了解研学旅行消费发展趋势,熟悉研学旅行消费市场的构成要素,掌握研学旅行市场的相关政策支持及研学旅行消费发展的意义。

随着教育理念的不断更新和科技的飞速发展,研学旅行市场逐渐崭露头角,成为教育领域的一股新兴力量。研学,即研究性学习,通过将实践活动与理论学习相结合,提高学生的综合素质和创新能力。近年来,研学旅行市场蓬勃发展,其发展趋势值得关注。

一、研学旅行消费市场规模持续扩大

随着国家对素质教育的重视,越来越多的学校、家长和学生开始关注研学旅行活动。与此同时,研学旅行市场上的产品和服务也日益丰富,吸引了大量消费者。因此,研学旅行市场规模将持续扩大,预计未来几年将保持高速增长。

二、多元化、个性化发展趋势明显

随着消费者需求的多样化,研学旅行市场正逐渐走向多元化和个性化。学校、家长和学生不再满足于传统的观光式研学,而是更加关注研学活动的教育性、实践性和体验性。因此,市场上的研学旅行产品和服务要不断创新,以满足消费者多元化的需求。同时,个性化定制也逐渐成为研学旅行市场的一种趋势,消费者可以根据自己的需求定制专属的研学方案。

三、科技赋能提升研学品质

科技的快速发展为研学旅行市场提供了更多的可能性,未来研学旅行企业需开发具有普遍适用性的教学资源并进行丰富完善,建设泛在化教学环境,加强校际教学场所和教学资源的共享,推动规模化教师供给,将"AI+教育"纳入教师培训计划,在"中学生英才计划"中加强AI相关领域的青少年人才培养。例如,VR、AR等技术的应用,有助于学生更加直观地了解历史、地理等学科知识;大数据、人工智能等技术的应用,有助于学生更好地分析研学旅行过程中的数据,提升研究能力。这些技术的应用不仅可以提升研学旅行活动的趣味性和吸引力,还可以提高研学旅行的品质,推动研学旅行市场的持续发展。

四、跨界合作拓展研学领域

研学旅行的发展需要不断拓展新的领域和合作伙伴。研学旅行与文化、科技等领域的跨界合作,可以丰富研学旅行活动的内容和形式,提高研学旅行活动的吸引力和影响力。例如,与当地旅游部门合作,开发具有地域特色的研学线路;鼓励各地各校将人工智能教育纳入课后服务项目和研学实践,推动产学研用协同育人,联合人工智能企业、高校、研究机构、行业协会等,研发一批人工智能教育学习类课程和教学案例,为教学提供支持;与科技企业合作,引入先进的科技设备和技术手段,提升研学活动的科技含量。这些跨界合作不仅可以拓展研学旅行市场的领域范围,还可以推动相关产业的发展。

五、政策支持推动市场发展

政府对研学旅行市场的支持和推动也是研学旅行市场发展的重要影响因素之一。近年来,国家出台了一系列政策,鼓励和支持研学旅行市场的发展。例如,教育部门加强了对研学活动的指导和监管,推动了研学旅行活动的规范化和专业化;财政部门给予了一定的资金支持,帮助研学旅行机构和企业提高研发能力和市场竞争力。研学旅行是一种将学习与旅行相结合的新型教育模式,近年来受到广泛关注。这种教育模式不仅有助于拓宽学生的视野,增强学生的实践能力,还能提升学生的创新精神和团队协作能力。在我国,研学旅行得到了政府的大力支持和推动,为广大学生提供了更加广阔的学习和成长平台。

政府对研学旅行的支持首先体现在宏观层面的规划和引导上。近年来,我国教育部门相继出台了一系列政策文件,对研学旅行的目的、内容、形式等进行了明确规定。这些政策文件不仅为研学旅行的开展提供了指导,还为其规范化、制度化发展奠定了基础。例如,《关于推进中小学生研学旅行的意见》等政策文件,明确了研学旅行的基本原则、目标任务和保障措施,为各地开展研学旅行提供了有力的政策依据。

在政策支持下,研学旅行的实践探索不断深入。各地纷纷结合实际,开展了一系列具有地方特色的研学旅行活动。这些活动不仅涵盖了自然风光、历史文化、科技创新等多个领域,还注重与学校教育、社会实践的有机结合。例如,一些地区将研学旅行与乡土文化、非物质文化遗产等相结合,让学生在亲身体验中感受中华文化的博大精深;一些地区将研学旅行与科技创新、环境保护等议题相结合,让学生在实践中培养科学素养和环保意识。

研学旅行的政策与实践相互促进,形成了良性循环。政策的不断完善为研学旅行的开展提供了有力保障,而实践探索的不断深入则为政策的制定提供了丰富经验和参考。这种政策与实践的互动关系,不仅推动了研学旅行的快速发展,还为我国教育事业的创新发展注入了新的活力。

然而,研学旅行在发展过程中也面临一些挑战和问题。例如,如何确保研学旅行的质量和效果,如何平衡学习与旅行的关系,如何保障学生的安全和权益等。这些问题需要我们在实践中不断探索和创新,以寻求更加有效的解决方案。

⛵ 教学互动

在当今多元化的教育背景下,了解大学的专业设置和就业方向对于高中生的未来发展至关重要。本次研学活动以"探索大学专业,规划未来方向"为主题,旨在帮助学生更好地了解大学的专业选择与就业前景,对自己的学业规划和职业方向形成更清晰的认识,为学生顺利考上心仪的大学奠定基础。

一、互动环节:探索未来发展路径,了解大学专业与就业方向

在研学过程中,学生将参观多所高校,了解不同专业的课程设置、培养目标以及就

业方向。例如,清华大学的计算机专业、北京大学的人文社科专业、上海交通大学的工科专业等。

二、小组讨论与选择

请学生根据自己的兴趣和未来规划,选择一个或多个感兴趣的专业方向。

三、填写"未来路径规划表"

请学生将自己选择的专业方向填写到"未来路径规划表"中,并简要说明选择该专业的理由(如兴趣、就业前景、职业规划等)。

四、汇总与分析

教师对学生填好的表格进行汇总,并分析不同专业方向的选择频率。例如:哪些专业方向最受欢迎? 选择这些专业的理由有哪些共性? 不同专业方向的就业前景如何? 教师围绕分析的结果,进一步讲解不同专业的发展趋势和就业方向,帮助学生更好地规划未来。

⛵ 项目小结

本项目主要对研学旅行消费者购买行为进行概述,讲解了研学旅行市场价格策略、研学旅行消费者调查的内容和方法,分析了研学旅行消费发展趋势。本项目的学习有助于学生培养分析研学旅行消费者购买行为的能力,掌握研学旅行消费发展的趋势等。

⛵ 能力训练

随着人们对高品质旅行的追求,学习型游客成为旅游市场中不容忽视的消费者群体。研学旅行的消费者群体范围正在逐渐扩大,从年龄上来看,参与研学活动的对象范围扩大为全年龄段,因而研学旅行产品更加多样化,有以学生为主要服务对象的思政研学旅行、暑期社会实践活动、毕业研学旅行等,也有以老年人为主要服务对象的康养研学旅行、休闲研学旅行等。

例如,为引导广大青年学子利用寒暑期在榕社会实践、旅游观光,提升福州在全国大中专院校学生群体中的知名度、美誉度,吸引青年人才在榕创业就业兴业,助力福州建设现代化国际城市,2022年6月,福州市人民政府办公厅印发《"好年华,聚福州"研学活动总体方案》。

又如,2024年5月,济宁老年大学组织学员在曲阜开展了"跟着孔子去研学"的主题活动。学员们走进孔庙、孔府,瞻仰了大成殿、十三碑亭等古建筑,观看了祭孔展演,参观了汉魏碑刻陈列馆;在杏坛前学习了儒学思想并齐诵《论语》中的经典语句,在孔府重光门前重点学习了儒家家风家教,在《戒贪图》前学习了儒家廉政思想,体悟儒家文化的思想精髓等。

在低消费时代,发展研学旅行需要采取更灵活和具有创意的策略,以适应消费者

知识训练
▼

项目五

的多样化需求和市场环境的不断变化。试分析：

（1）促进低消费时代研学旅行市场消费的策略有哪些？

（2）学习型游客逐渐成为旅游市场中不容忽视的消费者群体,促进全年龄段研学旅行兴起的策略有哪些？

（3）应如何规范研学旅行市场的服务管理,深化研学旅行的内涵,不断拓展研学旅行的范围？

项目六
研学旅行市场推广

项目描述

研学旅行目前正处于蓬勃发展的阶段,提高市场占有率是研学旅行企业发展壮大的重要战略目标,其市场推广工作显得尤为重要。面对快速变化的市场环境和消费者需求,研学旅行企业需要构建一套全面、高效、动态调整的市场推广策略。基于研学旅行产品注重体验性和市场定位差异大的特殊性,研学旅行企业在进行市场推广的过程中,不仅应整合线上线下渠道,还需要制定科学的促销策略,通过进行营销推广、建立公共关系等手段,向消费者传递产品信息,激发他们的购买欲望。因此,研学旅行市场推广工作需要从多方面入手,采取多元化的渠道策略,制定科学的促销方案,以全面提升产品的市场竞争力。

项目引入
▼

项目六

项目目标

知识目标

(1)了解研学旅行市场营销渠道的概念内涵、功能及特点。

(2)了解多元的渠道,如OTA、新媒体矩阵、研学旅行中间商、学校与教育辅导机构等的相关内容。

(3)掌握研学旅行市场促销策略,包括广告推广策略、营业推广策略、公共关系策略、人员推销策略等。

能力目标

(1)掌握研学旅行市场推广的全流程规划能力,以及数据分析与效果评估能力。

(2)能够进行精准的市场定位与渠道选择,熟练运用多元化的促销策略。

素养目标

(1)培养创新精神与求真务实的态度。

(2)树立正确的价值观,坚定文化自信。

项目重难点

项目重点

构建多元化的研学旅行市场营销渠道,优化线上线下协同推广策略,制定精准的市场促销策略,以提升研学旅行产品的市场竞争力和品牌影响力。

项目难点

精准评估研学旅行市场促销策略的有效性,实现线上线下渠道的协同推广,保持市场推广策略的创新与适应性,以应对快速变化的市场需求。

知识导图

```
                                                    ┌─ 研学旅行市场营销渠道概述
                        ┌─ 研学旅行市场营销渠道策略 ──┼─ 研学旅行产品与市场营销渠道的关系
                        │                           └─ 研学旅行市场营销渠道开发策略
                        │
                        │                           ┌─ OTA
  研学旅行              │                           ├─ 新媒体矩阵
  市场推广  ────────────┼─ 渠道的多元化选择 ────────┼─ 研学旅行中间商
                        │                           └─ 学校与教育辅导机构
                        │
                        │                           ┌─ 广告推广策略
                        │                           ├─ 营业推广策略
                        └─ 研学旅行市场促销策略 ─────┼─ 公共关系策略
                                                    └─ 人员推销策略
```

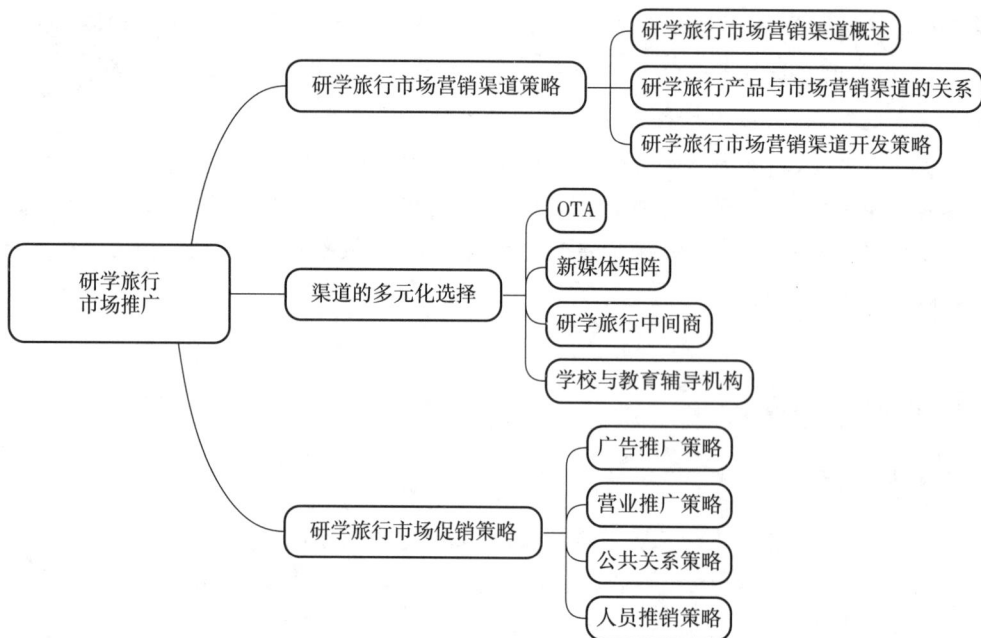

任务一　研学旅行市场营销渠道策略

任务描述

研学旅行目前仍处于成长阶段,其市场营销渠道还处于不断发展和完善中,搭建符合研学旅行产品特点的市场营销渠道是极为重要的市场营销活动之一。研学旅行属于体验类项目,学生家长倾向于通过网络渠道获取研学旅行的信息,如行程信息、课程内容等。现阶段研学旅行机构线上产品详情页的内容设置比较简单,尚不能让学生家长通过视频等场景描述获得关于产品的较为全面的信息。

本任务主要对研学旅行市场营销渠道进行概述,包括研学旅行市场营销渠道的概念内涵、功能、特点等,讲解了研学旅行产品与市场营销渠道的关系,以及研学旅行市场营销渠道的开发策略。

任务目标

(1)了解市场营销渠道和研学旅行市场营销渠道的概念内涵。
(2)理解研学旅行产品与市场营销渠道的关系。
(3)掌握研学旅行市场营销渠道的开发策略。

一、研学旅行市场营销渠道概述

(一)市场营销渠道和研学旅行市场营销渠道的概念内涵

1.市场营销渠道的概念内涵

按照有无中间环节市场,可以将市场营销渠道分为直接分销渠道和间接分销渠道。由生产者直接把产品销售给最终用户的营销渠道称为"直接分销渠道",即直销。至少包括一个中间商的营销渠道则称为"间接分销渠道",即分销。根据中间商,可以将直接分销渠道和间接分销渠道进一步分类,直接分销渠道两端分别为生产者和消费者,没有中间商,因而称为"零级渠道";间接分销渠道则根据中间商的数量分为一级、二级、三级甚至多级渠道。

美国市场营销学家菲利普·科特勒认为,营销渠道是指某种货物或劳务从生产者向消费者移动时,取得这种货物或劳务的所有权,或帮助转移该所有权的所有企业或个人。简而言之,营销渠道就是产品或服务从生产者向消费者转移过程的具体通道或路径。

2.研学旅行市场营销渠道的概念内涵

研学旅行市场营销渠道,是指研学旅行产品从生产企业向消费者转移过程中所经过的取得产品使用权,或帮助产品使用权转移的中介组织和个人,即这个过程中所经过的各个环节连接起来而形成的整个流通结构。研学旅行市场营销渠道主要包括各类研学旅行产品批发商、零售商、代理商,以及学校、教育辅导机构和基(营)地等。

研学旅行市场营销渠道的内涵包含以下三个方面。其一,研学旅行市场营销渠道是研学旅行产品使用权转移的通道,起到连接生产者与消费者的作用。其二,研学旅行市场营销渠道是一个完整的流通过程,它包含了从研学旅行产品的生产(起点)、销售(中介)到消费(终点)的完整过程,而不是特指其中的某个阶段。其三,研学旅行产品的市场定位在很大程度上决定了市场营销渠道的建设与选择。

（二）研学旅行市场营销渠道的功能

在研学旅行企业市场营销活动中，渠道扮演着至关重要的角色，其核心功能在于确保产品或服务能够高效、顺畅地流转至消费者手中。研学旅行市场营销渠道的功能主要包括以下几个关键方面。

1. 销售功能

渠道的首要任务是促进产品的销售，以实现企业的盈利目标，销售功能是渠道具有的最直接、最基础也是最有效的功能。

2. 洽谈功能

渠道不仅是线下或线上的通路，还是企业与潜在消费者之间建立联系、洽谈合作并达成交易的桥梁。通过渠道，企业能够识别并接触潜在消费者，渠道有利于双方之间的交流与互动。

3. 信息沟通与传递功能

渠道在市场营销过程中承担着信息传递的重要职责。渠道不仅能够向消费者传递产品的价格信息、促销信息等，还能够将消费者的反馈和需求等方面的信息传递给企业，实现信息的双向流通。

4. 服务功能

除了销售产品，渠道还能够提供一系列服务与支持功能。例如，通过与下游中间商或服务商合作，共同拓展客源、维系客户关系，为消费者提供优质的售前、售中和售后服务。

5. 市场调研功能

渠道中的成员通过市场对接过程进行市场调研，收集和整理有关消费者、同类型产品、竞争机构品牌等方面的信息，并通过各种途径将信息传递给渠道内的其他成员。

6. 反馈功能

基于渠道反馈的产品信息和市场信息，企业能够及时了解市场动态和消费者需求变化，从而调整产品策略、优化产品设计、迭代出更符合市场需求和消费者喜好的产品。这种反馈机制有助于企业保持竞争优势并实现可持续发展。

（三）研学旅行市场营销渠道的特点

1. 地域特色性

研学旅行市场营销渠道深受地域因素影响。不同地区的消费者拥有不同的消费习惯和文化背景，这使得各研学旅行企业在不同地区所建立的销售渠道呈现出一定的地域特色，这些渠道深深地打上了当地消费文化的烙印。

2. 市场独占性

研学旅行市场营销渠道具有一定的市场独占性。一旦某一研学旅行企业在某一渠道中率先占据市场优势，其他企业想要进入这一渠道就变得相当困难，可能会面临被排斥在外的风险。这种特性体现了渠道资源的稀缺性和市场竞争的激烈性。

3. 独特性和差异性

不同研学旅行企业的市场营销渠道具有显著的独特性和差异性。各企业会根据自身的市场定位、产品特点和目标市场来构建独特的渠道结构和模式。同时，不同地区的渠道结构也会因地域因素而呈现差异，使得每种渠道模式都拥有一定的特征。这种差异性有助于企业在市场中形成独特的竞争优势。

4. 难以复制性

研学旅行市场营销渠道的难以复制性，也称为"不可替代性"，缘于其地域特色性、独特性和差异性的共同影响。某一企业在某一地区建立的具有优势的渠道，很难简单地复制到其他地区。因为不同地区的消费文化、市场环境以及学校资源存在差异，需要重新进行市场调研、渠道构建和关系维护。这种难以复制性要求企业在拓展市场时，必须针对每个地区的特点进行个性化的渠道建设。

二、研学旅行产品与市场营销渠道的关系

《关于推进中小学生研学旅行的意见》中指出，研学旅行是一种"研究性学习和旅行体验相结合的校外教育活动"，"各中小学要结合当地实际，把研学旅行纳入学校教育教学计划，与综合实践活动课程统筹考虑，促进研学旅行和学校课程有机融合"，"学校根据学段特点和地域特色，逐步建立小学阶段以乡土乡情为主、初中阶段以县情市情为主、高中阶段以省情国情为主的研学旅行活动课程体系"。因此，针对不同学段群体的研学旅行产品及其市场定位有着显著的区别。

（一）本市市场定位

1. 研学旅行市场客群

本市研学旅行主要针对小学4—6年级的客户群体，同时也涵盖了一部分小学1—3年级的亲子研学客户群体。现在的家长普遍知识层次较高，比较重视亲子教育，对于亲子研学也提出了更高的要求，亲子游与教育的融合，催生了亲子研学市场。

2. 研学旅行产品特点

研学旅行课程按照教育部的指导思想进行设计，根据小学不同年龄段学生的需求设计乡土乡情研学旅行产品，包含不同目的地、不同课程。总的来说，小学阶段的研学旅行课程设计应以游览、观光、体验为主，重视内容的游戏性、艺术性。

3. 研学旅行产品核心竞争力

研学实践教育基地可以依据《关于推进中小学生研学旅行的意见》，围绕地理类、

自然类、历史类、科技类、人文类、体验类这六类中的一类或多类,对研学旅行课程内容进行深入开发。建议一个研学实践教育基地深度开发一个年龄段的课程,年龄段包含的学段范围不宜过大(三个年级范围内较佳)。同时,每个研学实践教育基地应定位清晰,专注于一定年龄段的研学体验内容,并致力于成为当地这个年龄段研学内容输出最佳的目的地,从而在目的地的广度和课程体验的深度方面形成核心竞争力。

(二)本省市场定位

1. 研学旅行市场客群

县情市情研学旅行市场客群主要集中于初中一年级至二年级。

2. 研学旅行产品特点

理论上,以年级为单位设计研学旅行课程,但是现实情况是较多以学校为单位开展研学,因此一个研学旅行目的地开发涵盖多个年级的课程体系是市场的主要需求。针对该学段的研学旅行课程,应设计更多理解性内容,适当增加竞赛性、参与性、探索性内容,以满足这一学段学生强烈的求知欲、好奇心。

3. 研学旅行产品核心竞争力

单点K12课程体系是研学旅行产品形成核心竞争力的关键。由于省内不同城市的研学旅行资源之间存在差异,国家级和省级研学实践教育基(营)地凭借其独特的优势资源,成为省内的主要研学目的地。地市学校通常有组织学生前往这些优质基(营)地开展研学旅行活动的需求。从学校团队管理的角度来看,地市学校更倾向于选择一个能够满足本校不同学段学生研学需求的特色研学基(营)地。因此,单点研学基(营)地按照K12体系建立全面的课程体系,不仅能够满足学校的需求,还能提升自身的市场竞争力。这种课程体系需要覆盖从小学到高中的各个年级,提供多样化的研学主题和内容,以确保不同年龄段的学生都能获得丰富且有针对性的学习体验。

(三)省外市场定位

1. 研学旅行市场客群

跨省研学旅行群体主要集中在高中学段,教学条件较好的地区,也有大量的学校组织初中学段的学生开展跨省研学旅行,发达地区甚至有学校组织小学5—6年级的学生开展跨省研学旅行。

2. 研学旅行课程和体系

跨省研学旅行课程的设计核心是强调当地特色。全国的研学旅行目的地非常多,达到国家级水准且具备能够体现当地特色的国家级实践教育课程的目的地更能吸引其他省份学生前往开展研学旅行活动,跨省研学旅行的费用较高,管理难度较大,因此,差异化、强场景和内容的吸引力就成为核心竞争要素。针对该学段的研学旅行课程要以知识拓展、理论应用、综合性体验、研究性学习为主,辅以观光、考察、游历等活动。

3. 研学旅行产品核心竞争力

研学旅行产品的核心竞争力在于通过独特的主题资源和全面的课程体系,满足不同学段学生的学习需求,同时提供兼具深度和广度的教育体验。

以河南古都文化研学营为例,其核心竞争力体现在以下几个方面。

(1)主题资源的独特性:河南古都文化研学营依托河南丰富的历史文化资源,如戏剧、艺术、历史建筑等,打造了具有地方特色的研学主题。例如,迷宫般的幻城建筑、中原文化、黄河文化等特色资源,让学生从不同视角感受河南的独特魅力。这些资源的独特性是吸引学生和学校选择该研学营的重要因素。

(2)主题化K12课程体系的全面性:河南古都文化研学营的内容体验丰富且多元化,植根于四大中原古都的历史发展脉络,精心挑选具有代表性的文化场景,通过沉浸式教学和实践活动,引导学生深入了解华夏文明的传承。课程设计注重与中学课本知识链接,帮助学生在实践中增强对历史、语文、艺术等学科的兴趣。这种全面的课程体系能够满足不同学段学生的需求,增强研学营的市场竞争力。

(3)教育体验的深度与广度:通过实践活动和科学方法的引导,河南古都文化研学营不仅让学生了解历史文化,还培养他们的观察、领悟和探索能力。这种深度与广度兼具的教育体验,能够帮助学生更好地将课堂知识与实际体验相结合,提升综合素质。

综上所述,河南古都文化研学营的核心竞争力在于其独特的主题资源、全面的主题化K12课程体系以及深度与广度兼具的教育体验。这些因素共同作用,使其在众多研学旅行产品中脱颖而出。

📖 知识活页

多类研学旅行产品介绍

以下根据各研学旅行机构发布的产品,整理了一些具有代表性的一日研学旅行产品(见表6-1)、省内多日主题研学旅行产品(见表6-2)、针对省外客群的研学旅行产品的相关内容(见表6-3)。

表6-1 一日研学旅行产品

序号	推荐劳动教育实践基地	推荐课程	课程特色	适合年龄段
1	乡村振兴精品示范村	我是小农夫	在螺湖半岛,农耕文化科普体验园、生态果蔬采摘体验园成为亲子研学、劳动实践的重要载体	2—3岁
2	海龙凯歌农文旅园区	"沼"气蓬勃	在海龙凯歌农文旅园区,了解沼气的"前世今生",在阡陌交通的田园牧歌中开展亲子互动活动	3—4岁

续表

序号	推荐劳动教育实践基地	推荐课程	课程特色	适合年龄段
3	云南铁路博物馆	从马帮到高铁	感受云南特有的交通文化,体验进阶式游戏学习模式,通过互动游戏了解交通发展的历史脉络	4—5岁
4	四川宋瓷博物馆	小小鉴宝家	感受宋代窖藏瓷器的独特神韵,体悟遂宁非遗的特有魅力	5—6岁
5	新华书店	按图索骥	学会整理书籍,激发对古诗词的兴趣	6—7岁

表6-2　省内多日主题研学旅行产品

序号	产品名称	课程特色	适合年龄段
1	"蓉"入四川	日行千里,走进巴蜀,探索"自古诗人皆入蜀"的缘由,把握"天府之国"的文脉	12—15岁
2	四川非遗研学营	通过"研学＋非遗"的模式,增强文化自信,促进美育发展,延伸非遗生命力	10—15岁
3	古蜀之光	探访三星堆,追寻古蜀文明的源头;"拜水都江堰",解惑天府水利气象;寻访杜甫草堂,领略千年文化韵味	11—15岁

表6-3　针对省外客群的研学旅行产品

序号	产品名称	课程特色	适合年龄段
1	科创未来	体验AI、新能源等前沿科技,学习生物发电全流程,了解航空发展史	13—18岁
2	黄河三峡研学旅行	学习黄河文化与母亲河精神,欣赏三峡的自然景观	13—18岁

（资料来源:根据各研学旅行机构发布的产品整理）

三、研学旅行市场营销渠道开发策略

（一）本地市场营销渠道建设

1. 制定本地市场营销竞争策略

要想成功地在本地市场提升研学旅行品牌的知名度和美誉度,需制定一系列有针对性的竞争策略。本地市场上学校和教育机构的研学旅行需求旺盛,鉴于研学旅行的教育属性及特性,其供应商转换成本较高。研学旅行企业应积极与学校达成直接合作,提供优质课程和安全服务保障,重视客户体验和口碑营销,加强品牌宣传和推广,从而建立稳固的合作关系。

2. 协同本地文旅、教体等部门

协同本地文旅、教体等部门是研学旅行企业拓展区域研学旅行市场的一项关键举措。充分发挥多目的地、本土化的K12课程内容的核心竞争力,与本地文旅、教体等部门建立深度合作,可以极大地推动研学旅行项目在本地的官方推广和落地实施。

3. 将研学实践教育基(营)地转化为渠道

研学旅行企业可以通过与研学实践教育基(营)地进行深度合作,共同研发单个目的地的K12课程内容,并助力合作基(营)地申报本地研学实践教育基(营)地名录,从而获得优先选择的优势。主要实施步骤包括:调研本市及周边地区的研学实践教育基(营)地资源,了解其特色、设施、地理位置等条件,选择与企业自身发展方向和目标受众相匹配的基(营)地;结合基(营)地的特色和资源,组织企业自身的课程开发团队与合作基(营)地共同研发符合K12阶段学生需求的课程内容;积极向文旅或教体部门推荐合作基(营)地及其课程,展示其特色和优势,争取获得认定和优先选择权;一旦合作基(营)地成功纳入名录,研学旅行企业应加强与文旅或教体部门的沟通与合作,争取更多的政策支持和推广资源。

👀 知识活页

新华文轩跨界合作,拓宽研学"视界"

各地新华研学机构充分运用"新华书店"这个家喻户晓的品牌,借助国企的背景与各地以学校为代表的优秀教育资源建立合作关系。新华书店教材部门与学校形成了良好的业务关系,并在这个基础上拓展研学内容,推进并促成了交易。新华研学机构一边与不同学校建立合作关系,一边积极开发多目的地K12课程体系、单个目的地K12课程体系,逐步成为各区域研学旅行市场的优秀企业。

广东新华研旅从安全方面考虑,从用户体验出发,打造了一批高质量的研学实践教育基(营)地。广东新华研旅首席运营官说道:"从化生态设计小镇是新华研旅打造的以科创梦想为主题的研学营地,广东省科协、广东教育学会、中国科学院广州分院、广东省科学院、广东广播电视台、广州南方学院、华为等多方优质研学教育资源相继支持研学活动,成为新华研旅研学业务的深度合作伙伴。"

文轩济南分公司在合作方的选择上也颇有心得,从三个维度展开跨界合作:其一,联合学校、教育机构等,开发具有一定广度、深度和地方特色的研学实践课程;其二,与有影响力的基(营)地合作,并根据基(营)地独有的环境和特征,打造符合学生需求的研学旅行课程;其三,与景区合作,如石崮寨景区、济南野生动物世界等济南有名的特色景区,推出适合学生研学的项目,从而丰富研学旅行课程的类别。

广东新华四阅研学于2022年开设了"VR+"主题研学旅行课程,创新性地将VR科技引入研学领域,通过"VR+人文""VR+军事""VR+自然科普"等主题研学旅行课程,拓宽研学的"视界"。

(资料来源:中国出版传媒商报)

(二)本省市场营销渠道建设

1. 自建市场营销渠道

自建市场营销渠道是研学旅行机构扩大市场份额、提升品牌影响力并实现规模化发展的重要策略。通过在本省各个地方开设分支机构,包括自营分公司和合作供应商,研学旅行机构能够统一课程内容,并做到规范执行,形成规模效应,从而更有效地赢取市场。

2. 中小研学联盟

中小研学联盟的出现为研学旅行市场的区域化、专业化发展提供了新的动力和机遇。这类联盟既保留了研学旅行机构的组织属性,又通过合作共享的方式降低了运营成本,提高了运营效率,对于在全省范围内铺开研学旅行活动具有重要意义。

中小研学联盟,如各个省份的研学旅行协会,通过建立立足于全省的课程体系,实现课程资源的统一规划和管理。这一课程体系既考虑了不同地域的文化特色,又结合了中小学教育的实际需求,确保课程内容的丰富性和针对性。在选择成员单位方面,联盟注重成员单位的专业性和优质性,确保每家成员单位都能在某个特定领域或地区内发挥自身的优势。这样的选择机制不仅提高了联盟的整体专业水平,也增强了其市场竞争力。在联盟的统一调控和组织管理下,各成员单位之间形成了良好的互补关系。这种互补关系不仅体现在课程资源的共享上,还体现在市场资源的共享上。通过共同开发市场、推广产品,联盟能够实现市场资源的最大化利用,提高整个联盟的知名度和影响力。

3. 研学旅行(省、市)协会联席会议平台

研学旅行(省、市)协会联席会议平台是一个集结了各地研学旅行协会及企业的核心交流与合作平台。这个平台不仅为参与者提供了获取最新政策动态和行业资讯的渠道,还为参与者提供了拓宽市场、深化合作的重要机会。

参与联席会议有助于研学旅行企业及时了解研学旅行方面的最新政策导向和扶持措施,从而更好地把握市场发展方向,优化自身的经营策略。同时,通过与其他省市的研学旅行协会和企业的交流,研学旅行企业可以拓宽视野,了解不同地区的研学旅行资源和市场需求,这些能够为企业自身的业务拓展和产品开发提供新的思路和方向。此外,联席会议平台还促进了行业内的规范发展。协会作为行业代表,通过制定研学旅行相关标准、推广优秀实践案例,推动了行业自律和健康发展。这种规范化的发展环境不仅有利于提升整个行业的形象和声誉,还为企业提供了更加公平、透明的竞争环境,有助于实现行业的可持续发展。

🔍 知识活页

河南省研学旅行教育协会

河南省研学旅行教育协会是河南省教育厅主管,由河南师范大学牵头发起,由河南省省内高校、中小学校、研学教育领域单位和个人自愿组成的全省性、专业性、非营利性社会团体法人。

一、协会的主要职能

(一)研究职能

主动开展基础调研,准确掌握行业动态,为政府提供行业发展报告和决策咨询。

(二)服务职能

协助政府制定和实施行业标准,建立规范行业和会员行为的机制,制定研学旅行教育实操规范。

(三)沟通职能

发挥协会助手作用,配合政府对我省研学旅行开展工作进行业务指导。促进会员单位间的沟通与交流,实现会员单位之间的资源共享,提高行业服务质量,维护行业信誉。发挥协会的代表职能,畅通会员单位和政府的反映渠道,代表本协会全体会员的共同利益,向政府有关部门反映会员建议、意见和诉求,为会员提供服务。

二、协会的具体任务

(一)研究探索研学旅行的相关标准

贯彻政府的相关政策,积极配合政府对研学旅行开展工作进行实证研

究,协助政府做好行业标准、研学旅行出行标准及安全标准的研究工作,探索建立一套规范管理、责任清晰、多元筹资、保障安全的研学旅行工作机制;开展研学旅行示范基地研究,积极挖掘、拓展基地的教育功能,打造一批在全国具有较大影响力的研学旅行示范基地。

(二)创新研学旅行教育理念及教学方法

开展研学旅行教育理念和教学方法创新等课题研究,探索创建以学生学习需求为导向的教学模式,激发学生学习的主动性,培养学生的创新思维。

(三)培训研学旅行指导师[①]

依托专家和学术研究团队,积极协助政府开展研学旅行指导师的师资培养与培训。

(资料来源:河南省研学旅行教育协会官网)

(三)省外市场营销渠道建设

研学旅行省外市场营销渠道建设是一个多元且综合的过程,旨在将研学旅行的理念和服务推广至更广泛的地区。研学旅行企业需要注重与合作伙伴的沟通和协作,共同推动研学旅行事业的健康发展。

1.建立合作伙伴关系

研学旅行企业应积极与省外的教育机构、旅行社、研学实践教育基(营)地等建立合作伙伴关系,可以通过签订合作协议,共享资源,共同推广研学旅行项目,实现互利共赢。研学旅行企业应积极参加全国性展会和活动,并借助这些平台展示企业研学旅行产品的特色与优势,以吸引更多关注,赢得省外合作机会;应加强与外省研学旅行机构的交流,从而了解行业动态和趋势,并将其作为省外渠道建设的有力参考。

2.建立渠道代理制度

研学旅行企业可以在省外寻找合适的渠道代理商或合作伙伴,委托其负责当地的研学旅行项目推广和销售。这种方式可以有效降低市场开拓成本,快速拓展市场份额。

3.政府合作与政策支持

研学旅行企业应积极与政府部门沟通和合作,争取政策支持和资源倾斜。可以通过参与政府主导的研学旅行项目或活动,提高企业自身的知名度和影响力,为渠道建设创造有利条件。

---

① 2024 年 7 月 25 日,《人力资源社会保障部办公厅、市场监管总局办公厅、国家统计局办公室关于发布生物工程技术人员等职业信息的通知》中将"研学旅行指导师(4-13-04-04)"职业名称变更为"研学旅游指导师",同时,将其职业定义变更为"策划、制定、实施研学旅行方案,组织、指导开展研学体验活动的人员"。

Note

任务二 渠道的多元化选择

任务描述

随着移动互联网的快速发展,信息传播的速度和范围都达到了前所未有的高度,这为研学旅行市场的推广带来了极大的便利。本任务旨在探讨如何有效整合线上线下渠道,实现研学旅行市场的精准营销。

任务目标

(1) 了解OTA的概念内涵及发展现状、多媒体矩阵的概念内涵、中间商的概念内涵及分类。

(2) 熟悉OTA合作模式及其特点、多媒体矩阵的类别和特点、中间商的特点。

(3) 能够结合产品市场定位和渠道特点,选择适宜的线上线下营销渠道。

当前属于互联网和自媒体时代,信息传播迅速,研学旅行企业应整合多元化渠道,对不同圈层的消费者进行针对性宣传,实现精准营销,从而有效达成宣传目标。

线上营销渠道在研学旅行市场上占据重要地位,这是因为线上营销渠道突破了时间、空间的限制,在流量等方面具有优势,使研学旅行产品的预订更加便捷、更贴近旅游者需求和习惯,但线上营销渠道发展时间较短,品牌知名度、用户体验感与信用度、区域性资源等与线下营销渠道相比,还存在一定的差距,因此目前存在客户投诉率增高等问题。

线下营销渠道有面对面接触消费者的专业的品牌服务团队,在区域资源方面具有一定的优势,且用户体验反馈普遍较好,但也存在不够便捷、覆盖范围有限、缺少系统化工具等缺点,因此发展受到制约。线上线下营销渠道优劣势各异,只有融合线上线下营销渠道,整合优势资源,组成优化系统,不断创新,取长补短,研学旅行行业才能持续健康发展。

一、OTA

OTA(Online Travel Agency,在线旅游),指旅游消费者通过网络向旅游服务提供商预订旅游产品或服务,并在线支付或者线下付费,也可理解为各旅游主体通过网络进行产品营销或产品销售,售卖包括酒店、机票、车票、景点门票、线路产品等与旅游相关的产品和服务。结合中国在线旅游的现状,从在线旅游服务提供商的网站查询,并通过Call Center(呼叫中心)预订成功的,也算作网络旅游交易。

OTA是销售线下旅行服务的中介,具备"低频次、高单价"的特点。OTA企业为研学旅行消费者提供了便利,为研学旅行企业提供了客源,提升了产业链整体运营效率,因此具备长期投资价值。OTA企业可以解决研学旅行消费者预订课程、营地、机票、酒店或者旅游门票分散耗时以及信息不对称的痛点,为消费者提供了比价、预订、在线支付等一站式服务,同时满足了研学旅行企业的销售需求。OTA企业优化了顾客使用体验、降低了商家单独揽客成本,提升了预订环节的整体效率,完善了研学旅行产业的价值传递流程。

(一) OTA的合作模式

OTA的合作模式主要有三类:代理模式(Agency)、批发模式(Merchant)和广告模式。大部分OTA企业以代理模式为主要营利模式。

1. 代理模式

在代理模式下,OTA企业作为平台连接了消费者与供应商,帮助研学旅行企业销售研学旅行单项产品或套餐产品,并按比例抽取佣金。佣金由研学旅行企业提供,但是最终仍然会转嫁到消费者身上。这一模式下OTA企业的参与度不高,实际交易的参与主体为研学旅行企业和消费者。

2. 批发模式

在批发模式下,OTA企业先买断部分服务(如研学旅行课程、研学实践教育营地、机票、酒店或整套研学旅行产品等),再加价卖给消费者,从中赚取差价。相较于代理模式,批发模式的回报率更高、风险也更高。在这一模式下,OTA企业的参与度很高,实际交易的参与主体为OTA企业和消费者。OTA企业提前买断存货并承担经营风险,消费者预付零售价款给OTA企业,OTA企业在消费者完成服务后按批发价款向研学旅行企业支付款项,这一过程中OTA企业既赚取价差收入还占用消费者资金,一举两得,回报率更高,但由于存货风险更高,一旦需求不达预期则可能产生亏损。

3. 广告模式

广告模式是指OTA企业为研学旅行企业提供展示广告服务并收取广告费用,按收费标准的不同又可细分为CPM(按展示付费)、CPC(按点击付费)、CPS(按销售付费)等。广告模式针对揽客需求大的研学旅行企业,OTA企业为他们提供营销的平台。客源压力大的研学旅行企业为了吸引更多有效客户,会选择在OTA网站或者移动平台上做广告,OTA企业多根据效果收取广告费用,赚得广告收入。目前,广告收入在OTA企业的总收入中占比相对较小。然而,随着平台价值的提升和用户流量的增加,广告收入的占比有望逐步提高。

OTA企业可选择的营利模式并不唯一,一般OTA企业可以选择以一种模式为主或多种模式组合的营利模式。

作为国际OTA巨头的Booking以代理模式为主,Expedia以批发模式为主。代理模式和批发模式各有优劣,如何选择取决于企业的战略及业务规划。国际OTA平台以代理模式为主流。代理模式对消费者更友好、收费更少、便捷性更强,在OTA市场的拓展阶段占据了明显优势。

国内OTA龙头企业以代理抽取佣金的商业模式为主,具体到上游采购和下游付款模式,又分为直采与代理、预付与现付。OTA企业很大程度上取代了传统分销商,直接采购占据主导,消费者拥有多样性选择,因此预付和现付占比基本相当。虽然直采和预付占比都不低,但实际上需要OTA企业批发买断并承担存货风险的情况很少。

上游采购产品根据其不同来源,可分为直采与代理。直采是直接从供应商处采购,没有中间商赚差价,这是目前OTA企业主要的采购形式。对运营能力要求较强的研学旅行产品套餐,OTA企业会实行二次代理。

下游付款形式根据其不同时点,可分为预付与现付。预付是消费者预订时即向OTA企业付款,供应商履行服务后OTA企业才向供应商付款,其好处是跑单率低,OTA企业还可以获取占用消费者资金带来的收益。针对制定决策更谨慎的用户以及需要自行结算的研学旅行企业,OTA企业往往会采取现付形式。

🔭 知识活页

我国OTA发展现状

OTA龙头的成长伴随了竞争与价格战,但此后又在资本的支持下走向并购整合、共赢发展。经过20多年的发展,国内OTA内部格局相对稳定,OTA市场竞争格局通过多次并购整合,目前已经形成携程、阿里(飞猪)、美团三足鼎立的竞争局面。同程网(同程旅游集团的线上业务板块)与艺龙旅行网的合并属于携程体系内竞争,同程艺龙主要利用腾讯(同程艺龙的第一大股东)的C端流量,其B端资源仍主要来自携程(同程艺龙的第二大股东)。2014年,携程投入2.2亿美元入股同程,成为同程当时的第一大股东;2015年,携程先后投资艺龙,与百度换股收购去哪儿,百度成为携程和去哪儿第一大股东,竞争格局从两强相争变成一家独大,形成携程系。OTA行业具备天然的垄断属性,携程系依托先发优势,已经形成了经营性的"辛迪加垄断"(由同一生产部门的少数大企业,通过签订统一销售商品和采购原料的协定以获取垄断利润而建立的垄断组织)。

FastData(现FastMoss)的相关统计数据显示,2021年按市场交易额(GMV)规模口径计算,携程的市场占有率达到36.3%,是行业的超级巨头。如果将携程与去哪儿合并计算,其整体市场占有率约50%,再加上携程参股的同程艺龙后,总市场占有率约64.8%。此外,飞猪和美团酒旅也在快速崛起,市场占有率分别为7.3%和20.6%。携程通过先发优势和对去哪儿的控股,形成了较强的市场垄断地位。携程背后有其第一大股东百度的流量支持,同程艺龙则有腾讯的支持。与此同时,背靠阿里生态圈的飞猪和依托美团平台的美团酒旅,凭借各自平台的优势,也实现了快速崛起。

　　国内三家头部OTA平台的发展路径有所不同,在用户定位、产品侧重点、核心优势、战略方向等方面也有所不同。携程的经营垄断来自先发优势及客户体验,即早年的用户积淀及呼叫中心的重度投入,目前依靠高端酒店资源和强大的服务能力绑定了核心高消费用户,其中包括早年机场发会员卡方式积累的初始用户,提供的优质服务体验增强了携程的客户黏性。这部分用户价格敏感度低,对便利性的要求较高。此外,携程由于早期积累了足够多的商旅用户,使得呼叫中心的单人平摊成本极低,这一优势也是其他后入者难以短期建立的。阿里系的飞猪背靠阿里流量,主打"机票标品＋高端酒店打折券＋民宿"生态圈,目标客户群主要集中在文艺青年,与携程系正面竞争较少。美团凭借其覆盖面更广的地推团队,在下沉市场实现了后入者破局,与携程系形成一定程度的正面竞争,当属携程系威胁最大的竞争对手。未来伴随用户迭代,美团或将拥有足够多的商旅用户,届时资源端的推进也将水到渠成。

　　　　（资料来源:根据相关新闻整理）

（二）OTA行业的发展趋势

　　OTA行业的未来竞争将主要围绕年轻化、下沉化、内容化与社交化、消费需求多样化与本地化这四个核心展开。精细化运营成为行业新标准,对OTA企业提出了更高要求。未被充分开发的市场、服务及用户群体将成为新的竞争焦点。特别地,三线、四线城市因其巨大的消费潜力,以及新生代客群的强大消费能力,将成为行业角逐的重要战场。同时,消费需求的日益多样化和本地化消费需求的增长,也为OTA企业提供了新的发展机遇。谁能迅速且高效地向低线城市渗透,吸引年轻客群,满足多样化和本地化的消费需求,谁就能在OTA行业的竞争中脱颖而出,率先享受行业增长的红利。

　　1. 年轻客群或将成为OTA行业的主力

　　目前,"70后"和"80后"是我国核心的高消费人群,携程深耕的便是这类客群市场,这类客群当前消费能力强劲。"90后"和"00后"是我国高潜型高消费群体,出行人群中年轻人群持续增长,成为跨年旅行主力,美团深耕的便是这类客群市场,其消费潜力较大。随着代际更替,年轻客群将成长为OTA市场的消费主力,因此,抢占这类客群市场并培育这类客群的忠诚度,是各OTA企业的竞争焦点之一。

　　2. 下沉市场拓展将成为OTA市场竞争的主战场

　　一线、二线城市OTA渗透率逐渐进入稳态,其用户增长也逐渐趋缓,而三线、四线、五线城市处于渗透率提升、用户增长的高成长阶段。因此,三线及以下城市正在成为OTA市场竞争的"后半场",即继一线、二线城市之后的新的核心竞争领域。美团在下沉市场具备先发优势,其交叉获客能力尤为突出;携程也在加速布局下沉市场,有望通过线下门店等方式实现低成本获客。

3. 内容化与社交化

中国互联网正在从流量红利向价值导向转变,随着直播、短视频等的兴起,互联网进入新内容流量时代,旅游内容对用户出游选择的影响愈发明显,"用户＋优质内容"成为旅游的超级"种草机"。因此,各OTA平台开始重视内容化与社交化,包括用户生产内容、平台社交玩法、社群营销等。在新内容流量时代,优质的旅游内容能更好满足用户的个性化需求,提升用户体验,促进用户持续增长,提高用户留存与转化率,实现用户生命周期价值的可持续增长。同时,从用户层面来看,不同年龄阶段的用户对旅游内容的关注度都较高。

4. 消费需求多样化与本地化

在旅游市场多元化和个性化的新趋势下,游客将不再仅仅依赖流量来选择OTA平台,而是更倾向于选择能够为他们提供优质服务的平台。事实上,游客需求变得更加多样化,这意味着他们需要更多的"一站式"服务。基于产业趋势的变化,各大OTA平台纷纷将解决客户需求的"痛点"作为布局重点。例如,同程旅行与贵州、湖南、湖北等地的政府部门合作,通过发放消费券、设置精品旅游线路等带动当地文旅融合消费;携程结合地方特色和假日文化,推出"超级周边游""乡村口碑榜"等新兴产品;美团整合当地资源,上线"超级品牌馆",带动当地旅游消费等。这些都是OTA平台在从竞争流量到为游客提供解决方案的转变过程中做出的尝试。

二、新媒体矩阵[①]

在现如今的信息碎片化时代,我们通过网络媒体了解、阅读与以往相比数量更多而内容趋向分散的信息。企业要想通过单一的新媒体平台实现自身品牌的广泛传播是非常困难的。若是企业想充分发挥新媒体平台的营销功能,并使其价值最大化,就需要建立一个良好的新媒体矩阵来实现"$1+1 \geq 2$"的效果。

什么是新媒体矩阵?矩阵原本是一个数学概念,指一个按照长方形阵列排列的复数或实数的集合。对于"新媒体矩阵"这一概念,目前行业内还没有统一的定义,大部分人都倾向于将它定义为能够触达目标群体的多种新媒体渠道的组合。新媒体矩阵分为横向矩阵和纵向矩阵两种类型。横向矩阵指研学旅行企业在全媒体平台的布局,包括自有App、企业官网以及各类新媒体平台如微信、微博、抖音、搜狐网等的账号,也可以称为"外矩阵"。纵向矩阵主要指研学旅行企业在某个新媒体平台的生态布局,是其各个产品线的纵深布局,也可以称为"内矩阵"。这些新媒体平台一般是大平台。以微信为例,企业在微信平台可以布局订阅号、服务号、社群、二维码及小程序等。

---

① 本书基于各新媒体平台的主营业务对其进行界定。

（一）企业官网

企业官网是研学旅行企业在互联网上的重要展示窗口。它就像企业的名片，承载着丰富的信息，具有高度的自主性和全面性。研学旅行企业可以根据自身需求，自由设计企业官网的页面布局、内容架构，全面展示企业形象、品牌理念、产品特色、师资力量、安全保障措施等方面的内容。

企业官网的优势在于其信息的深度和专业性。相较于其他平台，企业官网能够提供更为详尽、深入的研学旅行产品介绍，包括详细的课程大纲、教学方法、行程安排，以及专业的教育资源展示等。例如，对于以历史文化为主题的研学旅行产品，企业官网可以详细介绍其历史背景、文化内涵、学习目标、专家、讲解团队等信息，让家长和学生能够全面了解产品的教育价值。

在搜索引擎优化（SEO）方面，企业官网也具有重要作用。合理的关键词优化、优质内容更新以及良好的网站结构设计，有助于提高企业官网在搜索引擎结果页面（SERP）的排名，增加自然流量。当用户搜索与研学旅行相关的关键词时，如"历史文化研学旅行""自然科学探索研学"等，优化良好的企业官网将有机会出现在搜索结果前列，吸引潜在客户点击进入网站了解详情。

（二）微信

微信作为一款拥有庞大用户基数的社交软件，在研学旅行营销中具有不可忽视的地位，其多种功能模块为研学旅行推广提供了全方位的支持。

微信公众号是研学旅行企业发布研学旅行资讯、产品信息等的重要渠道。通过定期推送精心策划的图文消息、视频内容，如关于研学旅行目的地的深度解读、学生在研学活动中的精彩瞬间、专家学者的教育观点分享等，吸引用户关注并培养用户黏性。订阅号适用于日常内容推送，保持与用户的频繁互动；服务号则侧重于提供更深入的服务功能，如在线报名、订单查询、客户服务等，为用户提供便捷的研学旅行一站式服务体验。例如，"星球研学"微信公众号定期推出"研学目的地探秘"系列文章，深入介绍各地的特色研学旅行资源，同时结合线上互动活动，如夏令营产品调研等，吸引了大量"粉丝"关注，"粉丝"活跃度和互动率持续提升，为品牌推广和产品销售奠定了坚实基础。

微信社群能够聚集具有共同兴趣的家长、学生和教育工作者。在微信社群中，研学旅行企业可以及时发布最新的研学旅行活动信息、优惠政策，围绕特定话题组织线上讨论活动，如"如何选择适合孩子的研学旅行产品""研学旅行对孩子成长的影响"等，促进社群成员之间的交流与互动。这种互动不仅能够增强用户对研学旅行的兴趣和认知，还能够通过口碑传播吸引更多潜在客户加入社群，扩大品牌影响力。例如，"亲子研学乐园"微信社群通过邀请专业研学旅行指导师定期分享教育心得，组织家长交流育儿经验，举办线上亲子研学活动，吸引了众多家长参与活动，社群成员成为品牌的忠实传播者，社群成员之间形成了良好的互动氛围，品牌知名度和美誉度不断提高。

微信小程序为研学旅行企业提供了轻量化的应用体验。用户无须下载安装应用程序,可在微信内直接访问小程序,完成研学旅行产品的浏览、预订、支付等操作。例如,"新华知行研学"小程序上线后,用户可直接通过小程序链接进入产品详情页进行购买。小程序还可以与微信公众号、社群等进行链接,实现流量的相互转化,提升用户的参与度和购买转化率。

(三)短视频平台

短视频平台以其简洁直观、生动有趣等特点,成为研学旅行推广的新平台。在研学旅行市场营销中,短视频能够以极具吸引力的方式展示研学旅行的精彩瞬间和独特之处。

短视频的优势在于其较强的视觉冲击力和较高的信息传播效率。通过几十秒至几分钟的视频内容,生动呈现研学旅行目的地的自然风光、历史文化遗迹、特色活动等元素,迅速抓住用户的注意力。例如,抖音账号"研学趣游"发布了一系列精美的研学旅行短视频,其中一条关于云南西双版纳热带雨林研学旅行的视频,画面中郁郁葱葱的雨林、珍稀动植物,以及学生在雨林中徒步探索,与当地傣族村民互动学习传统手工艺的场景,配上欢快的民族音乐和生动的解说,瞬间吸引了大量用户的关注。该视频发布后,获得了较高的点赞量和转发分享次数,引发了众多用户对西双版纳研学旅行的向往,相关产品的咨询量也得到了迅速提升。

短视频平台的算法推荐机制也是该平台的重要优势之一。短视频平台可以根据用户的浏览历史、兴趣偏好、行为习惯等方面的数据,精准地将研学旅行相关短视频推送给潜在用户群体,实现精准营销。例如,快手平台上的"奇异研学"账号,专注于发布以北京各大景点深度讲解为主题的研学短视频。平台依据用户对故宫内容的关注,将其视频推送给了大量对故宫感兴趣的青少年和家长群体。许多用户在观看视频后,对该账号推出的故宫、博物馆等研学课程表现出浓厚兴趣,纷纷留言咨询相关产品信息,产品预订量在短期内实现了显著增长。

用户互动性强是短视频平台的又一显著特点。用户可以在作品下方点赞、评论,表达自己的看法和感受,或将作品分享给他人。积极的用户互动能够形成良好的口碑传播效应,吸引更多用户关注和参与研学旅行活动。例如,小红书上有用户分享了孩子参加敦煌文化研学旅行的视频,详细介绍了行程中参观莫高窟、学习壁画修复技艺、体验沙漠露营等精彩内容,引发了众多家长的讨论,并获得了不少点赞量。该产品所属的研学旅行机构及时回复了用户的评论,与用户建立了良好的互动关系,并根据用户反馈优化了后续的研学旅行产品,该机构的敦煌研学旅行项目报名人数也因此持续增加,品牌知名度也得到了大幅提升。

(四)微博

微博以其信息传播的快速性、广泛的话题性和强大的互动性,在研学旅行市场营销中扮演着重要角色。微博平台的开放性使得研学旅行企业能够迅速发布各类信息,并借助热门话题标签,将信息广泛传播给大量用户。

微博的优势之一在于其能够及时捕捉社会热点和用户关注焦点,并将研学旅行产品与之巧妙结合。例如,随着电影《流浪地球》的热映,科幻题材受到广泛关注。某研学旅行企业迅速推出"探索宇宙奥秘"科幻主题研学旅行产品,并在微博上发布相关信息,结合热门话题"流浪地球""科幻探索"进行推广。他们邀请了知名科幻作家参与话题讨论,分享对科幻与科学探索关系的见解,引发了大量"粉丝"对相关内容的关注和转发。该产品在微博上的曝光量迅速突破千万,吸引了众多对科幻感兴趣的青少年及其家长的咨询和预订,产品在推出后的首个暑期就实现了满员出行。

微博的话题标签功能如同信息聚合器,能够将与研学旅行相关的话题集中展示,方便用户搜索和关注。企业可以通过创建和参与热门话题标签,如"研学""研学旅行"等,提高微博内容的曝光率,吸引更多潜在客户。

微博的互动性强,用户可以通过点赞、评论、转发等方式与企业进行互动,企业则可以通过及时回复用户的反馈,与用户建立良好的关系,提升品牌的知名度和美誉度。例如,某家研学旅行公司的官方微博账号发布了一条关于新推出的海滨生态研学旅行产品的微博,详细介绍了行程中的海洋生物观察、海滩生态保护实践等活动内容。用户们纷纷在评论区留言询问具体行程安排、价格等信息,该账号及时回复每条评论,解答用户疑问。同时,该公司还根据用户的建议,增加了一些特色活动,如海鲜烹饪体验活动等。这种积极的互动使得该产品在微博上迅速走红,预订量大幅增加,品牌形象也得到了用户的高度认可。在后续的运营中,该公司继续利用微博平台定期举办线上问答活动、抽奖活动等,保持与用户的紧密联系,不断提升品牌影响力。

(五)二维码

二维码作为一种便捷的信息传递工具,在研学旅行市场营销中发挥着重要作用,它可以将复杂的信息以简单的图形编码形式呈现,方便用户获取。

二维码的优势在于信息存储量大、易于制作和传播等。研学旅行企业可以将详细的产品文字介绍、宣传视频、报名链接等信息存储在二维码中,用户只需使用智能手机扫描二维码,即可快速获取相关信息,实现信息的快速传递和精准触达。二维码可以印刷在宣传海报、传单、名片、产品包装等上面,方便用户在不同场景下获取信息。例如,某研学旅行机构在学校举办研学旅行推广活动时,在宣传海报上附上了二维码。学生家长通过扫描二维码,不仅可以查看详细的研学旅行线路、课程内容、师资力量等信息,还能直接观看过往开展的研学旅行活动的精彩视频,了解学生在研学旅行过程中的收获与成长。此外,二维码还链接到了在线报名页面,方便感兴趣的用户直接报名。这一举措大大提高了信息传播的效率和报名的便捷性,活动期间咨询和报名人数显著增加。在研学旅行活动现场,工作人员为每位学生发放的研学手册上也印有二维码,学生可以通过扫描二维码获取活动的详细安排、注意事项等信息,同时还能参与线上互动环节,如分享研学心得、提交作业等,增强了学生的参与感和体验感。

（六）直播平台

直播平台在研学旅行市场营销中具有独特的实时互动性和沉浸式体验优势。通过直播，研学旅行企业可以实时展示研学旅行目的地的真实场景、研学活动的现场情况，让观众近距离感受研学旅行的魅力。

在推广研学旅行产品时，研学旅行企业可以利用直播带领观众"云游"研学旅行目的地，如实地参观历史博物馆、自然保护区、科研机构等，让观众在直播过程中了解研学旅行的行程安排、课程内容、学习方法等信息。直播过程中的实时互动功能，如观众提问、主播解答、在线抽奖等，能够增加趣味性和观众的参与感，提高用户黏性。企业还可以邀请专业的研学旅行指导师、行业专家、学生代表等作为嘉宾参与直播，分享他们的经验和见解，增强直播的专业性和吸引力。

例如，北京故宫博物院与某研学旅行机构合作开展了一场故宫文化研学直播活动。主播带领观众行走于故宫的各个宫殿，详细介绍建筑风格、历史典故、文物背后的故事等，同时邀请故宫博物院的专家学者进行现场讲解，解答观众的疑问。直播过程中设置了互动环节，观众可以参与线上知识问答竞赛，并有机会获得故宫文创产品等奖品。这场直播吸引了数万名观众在线观看，观众纷纷表示通过直播对故宫文化有了更深入的了解，对研学旅行产品产生了浓厚兴趣。直播结束后，该机构将直播视频进行剪辑和加工，发布在官方网站、社交媒体平台等渠道上，进一步扩大了直播的影响力和传播范围，后续产品咨询量和预订量得到了大幅提升。

又如，中国科学技术馆通过直播展示了馆内丰富的科技展品和精彩的科普活动。主播在直播中亲自操作实验，演示科学原理，邀请科技馆的讲解员深入解读展品背后的科学知识，同时与线上观众进行实时互动，解答他们在科学学习中遇到的问题。学生可以在直播间留言提问，与主播和其他观众交流想法，这种互动式的学习体验激发了学生对科学的浓厚兴趣。直播期间，该科技馆推出了针对该直播主题的研学旅行套餐，并提供了限时优惠活动，吸引了众多家长和学生当场下单预订。直播后的一周内，该科技馆研学旅行产品的预订量较以往同期增长了数倍，直播有效提升了产品的知名度和销售额。

此外，一些研学旅行企业还会以山地徒步、森林科考等为主题，定期开展户外探险类研学直播。主播在户外实地展示自然环境、生态系统，讲解野外生存技能、动植物知识等内容。观众仿佛置身于大自然中，跟随主播一同探索未知。这种直播形式不仅吸引了对自然探索感兴趣的观众，也为企业的户外研学旅行产品吸引了大量潜在客户。例如，某户外探险研学旅行机构在黄山开展了一场为期三天的直播活动，全程记录学生在黄山的登山之旅、地质考察、植物识别等活动。直播过程中，主播与学生积极互动，分享户外探险的乐趣和收获，同时展示了研学团队的专业指导能力和安全保障措施。此次直播吸引了大量观众观看，许多观众在直播结束后联系该机构咨询相关产品的信息，该机构的品牌知名度得到了极大提升，后续推出的黄山研学旅行产品也受到了市场的热烈欢迎，报名人数持续增长，取得了良好的市场效果。

以上这些成功案例充分展示了直播在研学旅行市场营销中的巨大潜力和积极影响,为研学旅行企业提供了一种创新且有效的营销推广方式。

三、研学旅行中间商

研学旅行中间商是指协助研学旅行企业向最终消费者推广、销售研学旅行产品的集体和个人,主要包括研学旅行代理商、研学旅行经销商,以及随着互联网的产生与发展而出现的在线网络服务商。不同研学旅行中间商在研学旅行市场营销中的作用不同,研学旅行生产企业与这些中介组织和个人的责权利关系不同。根据产品在销售渠道中流动时有无所有权的转移,可以将研学旅行中间商划分为研学旅行代理商和研学旅行经销商。其中,根据销售对象的不同,可以将研学旅行经销商进一步划分为研学旅行批发商和研学旅行零售商。

(一)研学旅行代理商

研学旅行代理商,是指那些只接受研学旅行产品生产者或供应者的委托,在一定区域内代理销售研学旅行产品的中间商,它通过与买卖双方的洽商,促成大量供应商与潜在顾客的直接联系,促使买卖活动得以实现,但从中并不取得产品的所有权。研学旅行代理商把产品从供应商转移到消费者手中,他们不购买自己推销的产品,也不高价推销,其收入来源于被代理企业支付的佣金。研学旅行代理商的主要职能是在其代理权限内向消费者销售研学旅行批发商或提供出行、住宿等旅游服务的研学旅行企业的产品。

研学旅行产品的生产企业在自己推销能力不能达到的地区,或是无法找到合适的销售对象的情况下,利用研学旅行代理商的资源寻求市场营销机会,因而,对于研学旅行生产企业而言,代理商是对经销商的一种补充。尽管利用代理商的风险转移程度要比利用经销商的低得多,但具体应用还是要依据实际情况而定。在产品销路较好的情况下,利用研学旅行批发商等中介组织的机会比较多,而在新产品上市初期或产品销路不太好的情况下,利用研学旅行代理商的机会就比较多。在实际工作中,研学旅行代理商直接面对广大消费者,或以为消费者服务为主,同时经营少量的产品批发业务,因而研学旅行代理商往往又充当着研学旅行零售商的角色,但其收入来源以收取佣金为主。

(二)研学旅行经销商

研学旅行经销商是指将研学旅行产品买进以后再卖出的中间商,它的利润来源于研学旅行产品购进价与销出价之间的差额。研学旅行经销商与研学旅行产品的生产企业共同承担市场风险,其经营业绩的好坏直接影响到研学旅行产品生产企业的经济效益的高低。产品经过经销商交易一次,产品的所有权便会进行一次转移。因为研学旅行产品的特殊性,购买者得到的只是产品的使用权,而非产品的所有权,所以经过交易,研学旅行产品的使用权得以转移。研学旅行经销商有很多种,主要分为研学旅行批发商和研学旅行零售商。

1. 研学旅行批发商

研学旅行批发商大部分以研学旅行经营商的形式呈现,研学旅行经营商一般是指向消费者包价研学旅行产品的中间商。研学旅行经营商可能向许多不同的研学旅行供应商大量购买产品,通过批量采购获得更多议价权,因此通常会享受到相当可观的折扣。购买包价产品的顾客不仅得到便利,还能因研学旅行经营商的购买力而获得低价优惠。

2. 研学旅行零售商

研学旅行零售商是指直接面向广大消费者,从事研学旅行产品零售业务的研学旅行中间商,它与消费者联系最为紧密。研学旅行零售商需要熟悉多种产品的特点、适合的人群、日程安排等,要了解并掌握消费者购买研学旅行产品的目的、需求等情况,以帮助消费者挑选符合其要求的产品,因而担任着专业分销商的角色。一般情况下,研学旅行零售商可能会通过购买大量未售出的产品存货,获得产品的所有权并承担产品的市场风险,然后直接推销给个体研学旅行客户,或以折扣价转让给研学旅行代理商。

（三）研学旅行俱乐部

研学旅行俱乐部是一种相对较新的推销团体研学旅行的渠道。研学旅行俱乐部通常会制订团体研学旅行工作计划,根据这一计划,俱乐部所有成员都可以以优惠价格买到研学旅行产品。

（四）研学旅行经纪人

研学旅行经纪人是一种特殊的研学旅行中间商,他们不拥有研学旅行产品的所有权,不控制研学旅行产品的价格和销售条件,只为研学旅行企业与研学旅行者之间"牵线搭桥",在促成交易后收取佣金。

研学旅行企业与研学旅行中间商取得联系并建立业务关系的途径一般有两条:一是研学旅行中间商主动与研学旅行企业接触;二是研学旅行供应商主动与研学旅行中间商接触。无论研学旅行企业采用哪种方式选择研学旅行中间商,都必须对研学旅行中间商的情况进行详细的调查与分析,待时机成熟后,再向研学旅行中间商表达合作愿望。

调查研学旅行中间商主要从以下几个方面着手,即研学旅行中间商的市场重点、经营的范围、经营的产品种类,研学旅行中间商的竞争对手、在竞争中的地位、市场占有率、销售实力状况,研学旅行中间商的信誉、服务水平、偿付能力及与银行的关系,研学旅行中间商的发展历史与背景、现状,研学旅行中间商的规模与数量,研学旅行中间商对研学旅行供应商的依赖程度,研学旅行中间商对本企业的研学旅行产品的兴趣和合作意愿等。

只有在了解、掌握各研学旅行中间商情况的基础上,对研学旅行中间商加以对比,才能从中选出最适合自己的研学旅行中间商。当选定某一研学旅行中间商后,要经过

3—6个月的"试用期",并根据"试用期"的效果,来确定是否与其签订合作协议,合作期限一般在3年以上。

四、学校与教育辅导机构

近年来,在文旅融合、素质教育热潮、政策支持等因素的作用下,研学旅行发展势头迅猛。学校与教育辅导机构是研学旅行的首要负责人,在很大程度上主导了产品的整体设计。对于开展研学旅行的机构,校方会担心存在缺乏安全保障、游而不学、收费不合理等问题。因此,学校与教育辅导机构在购买研学旅行机构的产品或服务时,既要考察研学旅行机构的资质,又要协商好,签订相关协议,严格约定服务内容,整个研学过程要做到公开、透明,方案科学,价格合理,服务质量和安全有保障。

任务三　研学旅行市场促销策略

任务描述

促销策略是指企业通过广告推广、营业推广、公共关系和人员推销等各种促销手段,向消费者传递产品信息,引起消费者的注意和兴趣,激发消费者的购买欲望和购买行为,从而达到扩大销售的目的的活动。企业将合适的产品在适当地点以适当的价格出售的信息传递到目标市场,一般是通过两类方式:一类是人员推销,即推销员与顾客面对面地进行推销;另一类是非人员推销,即通过大众传播媒介在同一时间向大量消费者传递信息,主要包括广告推广、营业推广、公共关系等。这两类推销方式各有利弊,起着相互补充的作用,本任务将对具有代表性的促销策略进行具体介绍。

任务目标

(1)了解广告推广策略、营业推广策略、公共关系策略、人员推销策略的概念内涵及特点。

(2)熟悉广告推广策略、营业推广策略、公共关系策略、人员推销策略的适用情形。

(3)能够根据市场营销目标,选择适宜的促销组合策略。

一、广告推广策略

(一)广告和研学旅行广告的概念内涵

1. 广告的概念内涵

广告是指由明确的广告主,以付费的形式通过媒体做公开宣传,达到影响消费者行为、促进相关产品销售目的的非人员促销方式。广告在开拓市场、创造市场和发展市场方面具有十分重要的作用,是一种重要的促销手段。

2. 研学旅行广告的概念内涵

研学旅行是旅行的一种特殊形态和学习的一种特殊方式,是旅行主体开展的"研行一体"的旅行体验和学习活动。广告作为信息传播的重要手段,无疑对研学旅行的传播起到了促进的作用。研学旅行广告是指研学旅行企业借助一定的宣传媒体,以付费的形式将有关研学旅行产品和服务的信息传播给目标消费者的一种有偿宣传方式。

研学旅行广告主要由研学旅行广告主体、广告客体和广告媒体三方面构成。广告主体是从事广告活动的当事人,包括广告主、广告经营者和广告发布者。研学旅行广告主体具体包括研学旅行机构、研学旅行企业等。广告客体就是广告信息,即广告传播的内容。广告媒体即广告主体传递信息、影响公众的纽带。研学旅行面对市场主体为K12学段学生的特点决定了其广告形式不能囿于传统广告,而要多使用新媒体、互联网等新的平台和手段,与研学旅行者建立互联和互动,从而达到营销目的。

（二）研学旅行广告的类型

研学旅行广告根据不同的标准可以分为不同的类型。

（1）根据使用媒体的不同,可以将研学旅行广告划分为大众媒体广告和新媒体广告。大众媒体包括报纸、杂志、电台、电视、户外媒体等,新媒体包括博客、微博、微信、电子杂志、网络视频、数字电视等。

（2）根据具体针对对象的不同,可以将研学旅行广告划分为研学旅行者广告、研学旅行中间商广告、研学旅行相关企业广告等。

（3）根据传播范围的不同,可以将研学旅行广告划分为国际性广告、全国性广告、地区性广告、地方性广告等。

（4）根据表现艺术形式的不同,可以将研学旅行广告划分为图片广告、文字广告、表演广告、演说广告、情节广告、Web标志广告等。

（5）根据表现方式的不同,可以将研学旅行广告划分为印象型广告、说明型广告、情感诉求型广告等。

（三）研学旅行广告的效果评价

研学旅行广告的效果评价是指运用科学的方法来检测评定研学旅行广告所产生的实际效果和效益,主要包括对经济、社会和心理效益等方面的评价。总体上可以分为以下两个方面。

1. 传播效果的衡量

传播效果的衡量,即对广告效果的动态评估,能够直接反映广告对研学旅行产品市场表现的影响。判断广告是否有效传播的核心在于消费者对广告的知晓度,以及广告对消费者认知和偏好的影响程度。

（1）在广告播出之前进行测试的方法主要有以下三种。

① 直接定级法。该方法主要将广告的方案反馈给消费者,让消费者来选择最适合的方案并提出意见。直接定级法有助于测试人员最直接地了解消费者的偏好,但操作成本较高。

② 综合测评法。在这种方法中,测试对象将观看一个广告组合,然后测试人员请测试对象回忆所有的广告,包括广告的内容等。测试人员通过测试对象的反馈来改进广告,或者对广告的综合影响进行评估。

③ 实验室测试法。该方法主要是从客观角度,利用仪器对测试对象在观看广告后的反应做出评价,但费用较高以及操作不便导致该方法在实际操作中难以落地。

(2)在广告播出之后进行测试的方法主要有以下两种。

① 回忆测试法。广告主请一些看过某些杂志或电视节目的人尽可能全面地回忆他们所看到的任何相关广告,以及广告中所提及的产品方面的信息。

② 认知测试法。由测试人员请测试对象指出他们所看到的东西,测试人员可以利用测试对象认知测试的分值,评估广告在细分市场上的影响,并将本企业的广告同竞争对手的广告相比较。

2. 销售效果的衡量

通常衡量广告的销售效果要比衡量广告的传播效果困难。除了广告,销售效果还受到其他一些因素的影响,如产品的特征、价格等。衡量销售效果的方法包括:① 将过去的销售量与过去的广告支出相比较;② 进行试验并辅以测试。

二、营业推广策略

营业推广,也称"销售促进",是一种适宜短期推销的促销方法,是企业为鼓励购买、销售商品和劳务而采取的除了广告推广、公共关系和人员推销之外的所有企业营销活动的总称,是企业用来刺激早期需求或应对强烈的市场反应而采取的各种短期性促销方式的总称。营业推广指在一个较大的目标市场中,为了刺激需求而采取的能够迅速产生鼓励购买作用的措施。在市场营销组合中,营业推广有着重要作用,特别是当产品处于生命周期的某一阶段时,营业推广可能成为首要促销手段,发挥着其他促销手段难以替代的重要作用。营业推广的方式包括赠予促销、包装促销、抽奖促销等。

(一)旅游营业推广与研学旅行营业推广的概念内涵

1. 旅游营业推广的概念内涵

旅游营业推广是指旅游企业在某些特定时期,固定预算范围和空间范围,促使旅游者尽快购买旅游产品而采取的一系列临时性促销手段。旅游营业推广限定了时间和地点,以一定奖励的形式促进旅游者购买,其直接的效果是使旅游者产生大量消费行为。

拓展案例 ▼

哈尔滨火爆"出圈"的文旅推广

2.研学旅行营业推广的概念内涵

研学旅行营业推广是指研学旅行企业在某些特定时期,固定预算范围和空间范围,促使研学旅行者尽快购买研学旅行产品而采取的一系列临时性促销手段。

（二）营业推广方式

1.影响营业推广的因素

营业推广往往需要综合考虑客观情况和实际经营状况等因素,主要包含以下方面。

（1）研学旅行营业推广规模与强度。一般而言,研学旅行营业推广的规模与强度决定了其产品的知名度。研学旅行营业推广的规模越大,对潜在研学旅行者产生的影响面就会越大;强度越高,刺激程度就会越强。然而,营业推广的强度需把握得当,若强度过高,可能会引起受众的抵制情绪。因此,从最佳投入产出比来看,规模愈大、强度愈高并不一定能达到最佳效果。

（2）研学旅行营业推广对象。研学旅行营业推广对象指研学旅行企业进行推广的对象,可能是研学旅行经销商、研学旅行代理商、潜在研学旅行者,也可能是研学旅行推销人员,主要解决"向谁推广""谁去推广"等一系列问题。在面向不同的对象进行营业推广时,往往会采用不同的方式,研学旅行的营业推广对象主要包括学校、教育辅导机构等。

（3）研学旅行营业推广途径。研学旅行的营业推广途径多样,既可以采取与学校定向合作的方式,又可以采取赠券、赠物、抽奖等方式。无论采取哪种方式,目的都是实现研学旅行机构、企业利益的最大化。

（4）研学旅行营业推广时间。研学旅行营业推广需要掌握"火候",营业推广时间太长会使消费者产生厌倦心理,消费者可能会产生产品价格虚高的疑虑;营业推广时间较短则难以给消费者留下深刻印象,刺激作用有限,因此,营业推广的时间和时机选择非常重要。一些以自然资源为依托的研学旅行产品季节性较强,因此一般在旺季到来前就要进行营业推广了。销售高峰期也是营业推广的高潮期,如果错过时机,营业推广的效果往往较差,若是部分产品"过时"了,不仅不能吸引消费者购买,还会对企业造成一定的负面影响。

（5）研学旅行营业推广费用。研学旅行营业推广费用要根据研学旅行推广目标、推广规模和强度、推广途径、推广时间等来确定,要与产生的效益相匹配。若是支出过高但没有得到应有的收益,那就应当及时调整后续的推广方式和相关计划。

2.研学旅行营业推广的方式

（1）针对研学旅行消费者的营业推广。

一般旅游产品的适用范围较广,对精准投放的要求并不高,但研学旅行产品不同,绝大多数的研学旅行消费者或者说受众群体是学生,因此针对这部分消费者的营业推广尤为重要,具体做法如下。

　　① 免费试用。研学旅行主办机构可以邀请某一学校或教育辅导机构的学生参与免费的体验活动,并及时收集体验反馈,利用试用主体的影响力扩散辐射范围。这一做法主要适用于研学旅行新产品。

　　② 赠送优惠券。研学旅行具有公益性的特点,研学旅行的发展需要政府、学校、社会三方面的合力支持,以使学生个人的负担降到最低。赠送优惠券一方面能够在一定程度上减轻学生的经济负担,另一方面能够一定程度上刺激回头客消费,有利于研学旅行机构积累稳定客源。

　　③ 赠送研学旅行纪念品。研学旅行企业可通过向团队客人赠送太阳帽、遮阳伞、文化衫、旅行包等研学旅行纪念品的方式进行营业推广。

　　④ 组织有奖竞赛或抽奖。消费者购买研学旅行产品的金额达到一定额度后,可以参加有奖竞赛或抽奖,中奖者可以免费参与研学旅行企业组织的某项活动或获得新产品等。

　　(2)针对研学旅行中间商的营业推广。

　　为了拓宽销售渠道,争取研学旅行中间商的支持与合作,研学旅行企业会以研学旅行中间商为媒介向目标群体进行营业推广。常见的针对研学旅行中间商的营业推广方式如下。

　　① 价格折扣。研学旅行企业根据与研学旅行中间商签订的协议,在房费、餐费、交通、门票等方面给予一定的减免。

　　② 广告津贴补助。研学旅行企业补贴研学旅行中间商一部分广告费用,或以广告津贴的形式激励研学旅行中间商进行一定的广告宣传。

　　③ 提供研学旅行宣传品。目的是让研学旅行中间商建立起品牌意识,树立品牌形象,激励研学旅行中间商销售或推广某一产品或项目。同时,向研学旅行中间商提供产品的音像视频、宣传册等资料也是为了方便研学旅行中间商宣传产品。

　　④ 赠品。研学旅行企业给予某些重要的研学旅行中间商一定的赠品。

　　⑤ 研学旅行展销会推广。参加研学旅行产品展销会,是研学旅行企业为研学旅行中间商提供营业推广的一种常用方法。

　　(3)针对研学旅行推销人员的推广。

　　推销人员是营业推广过程中直接与消费者接触的人员,推销人员在研学旅行企业的营业推广中起到了关键的衔接作用,推销人员的业绩直接决定了研学旅行企业的利润。加强对推销人员的激励在营业推广过程中比较常见,目的是激励推销人员,最大限度地增加企业的收入,具体方式有以下几种。

　　① 提成让利。研学旅行企业给研学旅行推销人员一定的价格浮动权,多余的利润成为推销人员的销售提成,或研学旅行推销人员每销售一件研学旅行产品,研学旅行企业给予其一定的利润提成。

　　② 销售竞赛。在每一年度或季度进行销售汇总,评出优秀推销人员以资鼓励。这一方面对获奖推销人员提供及时反馈,以维持获奖推销人员的热情;另一方面充分发挥了优秀推销人员的引导和表率作用,从而激发其他推销人员的销售热情。

③ 销售奖励。研学旅行企业可以通过在节日时为推销人员提供礼品,或按照事先约定的方式对于完成销售任务的人员发放奖金或奖品,定期组织推销人员旅游等方式激励推销人员。

（三）营业推广策划

营业推广是研学旅行企业通过暂时性的奖励和展示,在短期内刺激顾客和中间商的购买行为,并提高经销商和销售队伍绩效的促销活动。

一个好的营业推广方案能够获得事半功倍的效果。影响营业推广方案的因素有很多,研学旅行企业应当统筹全局,详细分析影响营业推广的各项因素,并将各项因素进行汇总,制定出合理的营业推广方案。

（四）营业推广步骤

1. 选择营业推广对象

研学旅行企业在进行营业推广活动策划时,要根据不同情况确定相应的营业推广对象。是面向个人还是面向团体,是面向研学旅行者还是面向研学旅行中间商或者推销人员,这些需要研学旅行企业在经过全面的考察后确定。对推广对象范围进行控制,可以使研学旅行企业正确选择主攻目标,从而顺利实现营业推广的目标。营业推广对象的范围应该合适,范围太大会使营业推广的效率下降,范围限定得过小则不利于研学旅行企业开发新市场。

2. 确定营业推广规模

营业推广规模的大小要根据营业推广对象以及研学旅行企业自身的资金条件综合考虑,研学旅行企业在具体进行营业推广时,应重点考虑营业推广的规模。规模太大、时间较长会使营业推广效率降低,并且增加成本;规模太小,则起不到应有的刺激作用,因此,研学旅行企业要根据营业推广的对象和预期效果来确定最佳的营业推广规模。通常,研学旅行企业可以通过分析各种营业推广活动的销售增长与成本增加的相对比例,来确定最佳营业推广规模。

3. 分析营业推广途径

营业推广途径主要是指向营业推广对象传送信息的渠道。营业推广的途径主要有广告、宣传单、推销卡等。作为第三步,分析营业推广途径是在确定营业推广对象和营业推广规模的基础上产生的,选择的途径应当与对象和规模相适应。研学旅行企业应在对营业推广途径的费用、效率,以及营业推广对象对信息的最佳接收方式等方面进行全面分析的基础上,选择最适合的营业推广途径。

4. 选择营业推广工具

研学旅行产品的营业推广方式与传统实物产品的营业推广方式存在很大差异。例如,某品牌化妆品可以通过试用、样品展示、售点陈列等方式进行营业推广,以引导消费者对该品牌形成整体性的感受。然而,研学旅行产品的核心价值在于实践体验,无法像实物产品那样通过具象化的展示让消费者形成直接的感受。因此,研学旅行常用的营业推广工具需要围绕其服务特性进行设计,具体包括以下几个方面。

(1)赠券。赠券是提供给购买某种特殊产品的顾客的一种优惠凭证。在研学旅行过程中,会产生住宿费用、餐饮费用等一系列的必要费用,研学旅行企业可以通过赠券的方式减免这些费用,从而刺激消费者的二次消费。除了能刺激成熟期产品的销售量,赠券对于新产品引入阶段的推广也能发挥积极有效的作用。

(2)顾客酬谢。顾客酬谢是指对经常购买研学旅行企业产品或服务的顾客给予现金或其他形式的酬谢,或是对回头客给予特价优惠,以此加深顾客对本企业产品的印象。

(3)售点陈列。售点陈列是指在买卖现场进行各种陈列和演示,这种方式可以用来宣传企业的产品或服务的信息,或者销售相关的产品和服务。例如,在研学旅行产品的推广中,企业可以在活动现场展示旅行线路的宣传册、照片、视频等,通过现场演示和讲解,帮助客户更好地了解产品的特点和优势,从而促进销售。

(4)竞赛、抽奖和游戏。这些是常用的营业推广工具,能够为消费者创造赢得某种物品的机会。

(5)赠品。赠品是指企业免费提供的物品,用于刺激消费者购买某种产品或服务。例如,在研学旅行产品的营业推广中,企业可能会赠送与旅行相关的纪念品、学习用品等,以增强消费者的购买意愿。这种赠品策略可以帮助企业提升产品的吸引力,同时提升消费者的满意度和忠诚度。

三、公共关系策略

(一)公共关系的概念内涵

公共关系(简称"公关")作为一种营销沟通的手段,旨在向现有及潜在购买者,以及其他相关利益群体传递关于产品或服务的价值信息。它的核心在于影响这些群体对企业产品或服务的感知。通过精心策划的公关活动,研学旅行企业能够与目标群体建立积极的互动关系,进而提升品牌形象和市场地位。

研学旅行行业的公共关系是指以社会公众为目标对象、以信息沟通为主要手段,以树立、维护、改善或改变研学旅行企业或研学旅行产品的形象,发展研学旅行企业与社会公众之间的良好关系,提高研学旅行行业组织的认知度、美誉度为目标所采取的一系列决策和行动。

研学旅行公共关系对于塑造研学旅行目的地或研学旅行企业及其产品富有魅力的公众形象,提高知名度和美誉度,增强市场竞争能力有着十分重要的作用。

(二)公共关系活动

公共关系活动是企业为了与社会公众建立和维持良好关系而开展的一系列活动

的总称。这些活动旨在提升企业形象、增强社会认同、促进交流与合作。对于研学旅行企业的营销人员来说,他们可以通过多种公关手段来实现这些目标。以下是一些主要的公关手段。

1. 新闻公关

新闻作为公众获取信息的重要渠道,具有广泛的传播力和高度的公信力。因此,有效地运用新闻公关,不仅可以提升研学旅行企业的形象和知名度,还可以促进研学旅行企业与公众之间的良好关系。

新闻公关的客观性和公正性是其最大的优势。新闻从第三者的角度报道事件,能够客观地呈现事实真相,使公众能够准确地了解研学旅行企业的运营情况、产品特色以及企业文化。这种客观公正的报道方式,有助于增强公众对研学旅行企业的信任感,提升研学旅行企业的美誉度。

新闻公关在塑造研学旅行企业形象和扩大研学旅行产品销售方面具有重要作用。当发生有利于研学旅行企业的新闻时,新闻界的正面报道能够吸引更多潜在客户关注它,进一步提升研学旅行企业的市场认知度。同时,新闻报道传递的研学旅行产品的独特价值和优势,也能够激发消费者的购买欲望,促进产品销售。然而,新闻公关并非只关注正面报道。当发生不利于研学旅行企业的新闻时,研学旅行企业应积极应对,与新闻界保持良好的沟通合作,争取及时、准确地传达本企业的态度并给出解决方案。这种坦诚、负责的态度有助于减轻负面影响,维护本企业的声誉和形象。

研学旅行企业还可以通过策划具有新闻价值的活动或事件,如研学旅行产品的创新、企业社会责任的履行等,为本企业赢得更多的曝光机会,提升企业的知名度和影响力。新闻公关是研学旅行企业营销人员应重视的一种公关手段。通过有效地运用新闻公关,企业可以塑造良好的形象、扩大品牌影响力、维护声誉,进而为产品销售创造有利条件,提升市场竞争力。

2. 专题活动

研学旅行是一种体验式的产品,研学旅行企业仅仅依赖单纯的宣传无法达到预期的效果,很多研学旅行企业往往会采用线下活动的方式进行公关,这些活动能够很大程度地协助企业公关方案的实施。研学旅行企业往往通过举办专题活动,与消费者面对面接触,从而获得预期的效果。常见的专题活动主要包括以下五种。

(1)公益研学活动。研学旅行企业应积极参与社会活动,支持公益事业,结合社会公益项目,如扶贫项目、环保项目、体育公益项目等,组织公益性质的研学旅行活动,通过实际行动传递企业的社会责任感和担当,同时提升企业的社会形象。

(2)专题展览。政府旅游部门或研学旅行中间商会在每年的销售旺季举办各种规模、各种形式的展览会,如国际旅游博览会等。很多文旅相关企业和旅游者会参加,研学旅行企业可以邀请参与过研学旅行的学生或团队展示他们的学习成果,分享他们的体验和收获,通过展示报告、作品展览等形式,宣传研学旅行产品,展现研学旅行的教育成果和影响力。

（3）研学主题体验活动。研学旅行企业可以围绕某一研学主题,如历史文化、自然科学、艺术鉴赏等,组织参与者进行购前实地体验和学习。公众通过亲身参与和互动,深入了解研学旅行的魅力和价值。研学主题的选择至关重要,可以结合时下热点和公众关注的话题确定研学主题。例如,以"探秘恐龙时代"为主题的研学体验活动,能吸引大量对古生物感兴趣的青少年及其家长。同时,应注重体验活动的参与性和互动性。可以设计模拟考古、化石挖掘、恐龙模型制作等趣味环节,让参与者通过实践切实体会探索的乐趣;还可以邀请专业讲解员进行现场指导,解答参与者的疑问,深化参与者对相关知识的理解和认识。需要注意的是,研学主题体验活动的时间不宜过长、体验内容不宜过多,应做到既能有效激发参与者的兴趣,又给参与者留有充足的继续游学的空间。

（4）研学旅行论坛或研讨会。研学旅行企业可以组织行业专家、教育工作者、研学从业人员、家长等共同探讨研学旅行的主题建设、线路挖掘、教育内容等议题,通过交流和分享,提升研学旅行行业整体的专业水平和影响力。

（5）周年庆典及特殊节日庆典活动。研学旅行企业可以通过举办周年庆典和特殊节日庆典活动,巧妙地吸引公众的注意力,增强品牌的影响力,并促进与公众的互动和沟通。在周年庆典活动的策划中,研学旅行企业可以融入本企业的研学特色和主题,为参与者打造独具特色的活动体验。例如,可以邀请研学团队分享他们的研学故事和感受,或者举办一场以研学为主题的文化展览,展示本企业多年来在研学领域的成果和贡献。在特殊节日期间,如春节,研学旅行企业可以组织一场以"研学之旅,共庆新春"为主题的庆典活动,安排富有中华优秀传统文化特色的表演节目,如舞狮、舞龙等,营造浓厚的节日氛围,同时,还可以设置一些与研学相关的互动环节,如猜灯谜、写春联等,让参与者在欢乐的氛围中感悟研学的魅力。

3. 出版各种宣传资料

研学旅行企业可以通过印发、出版介绍企业发展历史、宗旨、产品信息等内容的宣传品,来传播信息、树立良好形象。宣传资料的印发和出版应注重质量和美观度,精美的印刷和高质量的设计可以增强公众的阅读兴趣,相关内容需要根据企业的实际情况进行及时更新。同时,宣传资料上应注明企业的地址、联系方式等关键信息,以便公众在需要时与企业取得联系。研学旅行企业可以利用多种渠道发放宣传资料。例如,可以在本企业、研学实践教育基(营)地、合作学校等地的接待处放置宣传册或折页,供公众自取;或者在参加行业展会、研学论坛等活动时,向其他参会人员发放本企业的宣传资料。

4. 倾听公众之声,深化信息互动

研学旅行企业需要积极采用各种方式来收集消费者的反馈,如通过广泛的舆论调查、民意测验等,深入洞察消费者的需求、消费习惯以及消费者对本企业和产品的期望。消费者的每一条反馈,都可以成为企业前进的指引灯。同时,这种深入的信息互动也为企业与公众之间搭建了一座沟通的桥梁。研学旅行企业可以通过传递本企业的最新动态、分享行业资讯，加深公众对本企业的了解和认同，进一步拉近与公众的距离。

5. 打造全方位旅游服务，赢得公众赞誉

研学旅行企业的可持续发展，应以向公众提供热情、周到、细致、便捷、高效且价格公道的服务为基础，旨在获取公众的认可与信赖，从而有效提升企业的品牌形象。优质的服务不仅能够提升客户的满意度和忠诚度，还能够有效地刺激研学旅行消费，为企业带来更多的商业机会。同时，应有效发挥口碑的力量，让那些体验过研学旅行服务的顾客，成为企业极为有力的宣传者，通过他们的分享与推荐，为企业赢得更多的潜在客户。

（三）公共关系决策

制定公共关系决策是研学旅行企业塑造品牌形象、维护公众关系的关键步骤。它主要涵盖研学旅行公共关系调查和公共关系策划两大核心内容。

1. 研学旅行公共关系调查

研学旅行公共关系调查是制定公共关系决策的基础，也是了解公众对研学旅行企业形象的评价的重要途径。通过调查、统计、分析，研学旅行企业能够掌握公众对本企业的整体看法，进而了解自身公众形象的现状。研学旅行目前仍处于发展阶段，公众对研学旅行的理解往往不够全面和深入，因此，公共关系调查既有助于研学旅行企业了解自身公众形象的现状，又能加深消费者对研学旅行的理解，还能为后续的公关活动提供有针对性的指导。在调查内容方面，研学旅行公共关系调查主要聚焦在研学旅行企业形象的调查、公众舆论的调查以及公众活动条件的调查上，这些都是为了更全面地把握企业与公众的关系。

2. 研学旅行公共关系策划

公共关系作为企业的一项活动，在实施前必须要制订完善的计划，设定公共关系活动的目标和具体措施，从自身实际出发，设计出最佳的公共关系活动方案。研学旅行公共关系策划主要分为分析公众对象、确定公共关系活动目标、选择公共关系信息、确定公共关系活动方式以及制订公共关系计划五个步骤。

（1）分析公众对象。研学旅行产品的特点是针对不同学段的学生，研学主题和内容的侧重点不同，因此，研学旅行企业需要根据不同的分类标准对消费者群体进行细致的分类，并识别出具有潜在消费需求的群体。研学旅行企业应当有针对性地对待不同类型的消费者群体，对这些消费者群体的消费习惯、产品偏好和需求进行深入研究，找到他们共同关注的问题，从而确定公共关系活动的主题。

（2）确定公共关系活动目标。公共关系活动的核心目的在于为研学旅行企业塑造良好的信誉和品牌形象。这需要通过具体的公共关系策划和实施，使企业达到所期望的形象状态和标准。公共关系活动目标通常有两个方面。其一，公共关系活动应当致力于解决研学旅行企业与公众之间存在的信息交流问题。这意味着研学旅行企业需要通过各种方式,如加强与公众的情感联络、及时传播相关信息等,来优化与公众之间的信息流通,确保双方能够顺畅沟通,相互理解。其二,公共关系活动还应当注意避免出现或克服可能损害研学旅行企业整体形象的问题。这涉及对潜在风险的识别、评估和应对,研学旅行企业可以通过策划有针对性的公共关系活动,提前预防潜在问题的出现,或者在问题出现时迅速应对,将相关问题对企业形象的影响降到最低。

(3)选择公共关系信息。公共关系信息的选择至关重要,因为公共关系信息直接关系到公共关系活动的成败。在选择公共关系信息时,首先,需要明确传播的方式和内容,即考虑以何种形式、何种渠道来传递信息,以及这些信息应当包含哪些关键内容。其次,对信息进行筛选。并非所有的信息都适用于公共关系宣传。公关人员需要具备敏锐的洞察力和判断力,从海量信息中筛选出最能突出研学旅行企业的亮点、对研学旅行企业的形象最有利的信息。这些信息应当能够展现研学旅行企业的核心优势、独特价值,以及与社会公众利益相契合的方面。最后,公共关系活动形式的多样性以及研学旅行行业的特殊性使得选择精彩、恰当、引人入胜的主题和内容尤为重要。具有吸引力和能够引起公众共鸣的主题,能够有效激发公众的兴趣和好奇心,使他们更愿意关注和参与研学旅行企业的公共关系活动。

(4)确定公共关系活动方式。公共关系活动方式的确定受到内部和外部两方面因素的共同影响。在内部因素方面,公共关系活动方式的选择受到研学旅行企业运营成本预算的制约。研学旅行企业需要根据自身财务状况,合理评估各种公共关系活动的成本效益,选择既符合预算要求又能有效传达信息的活动方式。同时,选择的公共关系信息的类型也会对活动方式产生影响。不同类型的信息可能需要不同的传播渠道和表达方式,因此,公关人员需要根据信息的特点来选择最合适的方式。在外部因素方面,在选择公共关系活动方式时,需要充分考虑外部环境和市场定位。研学旅行企业所处的市场环境、市场竞争态势以及目标受众的特点等因素都会影响活动方式的选择。例如,如果目标受众主要是年轻人,那么利用社交媒体开展互动式的公共关系活动可能更为合适;如果目标受众对线下活动更感兴趣,则可以考虑组织实体活动,如展览等。

(5)制订公共关系计划。基于前面步骤的深思熟虑和细致筹备,可以制订出一个全面、系统的公共关系计划。这一计划通常以书面形式呈现,旨在确保所有相关方能够清晰、准确地了解并执行计划的内容。

公共关系计划的内容丰富而详尽,涵盖了整个公共关系活动的核心要素。首先,它明确指出了公共关系活动的目的和宗旨,为活动的开展提供了明确的方向和指导。接着,计划中详细列出了具体的行动方案,包括各个环节的具体安排、实施步骤以及预期效果,为执行人员提供了具体的操作指南。公共关系计划还涉及经费预算的制定,确保活动能够在预算范围内有效进行。同时,活动进度表明确了活动的时间节点和关键里程碑,帮助团队合理安排时间和资源。公共关系人员的责任划分也是计划中的重要部分,明确了各个人员在活动中的职责和任务,确保团队能够协同合作,共同推进活动顺利进行。最后,公共关系计划还包含了与策划相关的资料,如市场调研数据、媒体联络信息等,为活动的执行提供了必要的支持和参考。

3. 研学旅行公共关系计划实施

实施阶段是研学旅行公共关系计划落实到实际行动的关键环节。然而,客观环境和条件处于不断变化中,在实施计划的过程中需要保持动态平衡,以适应各种可能出现的新情况和新挑战。在实施计划的同时,密切关注市场动态、消费者偏好和需求是至关重要的。这要求计划实施人员具备高度的灵活性和应变能力,能够根据实际情况及时调整计划,确保公共关系活动的顺利进行。

研学旅行公共关系计划的实施过程往往会受到多种因素的影响。首先,如果前期调查不准确,可能导致活动目标与实际需求存在偏差,进而使得实施难度增大。其次,沟通障碍也是较为常见的问题,可能导致信息不畅、误解频发,影响计划的执行效果。此外,实施过程中还可能遭遇突发事件,如意外天气、设备故障等,这些突发事件往往具有难以预见性和突发性,会给工作的实施带来挑战。

因此,研学旅行公共关系计划的实施是一个既复杂又多变的过程。为了确保计划的顺利实施,计划实施人员需要具备丰富的经验和敏锐的洞察力,能够及时发现并解决各种潜在问题。同时,建立有效的沟通机制和应急预案也是至关重要的,沟通机制和应急预案可以保证在出现问题时能够迅速做出反应,确保公共关系活动顺利进行。

4. 研学旅行公共关系活动评估

研学旅行公共关系活动的评估是指根据特定的标准,对公共关系计划的实施过程和实施效果进行检查、评价。这一环节是为了及时发现公共关系活动中实际存在的问题,并且对活动做出整体性的评估,主要体现为以下几个方面。一是公共关系活动过程中的评估,这与公共关系活动本身的性质相关联,主要为了杜绝在活动过程中出现潜在的问题,因此在实施计划的过程中,需要附带进行公共关系活动评估。二是公共关系活动结束后的评估,如公共关系活动是否顺利结束?公众反响如何?此次公共关系活动的效果是否达到了预期?这些问题需要在活动结束后结合相关数据加以分析和评估,以做到查漏补缺,支撑研学旅行企业开展后续的活动。

在评价公共关系活动效果时,通常采用多种衡量指标。其中,曝光率是一个易于衡量的指标,它反映了活动在媒体上的曝光次数,进而体现了社会对活动的关注度。曝光率越高,意味着有更多的目标群体接触到了公共关系信息,这有助于增加潜在客户的数量。此外,销售、利润等也是衡量公共关系活动效果的重要指标。这些指标所涉及的直接数据能够直观地展示活动对企业经济效益的贡献,是评估活动成功与否的关键指标。

(四) 公共关系的危机管理

公共关系的危机管理是研学旅行企业市场推广中不可或缺的一环,它如同企业生存的最后一道坚固防线。公共关系危机管理的成功与否,直接关系到企业的生死存亡,其影响深远且广泛。危机的产生往往基于多种原因,主要可分为人为因素和非人为因素两大类。无论是哪一种原因,都会对企业品牌形象造成损害,降低消费者对企业的信任度,对企业影响较大,轻则造成经济损失,重则使企业信誉扫地,并且难以维持原有形象。公共关系危机管理旨在预防和减轻危机事件对研学旅行行业带来的严重冲击。危机研究、预警和救治等一系列措施旨在恢复经营环境,确保企业稳健发展。引发公共关系危机的原因各异,研学旅行公共关系危机管理的方法主要包括以下三种。

1. 不可抗力突发危机的管理

不可抗力因素是指不归结于人为因素或不能人为控制的因素。对于不可抗力导致的突发危机,如地震、海啸等自然灾害,或是战乱、重大疫情等政治及其他因素,企业往往难以控制。例如,疫情便属于此类不可抗力事件,在此类情况下,企业虽无法直接控制危机,但可以在危机过后积极利用社会型研学旅行公共关系策略,重塑企业形象,恢复公众信任。

2. 研学旅行企业管理失误引起的危机的管理

管理失误引发的危机通常源于研学旅行企业自身。市场定位不准确或经营战略失误等,可能导致企业陷入信任危机,会严重影响经营秩序。此时,企业应迅速反应,在事态恶化前及时发布公共关系信息,妥善处理相关问题,避免信任危机进一步扩大。同时,服务型和宣传型研学旅行公共关系手段可有效帮助企业重建与消费者的沟通桥梁,消除消费者疑虑,重塑企业形象。

3. 研学旅行企业恶意竞争引起的危机的管理

研学旅行企业面临的恶意竞争危机往往由第三方的不正当行为导致,如第三方恶意诋毁或损害该企业名誉。在面对此类危机时,企业首先应采取法律手段维权,要求侵权方公开道歉,以恢复名誉。同时,企业公关人员应巧妙运用各种研学旅行公共关系活动,以公开、透明的方式提升企业形象,避免信任危机的再次发生。

四、人员推销策略

(一)人员推销的概念内涵

人员推销是企业市场营销活动中的重要环节之一,推销人员运用其专业的市场营销知识与沟通技巧,直接向顾客传递产品信息与品牌价值。好的推销人员如同企业的"使者",以诚信和专业为基石,与顾客建立起深厚的信任关系,进而实现销售业绩的稳步增长。

研学旅行推销人员不仅需要对研学旅行产品进行深入了解,还需具备出色的推广与宣传能力。他们如同研学旅行产品的"文化使者",以一对一的方式,向研学旅行消费者展示研学旅行产品的独特之处,激发其潜在的研学旅行需求。通过精准的市场洞察与顾客需求分析,推销人员能够为研学旅行企业在市场中开辟新的增长点,助力企业扩大市场份额。因此,人员推销是研学旅行企业扩大市场规模、树立品牌形象的重要手段之一。

拓展案例

退票、致歉、立案……看"尔滨"的危机公关能力有多强

（二）人员推销的特点

1. 针对性强，因需而推

人员推销以其一对一的沟通方式，展现出极强的针对性。推销人员可以通过与消费者进行深入交流，精准把握消费者的需求与偏好。在推广研学旅行产品时，推销人员会根据不同年龄段学生的特点，有针对性地推荐适合他们的研学主题、线路及内容。例如，针对小学生，推荐以乡土乡情为主的研学内容；针对初中生，推荐以县情市情为主的研学内容；针对高中生，推荐以省情国情为主的研学内容。因需而推能够确保每一个消费者都能获得与其需求相契合的研学体验，从而最大限度地满足消费者的需求。

2. 及时互动，强化意向

人员推销的及时性体现在推销人员需要与消费者保持紧密联系，敏锐地捕捉消费者的购买动机与意图。在沟通过程中，推销人员需要迅速消除消费者的疑虑，通过有效的互动强化消费者的购买意向。这种即时反馈与调整的策略，有利于保障推销活动的顺利进行，提高交易的成功率。

3. 流程完整，注重维护

人员推销活动虽然灵活多变，但基本遵循一套完整的流程：从接触客户，到寻求购买动机和意向、洽谈细节、达成交易，最后是客户维护。其中，客户维护阶段尤为关键。推销人员可以通过及时进行客户回访、收集反馈以及采取优惠措施等方式，巩固与客户的关系，促成消费者的二次消费。这不仅有助于增加回头客数量，还能够利用客户的口碑宣传效应，为企业带来更多的潜在客户。因此，客户维护在开启新的推销循环中发挥着催化剂的作用，是推动企业持续发展的重要动力。

（三）人员推销的方式

人员推销作为一种直接促销手段，是指通过面对面沟通或电话沟通，直接向消费者介绍和宣传研学旅行产品或服务，从而促成消费者的购买行为。这种推销方式主要包含专业人员推销和全员推销两种形式。

1. 专业人员推销

专业人员推销依赖于受过专业培训的推销人员，他们深入了解企业产品、项目等的各项参数，能够为消费者提供专业的推销服务。尽管专业人员推销这种方式会增加企业成本，但其带来的收益和营销效率的提升是显著的。对研学旅行市场而言，专业人员推销主要聚焦于研学旅行中间商和团体购买者，具体方式包括以下几个方面。

（1）上门推销。上门推销是指推销人员主动走访研学旅行消费者。针对研学旅行市场，专业推销人员会拜访相关学校和教育机构，了解其研学旅行需求，并精准推送适合的研学旅行产品。这种方式要求推销人员具备良好的社交能力和变通能力。上门推销能够实现一对一的沟通，有助于推销人员深度了解消费者的需求和疑虑，并提供针对性的解答和推荐。这种方式特别适合对高价值、高复杂度或者需要专业解释的产品进行推销,对于那些推销人员期望建立长期合作关系的客户也可采用该推销方法。

(2)电话推销。电话推销是指在获取消费者合法信息的前提下,通过电话进行产品推销。推销人员须掌握语言沟通技巧,确保准确传达推销信息。为避免打扰无购买意向的消费者,研学旅行企业应在组织推销人员进行电话推销前筛选潜在的消费者。电话推销可以快速覆盖大量潜在客户,且成本相对较低。但是,电话推销往往被视为打扰,因此需要谨慎使用,避免引起消费者的反感。

(3)线上推销。线上推销是指以互联网为基础开展的推销活动。以互联网形式开展的在线对话形式的产品推销行为都可归为线上推销。随着移动互联网时代的到来,线上推销这种方式对于品牌传播而言逐渐变得不可或缺。企业要谋求生存和发展,就需要对自身的推销方式进行转型升级,借助互联网开展推销活动是企业进行产品推广的重要手段,线上营销的优势已获得广泛的社会认可。有些企业虽然开展过线上营销但效果不太理想,这需要企业从线上响应速度、线上内容建设、线上与线下的一致性和互补性等多方面进行反思。线上推销具有成本低、效率高、覆盖面广、及时性强等优点,且可以通过数据分析精准定位目标客户。需要注意的是,线上推销要求企业具备一定的网络技术和运营能力。

(4)展示会推销。展示会推销是指利用各类会议,如交易会、展览会、地方商会、洽谈会等,向与会者介绍和宣传研学旅行产品或服务。推销展示会可以在短时间内吸引大量潜在客户,且可以通过展示产品、提供体验活动等方式增强消费者的购买意愿。需要注意的是,展览会推销活动的组织与实施需要研学旅行企业投入大量的精力和资源,且受到时间、地点等因素的限制。

2. 全员推销

全员推销是一种更为广泛的推销形式,它动员研学旅行企业内部各个环节的从业人员参与推销活动。这些员工在接待过程中,借助企业设施、资料等,向消费者介绍和推销研学旅行产品和服务。与专业人员推销相比,全员推销更注重在消费者主动咨询的情况下,为消费者提供准确、专业的服务介绍和推荐。这种被动式的推销方式要求推销人员具备良好的销售技巧和接待能力,以满足消费者的需求并完成推销任务。

总的来说,最有效的促销方式是结合企业的实际情况和市场环境,以最小的成本获得最大的营销效果。因此,企业在选择促销方式时,需要进行深入的市场调研和策略分析,确保所选方式能够符合企业的市场营销目标和消费者的需求。

(四)人员推销的步骤

人员推销虽然具有灵活性,但同样需要遵循一定的程序化模式。这种模式为推销人员提供了一个整体框架,使他们能在不同的情境下灵活应用推销技巧,从而获得更好的效果。人员推销的整个过程可以分为以下六个关键步骤。

1. 精准定位:寻找潜在客户

推销的成功与否在很大程度上取决于是否能准确地锁定目标客户。推销人员需要通过多种渠道,如与研学旅行供应商和中间商的合作,来收集潜在客户的线索,并深入了解他们的消费习惯和需求,从而确保推销活动的精准性和高效性。

2. 充分准备:推销前的筹划

推销作为一项专业技能,要求推销人员深入了解企业的产品和项目,且具备敏锐的洞察力。在开始推销工作之前,推销人员需要经过系统的培训,以对企业的项目、产品及相关推广活动形成全面而深入的认识。这样,在面对消费者的各种问题时,推销人员才能自信而准确地提供解答,展现出专业的素养和高效的工作能力。

在具备专业的推销技巧和对产品的深入了解的基础上,推销人员还需精心准备推销所需的物料。这些物料包括研学旅行地区的详细介绍、清晰明了的价目表,以及具有吸引力的宣传画册等。这些材料不仅为推销人员提供了有力的支持,也为消费者提供了了解产品的直观途径。在推广方式的选择上,推销人员需要综合考虑各种因素,灵活选择最适合的方式。无论是电话推销、上门拜访还是全员推销,其目的都是更好地触达消费者,获得最佳的营销效果。

此外,与消费者沟通也是推销过程中不可或缺的一环。推销人员要善于倾听消费者的需求,并根据实际情况合理规划行程和时间,以确保每次推销都能满足消费者的期望。

3. 深入交流:面谈与讲解技巧

研学旅行产品不同于一般的实物商品,消费者无法提前通过触摸、观察等方式直接感受其品质。同时,研学旅行产品所包含的实践性、体验性元素,也使其在推销过程中更加依赖于推销人员的专业讲解和展示。在推销研学旅行产品时,推销人员需要特别注重突出产品特色、关注消费者反馈、运用专业知识精准抓住消费者需求、辅助展示材料这四个方面。

4. 巧妙应对:处理客户异议

研学旅行企业推销人员在面对客户时,常常会遇到各种异议,如对需求、价格、产品、服务、购买时间、竞争者以及企业和推销人员等的疑虑。这些异议是客户对产品的不完全理解或期望不明确的表现。推销人员应将这些异议视为沟通的机会,而非障碍。在化解异议的过程中,推销人员需耐心倾听客户,理解客户的疑虑,并运用语言技巧为客户提供清晰的解答。同时,推销人员需具备丰富的产品知识和较强的应变能力,能够根据客户需求和市场变化灵活调整策略。此外,情感沟通也至关重要,建立良好客户关系有助于增强客户的信任,促成交易。

5. 促成交易:把握成交时机

成交是推销环节的最后一步,也是异议得以解决的体现。成交代表消费者对企业产品或服务的认可。在成交环节,推销人员需密切关注消费者的反应,谨慎行事。对于保守型客户,推销人员应耐心消除其疑虑;对于兴趣浓厚的客户,推销人员要及时强化其购买意愿。在交易的整个过程中,推销人员需保持专业和谨慎,以优质服务赢得信任,实现交易的最终完成。

6.后续跟进:客户追踪与售后服务

好的推销并非一次性买卖,初次成交并非推销的终点,后续的追踪与售后服务同样关键。为了激发消费者的复购意愿,优化其购物体验,推销人员需密切追踪客户并为其提供优质的售后服务。这不仅能确保消费者满意,还能借助其口碑为企业带来更多潜在客户。因此,积极的客户追踪策略至关重要,它不仅能够提升消费者的忠诚度,还能有效扩大企业的影响力,实现双赢。

(五)人员推销的技巧

人员推销不仅体现了人员对销售技巧的运用,还是一种综合了内在素质与外在形象的艺术。成功的推销是内外兼修的结果,其中涉及了多个关键技巧。

1.语言艺术

语言交流是一门艺术,里面藏着很深的学问。推销人员良好的谈吐表现能够使消费者身心愉悦,这在一定程度上能够影响消费者的内心世界。要想成为一个合格的表达者,推销人员需要综合考虑以下几个因素。

(1)外在形象:整洁的仪表和恰当的着装能够为客户留下良好的第一印象,这是推销人员与潜在客户之间建立信任关系的基础。

(2)语气控制:保持语气平和,避免给客户带来紧张感,使交流更加顺畅。

(3)话题引导:避免直接切入主题,而是通过轻松交谈,将话题逐渐引导到产品上,减轻客户的抵触心理。

(4)善于倾听:倾听是尊重客户的表现,推销人员可以通过倾听了解客户的需求和疑虑,从而更好地为客户进行解答和推荐。

(5)实事求是:语言应贴近实际,避免夸大其词,应确保信息的准确性和可信度。

2."投石问路"

在洽谈初期,推销人员可以通过广泛的话题交流来了解客户,并适时提出一些问题来检验信息的准确性。这有助于推销人员更好地把握客户的需求和态度,为后续推销做好准备。

3.掌握"火候"

在洽谈过程中,推销人员需要掌握好谈判的节奏和火候。既要坚持自己的条件,又要给对方留有余地,以便在后续谈判中逐步取得优势。同时,要善于捕捉对方的让步信号,及时跟进,促成交易的达成。

4.巧用"筹码"

"筹码"不仅包括资金数量,还包括各种经济条件。推销人员需要善于利用手中的"筹码",通过巧妙的策略来打开销路,实现销售目标。例如,可以利用价格优惠、售后服务等"筹码"来吸引客户,提高成交率。

5.当机立断

当谈判达到预定目标时,推销人员应迅速做出决策,并立即付诸行动。这有助于避免意外情况的发生,确保交易的顺利进行。订货会上常常会出现这样的现象:头天双方达成的口头协议,翌日单方就推翻的,甚至在几分钟之后反悔的,出现这种现象,原因多种多样,因此,推销人员在与客户沟通时,应善于把握时机,当机立断。同时,当机立断也体现了推销人员的专业素养和决断力,有助于赢得客户的信任和尊重。

⛵ 教学互动

1.互动阅读材料

(1)产品名称:探索自然·生态研学之旅。

(2)产品目标市场。①年龄段:7—16岁的学生。②兴趣点:自然科学、生态保护、户外探险。③地域:主要面向城市中的学校及学生家长。

(3)产品概述:"探索自然·生态研学之旅"是一款结合了自然科学教育、生态保护教育与户外探险体验的研学旅行产品,结合专业导师的讲解与互动活动,通过实地考察自然保护区、动植物园、生态农场等,培养学生的环保意识、观察能力和团队协作能力。

2.互动思考

请根据上述研学旅行产品的相关材料,结合本项目的学习内容,设计一个营销推广方案,包含市场调研与定位、内容策划与包装、渠道拓展、价格策略与优惠活动、品牌形象塑造等内容。要求:学生以6人为一组进行营销推广方案设计,方案设计完毕后,每组各指派一名学生代表,在班级内分享本组的设计成果。

⛵ 项目小结

本项目的学习有助于学生理解目标市场的需求,制定有针对性的市场推广策略;构建多元化的市场推广渠道,确保推广信息广泛触达潜在客户;策划吸引目标客户的市场促销活动,注重持续学习与活动反馈。

⛵ 能力训练

1.请列举三种研学旅行市场推广渠道,并简要说明其应用场景。

2.请自由选择一家研学旅行机构,对其市场推广策略进行简要分析,并提出改进建议。

知识训练

▼

项目六

项目七
研学旅行品牌构建

项目描述

本项目首先对研学旅行品牌进行了概述,具体介绍了品牌的基本概念、研学旅行品牌的概念内涵及构建意义;然后,详细讲解了研学旅行品牌的战略规划原则和构建路径;最后,阐述了研学旅行品牌的生命周期及管理策略。

项目引入
▼

项目七

项目目标

知识目标

(1)了解品牌、品牌资产、研学旅行品牌的概念内涵,以及品牌的构成要素及其价值。

(2)熟悉研学旅行品牌的战略规划原则,掌握研学旅行品牌的构建路径。

(3)了解品牌生命周期的概念内涵,熟悉建立和维护品牌管理系统的方法,掌握研学旅行品牌的管理策略。

能力目标

(1)能够设计研学旅行品牌的战略规划,包括明确品牌定位和提炼品牌核心价值。

(2)熟悉品牌形象识别系统建立的全过程,能够制订有针对性的品牌传播计划。

(3)能够针对研学旅行市场的具体问题,提出具有创新性的解决方案。

素养目标

(1)培养批判性思维和决策能力,能够对不同品牌管理策略的效果进行分析并做出合理的调整。

(2)培养沟通与协作能力,能够在小组讨论中有效沟通关于品牌构建和管理的想法,与团队成员协商解决问题。

项目重难点

项目重点

研学旅行品牌构建的路径及品牌管理策略。

项目难点

研学旅行品牌构建路径的应用。

知识导图

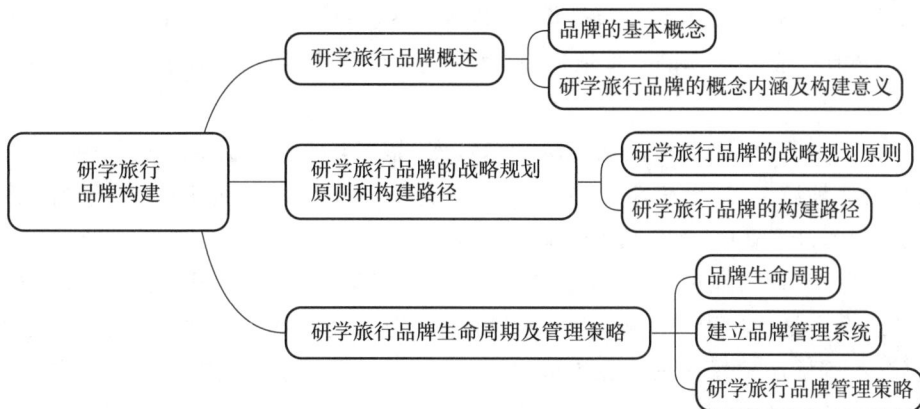

任务一　研学旅行品牌概述

任务描述

本任务主要对品牌、品牌资产、研学旅行品牌等概念进行介绍，阐述了品牌的构成要素、价值和作用，以及研学旅行品牌的构建意义。

任务目标

了解品牌、品牌资产、研学旅行品牌的概念内涵，熟悉并能够列举品牌的构成要素，理解品牌的价值和作用以及构建研学旅行品牌的意义。

一、品牌的基本概念

（一）品牌和品牌资产

美国市场营销协会（AMA）对品牌的经典定义是：用以识别一个或一类产品或劳务的名称、术语、象征、记号或设计及其组合，以和其他竞争者的产品或劳务相区别。戴维·阿克（David Aaker）对品牌权益（Brand Equity）的定义是：一组与品牌名字及符号相连的品牌资产与负债，这些资产和负债能够增加或减少产品或服务为企业或其顾客带来的价值。简而言之，品牌好似开设在顾客心里的账户，品牌的价值来源于顾客的感知和体验（顾客心智）。企业要打造什么样的品牌，更多地取决于客户需要什么样的产品，喜欢什么样的形象，希望品牌是什么样子的。品牌是无形的，是企业赖以生存的灵魂。商业目标包含两类：其一是有形的目标，如产品销量、市场份额，体现了企业短期的价值取向，对企业战术起着指导作用，以现实为基础；其二是无形的目标，即品牌的附加值，体现了企业长期的价值取向，体现为企业的战略意识，是自上而下贯穿企业发展的基础。

科技发展日新月异，产品竞争越来越激烈，品牌竞争已成为商业竞争的关键。研学旅行的非标属性、安全属性、教育属性等特点，使得研学旅行企业在C端获客上面临着挑战，因此，形成研学旅行品牌效应非常重要。

品牌资产，通俗地讲，就是能让客户记住、辨识某品牌，并且愿意为该品牌的产品买单的综合力量。让用户明确"你是谁"和"你有什么特别之处"，这是品牌资产的核心和精髓，品牌资产建立的核心在于体现统一性，不轻易改变。成功建立品牌资产统一性的代表性案例便是小米品牌。小米最初以高性价比的智能手机进入市场，凭借其创新的产品设计和亲民的价格迅速获得了消费者的认可。随后，小米逐步扩展到智能硬件、智能家居等多个领域，形成了一个庞大的生态系统。尽管产品线丰富多样，小米始终围绕"为发烧而生"的品牌定位，保持了品牌的核心价值和统一性。无论是智能手机、智能手环还是智能家居设备，小米都通过一致的品牌形象、用户体验和价值主张，让消费者能够清晰地识别和记住该品牌。这种品牌资产的统一性和一致性，使得小米在快速扩张的过程中，不仅避免了品牌认知的混乱，还进一步增强了品牌的市场影响力和用户忠诚度。在实践操作中，构建品牌资产的过程往往非常困难，但哪怕企业的品牌资产建立还不准确，也要先统一起来，如此才能高效地向用户传递企业品牌的核心信息。

（二）品牌的构成要素

根据知名数字化品牌战略公司欧赛斯提出的超级品牌360°领导力模型，品牌构成的要素以品牌核心价值为中心展开，包含目标消费者细分、目标市场定位、品牌思想领导力、品牌写真、核心购买理由、品牌调性、品牌诉求、品牌差异化要素，具体如图7-1所示。

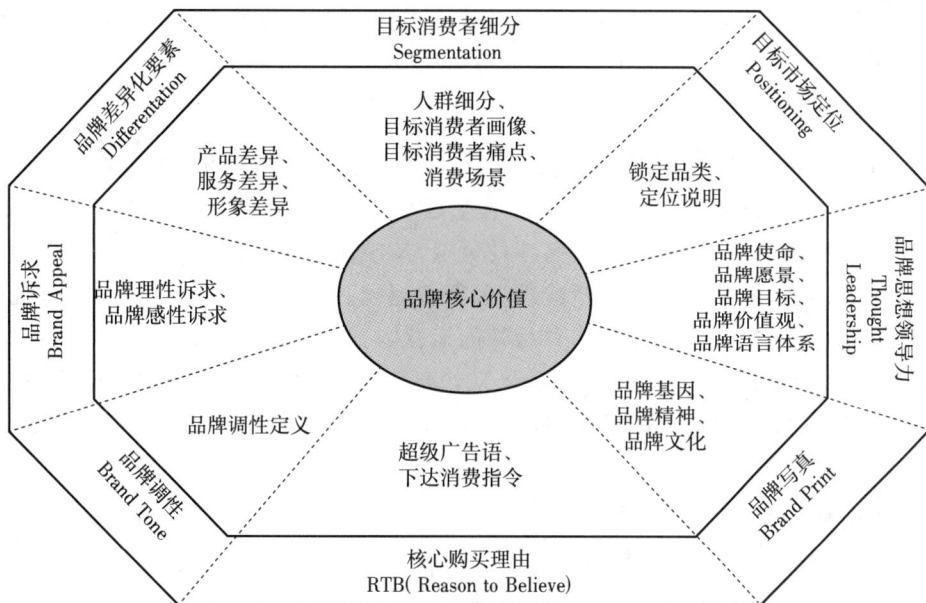

图7-1　欧赛斯超级品牌360°领导力模型

1.品牌核心价值

品牌核心价值是品牌资产的主体部分,有助于消费者明确、清晰地识别并记住品牌的利益点与个性,是驱动消费者认同、喜欢乃至爱上一个品牌的主要力量。核心价值是品牌的终极追求,是一个品牌营销传播活动的原点,即企业的一切价值活动都要围绕品牌核心价值而展开,是对品牌核心价值的体现与演绎,并能够强化品牌核心价值。

2.目标消费者细分

目标消费者细分,是指将广泛的消费者群体按照一定的标准或属性划分为多个较小的、具有相似需求或特征的消费者群体的过程,包括人群细分、目标消费者画像识别、目标消费者痛点识别、消费场景确定等。进行目标消费者细分的目的是更好地定位市场,设计和实施更为精准的营销策略。目标消费者细分维度通常包含地理细分、人口统计细分、心理细分和行为细分等。

3.目标市场定位

目标市场定位是指企业通过一定的措施,使目标消费者形成关于企业产品或品牌的形象,这个形象是独特、明确和吸引人的,并能与竞争对手的产品或品牌形象区分开来。企业旨在通过市场定位,塑造产品或品牌的特定形象,以满足目标市场细分中消费者的特定需求和偏好。

4.品牌思想领导力

品牌思想领导力是指一个品牌通过创新的思想、独特的见解和专业的知识,在其行业领域内树立起的权威形象和领导地位,这包含品牌使命、品牌愿景、品牌目标、品牌价值观、品牌语言体系等核心要素。品牌思想领导力有助于品牌建立信任、提高知名度和影响力,最终促进品牌忠诚度和业务增长。

5.品牌写真

品牌写真是品牌整体形象、价值观、核心理念和文化的全面描述和展现,品牌写真包含品牌基因、品牌精神、品牌文化。品牌基因是指品牌的基本特征和内在属性,是品牌身份和个性的核心;品牌精神是品牌的灵魂,反映了品牌的理想、激情和动力,是品牌价值观的体现,激励着品牌不断前进、创新和超越;品牌文化是品牌内部价值观、行为准则和工作风格的总和,它影响着品牌的运营方式、员工行为以及企业与消费者的互动。强大的品牌文化能够促进品牌团队内部的凝聚力,同时吸引理念相符的消费者。品牌文化是品牌对外形象和内部实力的基石,是提升品牌忠诚度和市场竞争力的关键要素。

6.核心购买理由

核心购买理由是指消费者选择购买某一品牌产品或服务的主要动机和理由。这个概念强调了在消费者决策过程中使消费者倾向于特定品牌的关键因素。核心购买理由不仅反映了产品或服务的功能性特点,更重要的是体现了品牌所传达的价值观、情感联结以及满足消费者深层次需求的能力。

7.品牌调性

品牌调性是指品牌在与消费者交流时所展现出来的独特风格、态度和价值观。它是品牌个性的重要组成部分,决定了品牌传达其信息、与目标受众群体沟通以及塑造公众形象时的语言风格、视觉表达方式和行为方式。简单来说,品牌调性就像是品牌的人格特质,它帮助消费者理解某品牌的目标和价值观,从而在众多品牌中辨识该品牌并与该品牌产生情感上的共鸣。

8.品牌诉求

品牌诉求是指品牌向消费者传达的核心信息和价值主张,旨在影响消费者的认知和情感,从而促成消费者的购买行为。品牌诉求通常分为理性诉求和感性诉求。理性诉求侧重于产品或服务的功能性特点和实用价值,以及其能够满足消费者具体需求的能力,强调品牌的性能、质量、效用、成本效益等方面;感性诉求旨在影响消费者的情感和心理状态,通过唤起情感来建立与消费者之间的情感连接,并试图通过讲述品牌故事、描绘情景等方式激发消费者的欲望、幸福感、归属感等情感反应。

9.品牌差异化要素

所谓"品牌差异化要素",是指在打造某品牌的过程中,该品牌区别于竞品的一些核心的差异点,包括产品差异、服务差异、形象差异、理念差异等。能否在竞争激烈的大环境中标新立异,形成差异化的创新,对于品牌能否成功至关重要。

(三)品牌的价值

根据消费者需求心理,品牌价值可以分为三个层次:理性价值、感性价值和文化价值。

1. 理性价值

所谓"理性价值",侧重于产品本身代表的价值,如产品的功用、性能,以及本身具有的审美价值,这是品牌的产品给消费者带来的基本价值属性。例如,沃尔沃汽车凭借其出色的表现,在人们的认知中一直是安全耐用的典范;宝马汽车操控性能优越,即使在冰面上,驾驶人员也能操控自如,以上这些都属于品牌的理性价值。普遍认为,品牌仅凭理性价值难以获得较高的附加值,需要将品牌价值上升到感性价值或者文化价值上,才能够卖出更高的附加值。

2. 感性价值

感性价值即消费者感觉上或直觉上的产品价值,体现了消费者对于产品或服务的情感需求,以及产品或服务是如何影响消费者的情绪和心理状态的。这一层次的价值定位旨在通过品牌故事、体验、设计等元素,与消费者建立情感联系和情感认同。品牌的感性价值包括品牌所传递的生活方式、个性表达,以及给消费者带来的归属感、自信、快乐、安全感等情感价值。

3. 文化价值

文化价值关注品牌是如何与更广泛的社会、文化背景和价值观念相连接的。这一层次的价值定位强调品牌的社会责任、历史传承、文化象征等方面,旨在建立品牌的深层文化意义和社会认同。品牌的文化价值包括品牌的历史和遗产、对环境的影响、组织开展的社会活动、对传统文化的现代诠释、对社会正义的促进等。这些因素有助于消费者与品牌建立更深层次的情感联系,使消费者感受到选择这个品牌的产品还体现为对某种文化和价值观的选择。

通过将这三个层次的品牌价值结合起来,品牌能够全面地塑造其独特的价值主张,从而既能满足消费者的实际需求,又能触动消费者的情感,还能在更高层次上与消费者产生共鸣。

（四）品牌的作用

品牌构建之后所产生的作用包含以下几个方面。

1. 有助于消费者识别产品

品牌能够帮助消费者识别出他们想要购买的产品,区分相似商品之间的不同。

2. 有助于提升产品的附加值

一个强有力的品牌可以为产品增加附加值,使消费者愿意为这种预期的品质或品牌体验买单。

3. 有助于企业建立消费者忠诚度

品牌能够帮助企业建立消费者忠诚度,促使消费者重复购买,并通过口碑传播吸引客户。

4.有助于企业形成竞争优势

一个强大的品牌可以成为企业的重要竞争优势,特别是在高度竞争的市场中,品牌识别度可以帮助企业脱颖而出。

5.有助于企业吸引人才

知名品牌不仅能吸引消费者,还能吸引优秀的人才。品牌声誉良好的公司往往更容易招到所需要的人才。

6.有助于企业投融资

优势品牌可以提高企业的市场评价,从而更容易让企业获得投资和融资的机会。

知识活页

一个验证品牌作用的经典实验

有一个验证品牌作用的经典实验:请实验对象对撕掉品牌标识的两个品牌(品牌A和品牌B)的可乐,进行口感评价。实验结果显示,其中有51%的实验对象觉得第一种(品牌A)好喝,44%的实验对象觉得第二种(品牌B)好喝,5%的人觉得两个品牌的可乐在口感上没有太大的区别。然而当实验对象饮用正常包装(带有品牌标识)的两款可乐时,结果显示23%的实验对象觉得品牌A的可乐好喝,65%的实验对象觉得品牌B的可乐好喝。实验前后之所以会出现不同的实验结果,关键就在于品牌的作用,第一次实验对象没有看到可乐的品牌标识,他们面对的仅仅是可乐这种产品,而第二次实验对象看到了可乐的品牌标识,在这种情况下摆在实验对象面前的就不仅仅是可乐这种产品了,而是产品加上品牌。也就是说,是品牌的力量让本身相似的商品之间形成了一定的差异。

二、研学旅行品牌的概念内涵及构建意义

(一)研学旅行品牌的概念内涵

结合品牌的概念和研学旅行实践来看,研学旅行品牌建设是指通过特定的品牌策略和形象建设,将某个研学旅行项目或机构与其他竞争者区分开来,以传递其独特价值和教育理念的过程。研学旅行品牌不仅涉及标识(如标志、口号等)的设计,更重要的是它代表了研学旅行所提供的独特体验、教育质量、服务理念和文化内涵。品牌的建立有助于提高研学旅行项目或机构的市场认知度,塑造专业形象,吸引目标受众,从而在激烈的市场竞争中获得优势。

成功的研学旅行品牌通常具备以下特点。

1. 独特性

研学旅行品牌应明确其独特的教育理念和旅行体验,这可以是特定的教育目标、独特的目的地选择、特殊的活动设计或独家的资源获取能力等。

2. 一致性

从视觉标识到沟通信息,再到提供的服务和体验,研学旅行品牌的每一个触点之间都应保持一致性,以建立强大和统一的研学旅行品牌形象。

3. 信任度和可靠性

通过提供高质量的教育内容和优质的服务,建立研学旅行品牌的信任度和可靠性,使目标客户愿意选择和推荐本研学旅行品牌。

4. 故事性

研学旅行品牌故事能够有效地传达品牌的理念和价值,引起人们的情感共鸣。品牌故事可以是关于品牌是如何成立的,品牌的使命是什么,或者品牌是如何影响和改变学习者的生活的。

5. 知名度

通过线上线下活动等方式加强与目标客户的互动,提高研学旅行品牌的知名度。

6. 持续创新

研学旅行品牌需要不断创新其产品和服务,以满足不断变化的客户需求和期望。

7. 社会责任感

许多研学旅行品牌也强调其对社会、环境或当地社区的正面影响,这有助于增加品牌的吸引力,尤其是对那些看重可持续发展和具有较强社会责任感的客户。

具备且不断维护以上特征的研学旅行品牌能够在竞争激烈的市场中脱颖而出,吸引并留住目标受众,实现可持续发展。

(二)构建研学旅行品牌的意义

构建研学旅行市场品牌对于研学旅行机构以及研学实践教育基(营)地的意义主要体现在以下几个方面。

(1)建立信任关系,赢得认可。一个具有品牌影响力的研学旅行机构能够建立起与学校、家长和学生之间的信任关系,赢得他们的认可。品牌象征着品质和可靠性,有助于消费者信任研学旅行机构提供的产品和服务。

(2)凸显独特价值。研学旅行品牌的构建有助于凸显研学旅行机构的价值和特色。品牌定位和宣传可以清晰地传达品牌的教育理念以及与众不同的服务特点,有助于品牌在竞争激烈的市场中脱颖而出。

(3)增强市场竞争力。具有品牌影响力的研学旅行机构通常能够更好地吸引和留住客户,从而增强自身在市场上的竞争力。良好的品牌形象和口碑能够吸引更多的学校和学生家长选择该品牌的服务。

（4）提升客户体验。品牌建设有助于研学旅行机构更好地理解客户需求，并根据这些需求提供更加个性化和优质的服务。研学旅行机构可以通过持续改进和优化服务，提升客户的整体体验以及客户的满意度和忠诚度。

（5）为长期发展打下基础。一个强大的品牌不仅能够为研学旅行机构带来眼前的商业收益，还可以为研学旅行机构的长期发展打下坚实的基础。良好的品牌形象有助于研学旅行机构获得投资、合作的机会，以及与合作伙伴建立良好的关系。

拓展案例
▼
乡村研学
新基地的
打造与乡
村研学课
程的开发

任务二　研学旅行品牌的战略规划原则和构建路径

任务描述

本任务主要讲解研学旅行品牌的战略规划原则和构建路径。

任务目标

了解研学旅行品牌战略规划的五大原则，掌握构建研学旅行品牌的步骤及其实际操作方法，理解每一个步骤的重要性，熟悉从品牌定位到品牌忠诚度培养的全过程内容。

一、研学旅行品牌的战略规划原则

品牌构建的路径是企业系统的战略规划过程，是建立以市场需求要素为导向的品牌规划体系，是以客户体验为中心，整合核心资源，引导用户形成品牌认知的过程。随着全球化进程的推进，市场竞争日趋激烈，市场格局复杂多变，这对企业可持续发展和维持竞争优势提出了更高的要求，如何做好品牌战略规划，已成为业界面临的共同问题。研学旅行是有机整合旅行、教育和文化后的产物，旨在实现教育与旅行、旅行与文化的同频共振。研学旅行产品突破了学校、课堂和教材的局限性，让学生行走于天地间，感受多彩的自然世界。在提炼研学旅行品牌时，要从产品特色，也就是课程设计出发，构建品牌发展路径，形成品牌优势。研学旅行品牌战略规划应遵循以下五大原则。

（一）一致性原则

一致性原则是品牌构建的核心原则。保持在所有触点和渠道上的品牌信息和形象的一致性是至关重要的，这有助于消费者识别产品。品牌信息的一致性包括视觉识别、语言、价值观和客户体验的一致性。品牌一致性有助于建立品牌识别度，增强消费者对品牌的信任。不一致的品牌形象会导致混乱，甚至损害品牌的整体形象。一致的品牌意味着在所有的市场营销活动中使用相同的元素、信息和视觉语言。同时,在当今竞争激烈的市场中,呈现统一的形象有助于品牌脱颖而出。所谓的"品牌一致性"可以从以下三个方面来理解。

1.品牌形象一致性

品牌形象是品牌的"脸面",统一的品牌形象能够让消费者对品牌产生良好的第一印象。因此,研学旅行企业应该在所有渠道和媒体上保持品牌形象的统一性,包括Logo、视觉识别系统、广告语等。

2.品牌定位一致性

品牌定位是使本品牌在市场上区别于其他品牌的重要因素。研学旅行企业应该明确自身的品牌定位,并在市场营销活动中始终保持这种定位,以便消费者能够准确地认识和理解品牌。可口可乐品牌自创立至今130多年来,始终将"快乐"作为品牌定位,并在不同的时代赋予了"快乐"不同的内涵。耐克"Just do it"这一主张,联系的是"释放潜能"这种精神,1988年以来,耐克不断透过产品研发和营销传播把这种精神传递给消费者。

3.品牌价值观持续性

品牌价值观是企业希望消费者形成的价值观和行为准则,它们体现了企业的核心信念和长期承诺。一个强有力的品牌价值观不仅能够指导企业的日常运营,还能够在消费者心中建立起积极、可靠的品牌形象。在现实中,许多品牌通过坚持其价值观,成功地赢得了消费者的信任和忠诚。例如:一些品牌坚定地承诺提供健康、营养的产品,通过高质量的原料和透明的生产过程,确保了产品的安全性和营养价值,从而建立了良好的口碑;一些教育机构专注于提供高质量的教育服务,通过精心设计课程和提供专业的教师团队,确保了学生的学习效果,因此得到了学生和家长的高度评价;一些服务品牌承诺提供卓越的客户服务,通过不断培训员工、优化服务流程,确保每一位消费者都能获得满意的服务体验,从而在行业内树立了服务标杆。

总之,品牌要想实现长期发展,关键在于坚持"诚实"和"言行一致"。通过持续地践行其价值观,品牌能够收获客户的好评,赢得客户的忠诚,最终实现可持续发展。

(二)差异化原则

品牌形象是品牌管理的核心。企业需要通过独特的品牌形象来吸引目标客户群体的关注并获得认可。在塑造品牌形象时,企业需要考虑品牌的特点、文化内涵、历史背景等方面,以打造出差异化的品牌形象。首先应明确品牌的市场定位,可以通过深入分析目标市场和竞争对手,找到品牌独特的价值主张和市场空缺。以百事可乐为例,原本百事可乐公司只是美国纽约州的一家小型碳酸饮料公司,而如今发展成为能够与可口可乐并肩的品牌,核心就在于百事可乐公司找到了相对于竞争对手的差异化目标。可口可乐是"历史悠久""经典"的可乐代表,是老牌的、正宗的。于是,百事可乐主打本品牌是"年轻人的可乐,新一代的选择",找到了自身在市场上的差异化位置。

百事可乐在品牌塑造和传播上保持一致性,传递积极、年轻和富有活力的品牌形象。

在"旅游＋"的背景下,研学旅行依托多种类型的产品,不仅涵盖传统文化、历史、科学技术等领域,还融入了健康、工业、自然生态等领域的丰富元素,推出个性化定制产品,以满足不同年龄层、消费层的需求。研学旅行企业应深入研究不同消费者的需求,设计出差异化的产品,丰富产品的功能,不断深化产品的内容,优化研学线路,使产品细分化、特色化与专业化;应积极推动文化与研学旅行融合发展,结合地方文化研发出具有地方文化特色的产品,打造差异化的品牌战略,从而实现可持续发展。

(三)规模化原则

足够的市场规模是实现盈利的基本保证,此外,快速地达到市场规模,可以有效地形成竞争壁垒。实现足够的市场规模,要求品牌拥有足够的知名度,建有完善的市场营销系统。品牌规模化发展的典型案例就是小米。2010年4月,小米公司成立;2011年小米手机开放预订的34小时内,预订量就达到30万台;2012年,5万台小米手机2在5分钟内售罄;2013年,首轮10万台小米手机3在86秒内售罄,再次刷新销量纪录。小米公司实现了闪电生长并成就业界"传奇"与其独特的品牌创建模式和规模化的品牌规划密不可分。在品牌关系的建立上,小米进行了独特精准的"发烧友"用户群识别,把目标受众定位为"发烧友",从系统软件到手机硬件,小米始终坚持"为发烧而生",满足"发烧友"用户群体对功能体验的要求与情感表达。在品牌响应上,小米积极营造"米粉文化","因为米粉,所以小米"是雷军常讲的一句话,"粉丝"是小米流量的动力源,由一群"米粉"构建起来的特定品牌社群成为小米口碑迅速扩散的重要力量。

在研学旅行市场领域,继"东方甄选"之后,"新东方文旅"品牌正式发布。2023年,旅游市场复苏,新东方文旅实现了年收入3.3亿元。抓住市场机遇,实行规模化品牌战略,是新东方文旅成功的关键。

(四)情感联系原则

品牌应积极建立与消费者的情感联系,培养消费者在行为上和态度上对品牌的忠诚度。建立积极的品牌形象,有助于消费者产生积极的情感和联想,从而提高品牌的知名度和认可度。企业可以通过传播正面的品牌故事、品牌形象以及参与公益活动等方式来建立积极的品牌形象。同时,企业还应关注消费者的体验,提供优质的产品和服务,以满足消费者的需求,通过口碑传播的方式带动品牌的宣传。建立正面的品牌形象和积极维护与消费者的情感联系,不仅有助于吸引消费者选择本企业的产品或服务,还能够为企业赢得更多的合作机会。从研学旅行实践来看,建立品牌情感联系的普遍做法是打造品牌IP。品牌IP通过IP人格化实现IP形象塑造,让IP形象深入消费者生活的方方面面,达到品牌深耕的目的。例如,成都一直在打造熊猫IP,而成都大熊猫繁育研究基地的"顶流女明星"熊猫"花花",更是深化了成都熊猫的IP形象。2023年"五一"期间,在"顶流女明星"熊猫"花花"的带动下,26.4万游客参观的成都大熊猫繁育研究基地,登上了全国十大热门景点第二位。各大自媒体平台都能看到相关视频、图片、段子,游客在不知不觉中成为熊猫IP的推广者。通过熊猫IP加深与受众的情感联系,不仅深化了熊猫IP的形象,还延长了熊猫IP的生命力。

(五)持续性创新原则

持续性创新是建立品牌的基本保证,品牌塑造不是一次性的任务,而是一个持续且动态的过程。品牌不是短期盈利的工具,品牌的使命是追求长期的价值。那些优秀的企业,其品牌价值占据企业价值的大部分。企业需要进行持续的品牌管理和创新,以适应市场环境和消费者需求的不断变化。企业需要不断提升产品或服务的品质,凸显产品或服务的亮点,通过品牌创新来吸引消费者的注意力和兴趣。持续进行品牌管理和提升创新能力有助于企业在市场中保持竞争力,提升品牌的影响力和价值。

二、研学旅行品牌的构建路径

美国学者凯文·莱恩·凯勒(Kevin Lane Keller)于1993年提出品牌资产模型。该模型由四层组成:第一层是品牌识别,要求品牌进入市场时就有显著度,让消费者对品牌形成深厚、广泛的认知;第二层是品牌含义,品牌通过功效和形象两条路径建立品牌的差异点和共同点,此层工作实际上等同于品牌定位;第三层是品牌响应,要求消费者对品牌的功效和形象形成积极的判断和良好的感应;第四层是品牌关系,要求消费者对品牌具有强烈、积极的忠诚度。在模型中,"功效"指的是品牌产品或服务的实际效用和性能,涉及消费者对产品或服务能否满足其需求和期望的感知。"感应"("感官响应")指的是消费者对品牌的情感反应和感官体验,包括消费者对品牌的视觉、听觉、触觉等感官刺激的反应,以及这些体验如何影响他们对品牌的整体感受。"忠诚度"是指消费者对品牌的重复购买行为和推荐意愿,以及他们对品牌的正面情感和认同。

当企业成功构建品牌关系时,便能产生具有深远价值的品牌资产。这意味着品牌需要在显著度、差异点和共同点、积极的判断和感应,以及强烈的忠诚度等方面都表现出色,才能在消费者心中建立起积极、持久的形象,并最终实现品牌的长期成功。

对于研学旅行市场而言,品牌的构建虽不像大宗消费那般呈现规范化和体系化,但随着市场竞争的加剧,品牌化的战略构建是必然趋势。对于研学旅行机构而言,品牌化能提升研学旅行产品在市场上的辨识度、认可度,促使顾客买单,这是形成顾客对产品的忠诚度的必然选择;对于旅游城市或乡村古镇来说,采取科学的措施,塑造良好的研学实践教育基(营)地形象,打造地区研学品牌,提高在研学旅行市场上的美誉度和知名度,对于促进地区经济增长、推进乡村振兴战略实施都大有裨益。那么,应该如何构建研学旅行品牌?构建路径包含哪些内容?编者结合多年的实操经验,基于凯文·莱恩·凯勒的品牌资产模型,提出了研学旅行品牌构建的五个步骤,如图7-2所示。

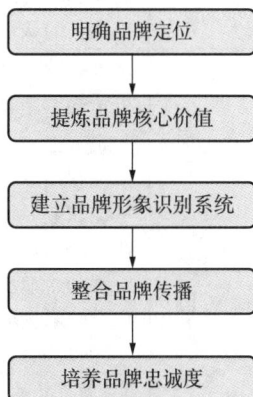

图7-2　研学旅行品牌构建路径

（一）明确品牌定位

明确品牌定位的首要任务是清晰地界定目标受众。由于研学旅行产品具有非标准化特性，涉及多个相关主体，因此，厘清研学的目标受众及其需求是构建研学旅行品牌的首要条件。只有明确了目标受众及其需求，才能针对性地提供独特的价值，这个过程就是品牌定位的过程。品牌定位是品牌建设的基石。

1.目标受众细分

构建品牌的首要任务是明确界定并划分目标受众群体。在研学旅行行业中，目标受众主要涵盖学生、家长、学校，以及研学实践教育基（营）地或研学旅行机构等。理解这些不同角色的特点和需求是构建研学旅行品牌的基础。只有深入分析这些目标受众的具体需求，研学旅行企业才能更有针对性地提供符合他们期望的独特价值。

研学旅行企业在进行研学旅行课程设计、品牌打造，或制定营销策略时，应综合考虑不同研学旅行目标受众的需求关注点，如表7-1所示。

表7-1　研学旅行目标受众需求关注点

目标受众	需求关注点
中小学生	中小学生是研学旅行产品的消费者，是研学旅行主要的目标受众。在研学旅行产品的体验过程中，中小学生的需求关注点体现在以下几个方面。 ①教育和学习。中小学生希望通过实地考察和体验活动获得在课堂上无法获得的知识，拓宽视野。除了理论知识，中小学生还希望通过研学活动提升实践操作能力，同时对自身感兴趣的特定领域如历史、科学、艺术等进行深入探究。 ②情感和社交。研学旅行提供了与人协作的机会，中小学生期望通过团队活动增强团队协作能力和社交能力，并且在研学旅行中结识新朋友，拓宽社交圈。 ③趣味性和探索性。中小学生在研学旅行过程中，不仅需要学习的机会，还期望通过具有趣味性和探索性的产品体验，使学习过程更加轻松、愉快。 ④成就感和自我认同感。中小学生希望通过完成研学项目，获得成就感和自我认同感，也希望有机会展示他们在研学旅行过程中学习到的知识和完成的项目，以获得别人的认可和鼓励
本科生或研究生	本科生或研究生是成熟度更高的目标受众群体，他们是研学旅行产品的消费者，也可能是决策者。他们对于研学旅行的需求往往更为专业化、深入，并且强调有利于个人职业发展和实践经验的积累。本科生或研究生在研学旅行中的需求关注点体现在以下几个方面。 ①职业发展和实习机会。本科生或研究生期望通过研学旅行，了解不同行业和职业发展路径，探索未来职业方向；期望通过企业研学，获得与专业相关的实习机会。 ②学术研究或深造。本科生或研究生期望通过研学交流，参与学界专家讨论，深化对学术领域的研究和探索。 ③提升技能和个人成长。本科生或研究生期望通过研学，提升与专业相关的技能，如外语水平、科研方法等；期望通过团队项目和领导力训练，提高个人的团队合作能力和领导能力。 ④资源获取。本科生或研究生期望在研学旅行中与行业人士建立联系，并且接触到学术资源、行业信息，为未来的研究或职业发展积累资源。

续表

目标受众	需求关注点
学生家长	学生家长在研学旅行中不仅是参与决策的关键人物,还是支持和配合研学活动实施的重要力量。学生家长的核心诉求体现为以下几个方面。 　　①安全保障。对家长来说,孩子在研学旅行中的安全是首要考虑因素。家长希望研学旅行能保障孩子全程的人身安全,包括交通安全、住宿安全、饮食安全以及活动中的安全管理等。 　　②教育价值。家长希望研学旅行不仅仅是一个简单的旅游活动,还应发挥一定的教育价值。他们期望孩子能够通过研学旅行学到新知识、提升技能,尤其是那些课堂教育难以涉及的实践经验和生活技能。 　　③成长与体验。家长期望研学旅行能成为孩子成长过程中的一次重要体验,通过旅行中的实践活动,提升孩子的自理能力、社交能力以及解决问题的能力等。 　　④视野拓展。家长希望研学旅行能够帮助孩子拓宽视野,理解不同的文化和生活方式,通过实地体验和学习,增进孩子对社会、历史、艺术等领域的相关知识的理解。 　　⑤质量和性价比。家长在选择研学旅行项目时,会关注项目的质量和性价比,包括研学活动的组织质量、教育内容的丰富性以及住宿和交通的安排等,希望投入的费用能够得到相应的回报
学校	学校是研学旅行的组织者和协调者,还作为教育者和监护者参与研学旅行。学校的参与不仅能保证研学旅行的教育目标得以实现,还能确保学生的安全。学校在研学旅行中的需求关注点体现为以下几个方面。 　　①安全保障。学校的首要需求是确保所有参与研学旅行的学生的安全,包括旅途安全、住宿安全、活动安全等。 　　②教育价值。学校希望研学旅行能够契合学校的教育目标,与学校课程教学内容紧密结合,提供具有教育意义的体验,帮助学生学习新知识、发展新技能。 　　③财务可行性。学校需要确保研学旅行项目在财务上可行,包括寻找性价比高的旅行方案、争取资金支持,以及为经济上有困难的学生提供资助。 　　④家长和社区支持。学校希望获得家长和社区的支持,包括参与研学旅行的筹备工作、资金捐助以及对学校教育目标的认可和支持。 　　⑤可持续性和影响力。学校希望研学旅行能对学生产生持久的正面影响,有助于学生长期发展,同时也能强化学校的社会影响力。 　　为了满足这些需求,学校在策划和实施研学旅行方案时,需要进行细致的规划和协调,确保旅行的每一个环节都符合教育目标、安全要求和财务预算。同时,学校也需要与家长、学生以及其他相关方进行有效沟通,共同确保研学旅行有效开展

续表

目标受众	需求关注点
教师	教师在研学旅行中扮演着规划者和组织者的角色,是学生、家长及学校之间重要的沟通桥梁。教师在研学旅行中的需求关注点体现为以下几个方面。 　①学生安全。确保学生安全是教师的首要关切,包括制定应急预案和实施安全措施等。 　②准备时间和资源。教师需要足够的时间来规划和准备研学旅行,包括制订详细的教学计划和活动安排,以及获取必要的教学资源和支持。 　③教育目标和预期成果。教师希望研学旅行有明确的教育目标和预期成果,以便更好地集成到课程教学中,从而实现教学目标。 　④专业发展和个人成长。教师希望通过参与研学旅行,获得专业发展和个人成长,如提升户外教学能力、增强团队协作技巧等。 　⑤支持和沟通。教师希望获得来自学校管理层、家长以及研学旅行组织者的支持,能有效沟通并解决可能遇到的问题。 　⑥认可和尊重。教师希望他们在研学旅行中的努力和贡献能得到学校、家长以及社会的认可和尊重。 　为了满足这些需求,学校和研学旅行组织者应提供必要的支持,确保教师能有效地履行其在研学旅行中的职责,从而最大化研学旅行的教育价值和影响,同时,应重视教师的专业发展和个人成长,以激励他们继续参与和推动研学旅行活动的实施

2.目标市场定位

　　根据建设主体的不同,一般将研学旅行市场品牌分为两类:一类是研学实践教育基(营)地品牌;另一类是研学旅行机构品牌。不管是研学实践教育基(营)地品牌还是研学旅行机构品牌,都需要明确自身的市场定位。根据主题类型和课程设计的不同,可以将研学旅行分为以下五种类型,如表7-2所示。

表7-2　研学旅行的分类

研学旅行类型	简介
自然户外类研学旅行	包含探索奇特地质地貌、进行自然科学实验、关注生态环境、了解生物多样性等
社会公益类研学旅行	包含民俗调研、乡村支教、红色教育、志愿服务、体验非遗、多语言学习等研学内容,让学生在实践中学习和体验
名校名企参观类研学旅行	包含名校参访、名师答疑、精英交流、职业规划、龙头企业参观等研学内容,旨在通过实地考察、交流学习和参与特定课程等方式,让学生了解企业文化、运营模式、管理理念、科研实力和教育特色,从而拓宽视野、增长知识、激发创新思维、培养职业规划意识
科技国防类研学旅行	包含射击训练课程、战术课程、防护救护课程等内容

拓展案例
▼
新东方研学——"双减"政策下的逆袭之路

续表

研学旅行类型	简介
人文素养类研学旅行	涵盖历史、文学、哲学、艺术、社会学等领域,旨在通过实地考察、文化体验和深入讨论,帮助学生建立跨文化的视角,增强批判性思维和创造力

研学旅行的目标市场定位是一个战略过程,需要企业结合自身的资源优势,深入理解和满足用户的产品需求,同时考虑消费者的经济能力。通过这样的策略,企业能够开发出与市场需求相匹配的特色产品,从而在不同的研学领域中建立起明确的市场定位标准。具体来说,这意味着企业应做好以下几方面的工作。

其一,利用独特资源。充分发挥自身在地理位置、专业知识、合作网络等方面的优势,以提供独特的研学旅行体验。

其二,满足用户需求。深入了解目标客户群的期望和需求,设计能够满足这些需求的研学旅行产品。

其三,考虑消费能力。在设计产品时,考虑到不同用户群体的经济状况,确保产品价格合理,对目标市场具有吸引力。

其四,开发特色产品。通过上述步骤,创造出具有特色的研学旅行产品,确保这些产品能够满足特定市场的需求,并与竞争对手区分开来。

其五,建立市场定位。通过提供这些特色产品,企业可以在特定的研学领域(如科学探索、历史文化、艺术创作等领域)中建立起自己的品牌定位和市场标准,这有助于企业在竞争激烈的市场中脱颖而出。

通过这种以市场为导向的方法,企业不仅能够更好地满足消费者的需求,还能够在研学旅行市场中建立起强大的品牌形象并形成竞争优势。

3.品牌定位的步骤

研学旅行品牌定位需要经过以下步骤。

(1)充分调研市场,明确企业竞争优势。

确定品牌的目标市场,包括目标受众的地理位置、年龄、性别、收入水平、教育背景等,分析行业内其他品牌的定位,包括竞争对手的优势和劣势,以及市场上的空白点,从竞争对手、企业自身实力、消费者行为和市场状况等方面分析企业目前所面临的市场环境;同时,重视消费者对品牌的认知和评价。

(2)选择最具竞争力的定位。

研学旅行企业在确立品牌定位时,需要以调查分析为基础,以最大化竞争优势为目标。为此,研学旅行企业需要综合考虑消费者对品牌的认可度、品牌与企业形象的契合度,以及品牌是否有助于形成竞争优势等。

(3)整合营销传播方案,通过品牌传播强化品牌形象。

研学旅行企业可撰写一份简洁明了的品牌定位声明,包括品牌的目标市场、提供的价值以及品牌个性,可以通过广告、促销、公共关系等多种手段和形式传播品牌理

拓展案例

国内营地教育的首席品牌——启行教育

念,迅速树立品牌形象。

　　品牌定位是一个动态的过程,需要研学旅行企业持续地进行市场调研和动态调整。通过准确定位,研学旅行品牌能够更好地满足目标市场需求,构建强大的品牌影响力。

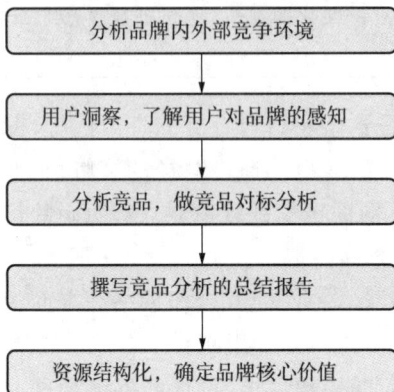

图7-3　品牌核心价值提炼方法

(二)提炼品牌核心价值

　　品牌核心价值提炼的问题,本质是品牌定位和品牌个性塑造的问题。显而易见,品牌核心价值是品牌中独一无二、最有价值的部分。品牌核心价值是品牌定位的基础,品牌个性是品牌价值的集中表现,品牌定位、品牌个性塑造必须依据品牌的核心价值来确定,三者之间统一连贯,因此品牌核心价值的提炼尤为重要。编者根据多年的实践经验,将品牌核心价值提炼方法总结为五个步骤,如图7-3所示。

1.分析品牌内外部竞争环境

　　分析品牌内外部竞争环境是品牌核心价值提炼的关键步骤,从市场空间、竞争对手、用户需求和企业自身资源优势等方面分析企业目前所面临的市场环境,重视消费者对研学旅行品牌的认知和评价。分析品牌内外部竞争环境的方法有SWOT分析法、波特五力模型等。

🔍 知识活页

波特五力模型

　　波特五力模型是迈克尔·波特(Michael E. Porter)于20世纪80年代初提出的一种分析行业结构和企业竞争策略的框架。这一模型通过评估五种主要力量来帮助企业理解所在行业的竞争环境,从而制定有效的业务战略。这五种力量具体介绍如下。

　　1.行业内竞争者的竞争程度(Rivalry among Existing Competitors)

　　涉及行业内现有企业之间的竞争程度和形式,包括价格竞争、广告战、产品创新等。高度竞争的行业往往利润较低,因为竞争促使成本上升和/或价格下降。

　　2.潜在进入者的威胁(Threat of New Entrants)

　　潜在进入者的威胁主要用来衡量新公司进入行业的难易程度,又称"进入壁垒"。如果进入壁垒较低(如资本需求小、技术门槛低、品牌忠诚度不高等),新公司更容易进入行业,加剧竞争压力。

　　3.替代品的威胁(Threat of Substitutes)

　　替代品指可以替代现有产品的其他产品或服务。如果替代品的性价比更高,或更易获得,那么行业的盈利潜力会受到影响。

4.供应商的议价能力(Bargaining Power of Suppliers)

供应商强大的议价能力可以通过提高价格或降低商品质量来影响行业中企业的盈利能力。供应商议价能力的强弱取决于供应商集中度、产品替代性、供应商对买家的重要性等因素。

5.买家的议价能力(Bargaining Power of Buyers)

若买家(客户)的议价能力强,则其可以通过要求降价,或是提高产品或服务的质量来影响行业中企业的盈利能力。买家议价能力的强弱取决于买家集中度、产品标准化程度、买家对供应商的重要性等因素。

通过对这五种力量的分析,企业可以识别行业的利润潜力和竞争强度,以及可能影响企业战略的关键因素。波特五力模型强调了外部环境对企业战略的重要性,并提供了一种系统的方法来评估行业吸引力和制定竞争策略。这一模型适用于企业在进入新市场、评估现有市场地位或探索新的业务发展方向时制定战略规划。

2. 用户洞察,了解用户对品牌的感知

用户对品牌文化的接受和理解体现为与品牌的互动,在这种互动关系中,用户不断深化对品牌文化的理解和认同,可能对品牌产生积极的态度和情感,也可能对品牌产生负面的评价,影响品牌的口碑传播。在大数据时代背景下,研学旅行机构和研学实践教育基(营)地可以结合多元渠道的数据和先进的分析技术来进行用户洞察,了解用户对品牌的感知。以这种方式进行品牌定位,有助于适应消费者多样化的需求,激发消费者对品牌的积极反应和购买意愿。用户洞察的关键步骤和方法如图7-4所示。

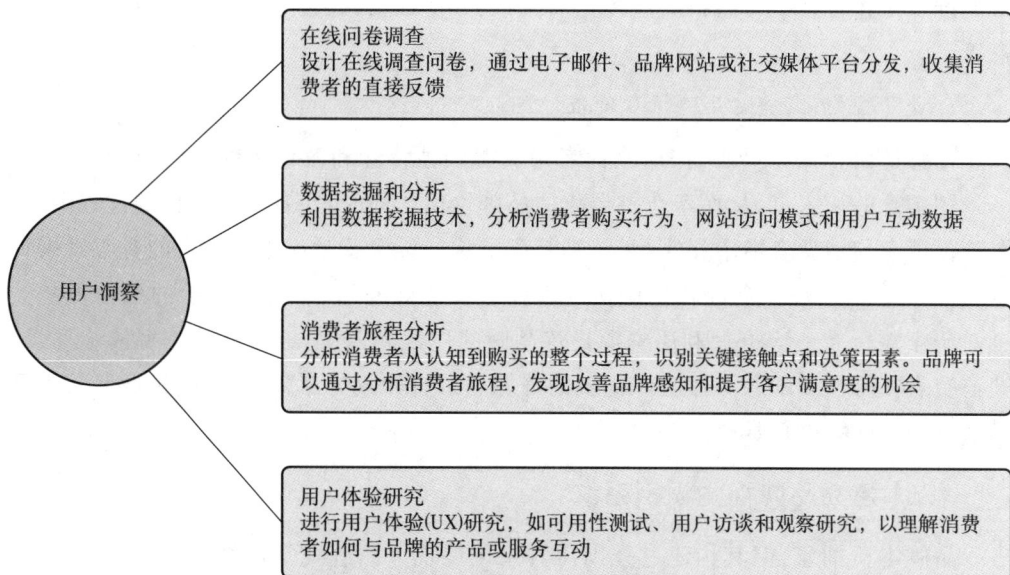

在线问卷调查
设计在线调查问卷,通过电子邮件、品牌网站或社交媒体平台分发,收集消费者的直接反馈

数据挖掘和分析
利用数据挖掘技术,分析消费者购买行为、网站访问模式和用户互动数据

消费者旅程分析
分析消费者从认知到购买的整个过程,识别关键接触点和决策因素。品牌可以通过分析消费者旅程,发现改善品牌感知和提升客户满意度的机会

用户体验研究
进行用户体验(UX)研究,如可用性测试、用户访谈和观察研究,以理解消费者如何与品牌的产品或服务互动

图7-4　用户洞察的关键步骤和方法

3. 分析竞品,做竞品对标分析

在分析竞品时,主要思考以下问题:研学旅行品牌在用户心中所处的位置,研学旅行企业是否能体现自身优势,研学旅行企业该如何借助竞争者的知名度来实现自己的品牌定位等。要想解决这些问题,需要研学旅行企业掌握研学旅行行业竞品分析的方法和步骤,具体包括以下几个方面。

(1)识别可能的品牌竞争对手。

品牌竞品是指产品形式和目标客群相同、品牌不同的竞争对手。具体识别原则包含以下几个方面:一是以市场份额的大小为标准,一般选择市场份额排名前三的竞争者。二是参考用户的反馈,了解竞争对手的优劣,同时综合考虑竞争对手的规模,一般大型企业便于整合资源,可以迅速扩大市场,特别是"双减"政策出台后,大型的教培集团迅速进入研学教育赛道。

(2)确定分析的维度。

① 地域竞争分析。了解竞争对手的情况,对比优势、劣势,明确自身定位,制定相匹配的市场营销策略。

② 产品视角分析。可以从研学核心产品、产品线、产品价格等着手。

③ 目标受众分析。目标受众分析包括顾客分析、潜在用户分析等,主要分析市场规模、本企业在市场中的地位等。

④ 销售状态分析。分析企业经营成本、营销盈亏平衡点、投入产出比等经济指标要素。

4. 撰写竞品分析的总结报告

竞品分析的总结报告主要围绕竞品分析的目标撰写。在撰写总结报告前需要做好的准备工作包括:明确目标,选择竞品,确定分析维度,收集竞品信息,整理与分析信息等。

5. 资源结构化,确定品牌核心价值

在打造研学旅行品牌时,应全面考量资源的独特性和教育属性,寻找与研学实践场景相契合的切入点,从而塑造差异化的品牌价值。同时,在资源结构化的过程中,还需确保资源与消费者需求相匹配,特别是研学旅行资源要适应中小学生的身心发展特点,针对不同年龄段,资源转化应体现出渐进性。此外,亲子游与研学的融合也是关键。研学旅行企业应把握利用资源提炼品牌的广度和深度,通过充分挖掘体验场景,让消费者获得优质的服务体验。优质的资源场景自然成为品牌价值的"护城河",也是品牌价值提炼的核心要素。

(三)建立品牌视觉识别系统

品牌本质抽象,但其构建过程则需具象化展现。品牌视觉识别系统(Visual Identity System,VIS)的作用,在于将抽象的品牌概念,在消费者心智中转化为具体而生动的形象,从而深化消费者对品牌的印象。一般而言,品牌形象被视为品牌独有的标识,可能体现为特定符号、色彩或感受。在日常生活中,人们往往能凭直觉判断某些品牌设计出众,某些则欠佳。然而,品牌形象设计并无绝对标准,往往基于公众的审美共识进行设计。在企业塑造品牌形象的实践中,优质的品牌形象能够给用户留下良好的印象。以元气森林为例,在快速更迭的食品饮料快消品行业中,该品牌凭借其简约的设计风格迅速"出圈",其中尤为引人注目的是"气"这个字的设计,置于包装正中,极为醒目,使消费者站在货架前可一眼识别;待消费者走近,瓶身简洁的文字说明又能迅速传达产品的属性,彰显了元气森林品牌设计的卓越之处。虽然成功的案例难以直接复制,但品牌形象塑造的路径是有迹可循的,大致分为以下几个步骤。

1. 品牌命名

在明确了品牌的核心价值体系后,相应的品牌价值主张和文化内核便随之形成。品牌命名就是将品牌文化具象化,用品牌名来概括和表现品牌文化。做好品牌命名相当于讲好品牌故事。例如,农夫山泉这一品牌,人们很容易联想到其广告语"农夫山泉有点甜",这便是品牌故事深入人心的体现。品牌名、品牌故事可以形象生动地向目标受众传达品牌的文化内涵,当目标受众接收品牌信息时,能迅速联想到品牌形象,形成持久记忆。品牌命名的策略多样,应根据不同的品牌定位与市场需求灵活选用,以下列举了一些常见的品牌命名策略。

(1)描述性命名,是指在品牌名称中直接描述产品或服务的功能、特性或效果。以"探路者研学旅行"为例,"探路者"一词不仅描述了品牌的主要活动——探索和开拓新的学习路径及旅行线路,还传递出冒险和探索的精神,这与研学旅行的核心理念紧密契合。

(2)隐喻性命名,是指使用隐喻或比喻的手法来命名品牌,通过引入意象或概念赋予品牌更深层次的内涵。以"卡萨帝"为例,其品牌名称是意大利语中的Casa(意为"家")和Arte(意为"艺术")的结合。这一命名蕴含了将家居生活与艺术有机融合的理念,彰显了品牌对家居美学和生活品质的追求。

(3)缩略词命名,是指在命名品牌时,将公司或产品的英文全称简化为首字母缩写的形式。例如,IBM是"International Business Machines"的简称,BMW是"Bayerische Motoren Werke"的简称。

(4)新创词命名,是指创造词汇来命名品牌。例如,Google和Zara都是创造性的品牌名称。

(5)文化或地理命名,是指借助特定文化或地理位置来命名品牌,以增加品牌的独特性和识别度。以喜茶(HEYTEA)为例,"喜"字传达了品牌想要带给消费者的愉悦和满意的情感。作为起源于广东的茶饮品牌,喜茶充分利用了当地深厚的茶文化底蕴。其品牌命名直接呼应中国传统茶文化,通过地理文化背景的加持,有效提升了品牌的文化认同感。

（6）人名命名，是指使用创始人、名人或虚构人物的名字来命名品牌。例如，"Ford"取自创始人亨利·福特（Henry Ford）的姓，"王老吉"中的"王"取自创始人王泽邦的姓，"老吉"则是该创始人的昵称。

（7）组合命名，是指将两个或多个词组合在一起形成品牌名称。例如，"Snapchat"是"Snap"（快照）和"Chat"（聊天）的组合，以及腾讯的英文名"Tencent"由"Teng"（腾）和"Cent"（Net和Center的结合）组合而成。

（8）情感命名，是指使用能够唤起特定情感或感受的词语，帮助消费者与品牌建立情感连接。例如，"Joyride"可以用作乐园或娱乐设施的品牌名称。

品牌命名策略的选择基于品牌的市场定位、目标受众及期望传达的信息。明智的策略选择可以显著提升品牌的市场影响力和识别度。在确定最终的品牌名称时，进行市场研究并充分考虑目标客户的偏好至关重要。研学旅行品牌命名的策略包含以下几种。

其一，个别品牌名称策略，是指研学旅行运营企业决定每个研学旅行产品使用不同品牌。为每种产品寻求不同的市场定位，有利于增加销售额和对抗竞争对手，还可分散风险，使研学旅行运营企业整体声誉不至于因某种研学旅行产品表现不佳而受影响。

其二，统一品牌名称策略，是指对所有研学旅行产品使用共同的品牌名称，即研学旅行运营企业所有的研学旅行产品都使用同一品牌名称。对于那些享有较高声誉的著名企业，全部产品采用统一品牌名称的策略可充分发挥其品牌效应，使研学旅行运营企业所有产品畅销；同时，研学旅行运营企业宣传介绍新产品的费用也相对较低，有利于新产品进入市场。

其三，连续性大类品牌名称策略，是指各大类产品使用不同的品牌名称。一般而言，采用此策略是为了区分不同大类的产品，某一大类下的产品使用共同的品牌名称，以便在不同大类产品领域中树立各自的品牌形象。

其四，个别品牌名称与研学旅行运营企业名称并用策略，是指研学旅行运营企业决定其不同类别产品分别采取不同的品牌名称，且在品牌名称前都加上研学旅行运营企业的名称，此策略多用于新产品的开发。在新产品品牌名称前加上研学旅行运营企业的名称，可以使新产品共享研学旅行运营企业的声誉优势；同时，差异化的品牌命名策略能更好地展现各新产品的个性化特征。

知识活页

行知教育的品牌命名特色

一、品牌简介

行知教育是一家专注于为学生提供研学实践教育的机构，其研学项目涵盖历史、文化、科技、生态等多个领域，旨在通过实地探索和体验学习，增强学生的实际操作能力和创新思维。

二、命名策略和效果

（1）引用文化和哲学理念：该品牌名称中的"行知"二字来源于中国哲学中的"知行合一"理念，强调知识与实践的结合。这与该机构提供的研学旅行服务密切相关，即通过实地行走来获得知识。

（2）简洁易记：该品牌名称由四个汉字组成，简洁明了，易于记忆和传播。

（3）深入人心的价值观：该品牌名称易于引起共鸣，因为它触及了深层的文化价值和教育理念，即通过实践来学习和理解知识。

（4）品牌定位清晰：该品牌名称清晰地表达了该品牌的教育理念和服务内容，即提供实践中的学习机会，帮助学生将理论知识转化为实际能力。

行知教育成功地将中华优秀传统文化与现代教育需求相结合，通过其品牌名称有效传达了其教育理念和市场定位，深受家长和学生的好评。这种品牌命名方式不仅提升了品牌的市场识别度，还深化了公众对其教育服务的认知。

2. 品牌视觉识别系统设计原则

品牌视觉识别系统设计的目的是在消费者心中建立一致且持久的品牌形象，确保品牌在所有触点上能以一种统一和识别度高的方式呈现。以往的品牌设计多聚焦于Logo（标志）的图形寓意，但随着市场日益成熟，仅靠Logo来进行品牌传播是远远不够的，还需要建立品牌视觉识别系统。为了确保品牌视觉识别系统的有效性和一致性，在设计时需要遵循以下基本要求和原则。

（1）一致性。

品牌视觉识别系统设计应紧密围绕品牌的核心价值和品牌定位展开，确保视觉元素能够准确地传递品牌的核心信息和价值主张。在不同的应用场景和媒介中保持视觉元素（如颜色、字体、图标等）的一致性，是建立品牌识别度的关键。这意味着，品牌的广告、包装、网站、社交媒体平台账号等所有的触点，都需要传递一致的品牌信息。以美团为例，2019年其品牌颜色从原来的绿色更新为黄色，并实现了线上线下的一致性。线上，美团App的Logo是黄色的，软件页面背景也是黄色的；线下，美团旗下的共享单车、充电宝，乃至美团外卖骑手的工作服、头盔，均以黄色为主色。通过这种全方位的视觉统一，美团成功强化了品牌形象，使黄色成为其标志性的品牌色彩。

（2）稳定性。

品牌的稳定性是指品牌的视觉识别系统应保持较长时间的连续性，谨慎变换。经常变换品牌视觉识别系统会导致品牌不容易被目标受众记住，不利于建立明确的品牌形象。稳定、一致的品牌形象能够增强消费者对品牌的信任感,这是因为品牌视觉识别系统的稳定性传递出品牌的专业性和可靠性。

(3)独特性。

品牌视觉识别系统设计的独特性是指品牌通过其视觉元素(如标志、色彩方案、字体、图形和图像等)展现出来的特征。这种独特性有助于品牌在激烈的市场竞争中脱颖而出,建立鲜明的品牌识别度,并与目标受众建立情感联系。例如,瑞幸咖啡以蓝色为主要品牌色彩,结合现代简约的设计风格,体现创新并传递科技感。在瑞幸咖啡快速扩张的背后,品牌视觉识别系统设计的独特性和一致性起到了关键作用。

(4)符合目标受众审美需求。

品牌视觉识别系统需要通过美观、吸睛的设计吸引目标受众的注意,增强品牌的吸引力。应利用色彩、图形等元素激发目标受众的情感反应,建立品牌与消费者之间的情感联系。同时,品牌视觉识别系统设计要尊重并融合目标市场的文化特征和价值观,避免文化误解或冲突。在视觉上,现代人更加追求简洁明了的设计风格,避免过于复杂的设计。简洁的设计不仅能够更快地传递信息,还兼具美感,典型的如苹果公司的标志——一个被咬过一口的苹果。苹果是全球范围内极具影响力的科技品牌之一,其品牌视觉识别系统设计的成功在很大程度上促进了苹果品牌的全球知名度、品牌形象和市场定位。苹果公司的品牌视觉识别系统在简洁性、创新性和一致性方面表现突出,深受用户喜爱和业界认可。同时,色彩也是品牌视觉识别系统设计中极具影响力的元素,不同的色彩能够激发不同的情绪和感受。研学旅行企业应选择与品牌个性相匹配的色彩方案,并充分运用色彩心理学的知识,以有效吸引目标受众。

3.品牌视觉识别系统设计元素

品牌视觉识别系统是品牌识别(Brand Identity)的关键组成部分,它通过一系列统一和协调的视觉元素来传达品牌的价值、个性和愿景。具有一致性和吸引力的视觉识别系统可以帮助消费者快速识别品牌,无论是在商店货架上、在线广告中还是社交媒体平台上。标志、色彩方案和设计风格等元素使品牌在众多竞争者中脱颖而出。品牌视觉识别系统在所有市场沟通中使用统一的视觉语言,建立一致的品牌形象,这有助于强化品牌信息的传递、加深消费者对品牌的印象。一致性是建立信任关系和塑造专业形象的关键。同时,精心设计的视觉元素有助于提升品牌的整体形象,使品牌显得更加专业和可信。优雅和高质量的视觉设计能够提高消费者对品牌的感知价值,有助于支持高端的定价策略。品牌视觉识别系统的组成元素可分为以下几类。

(1)品牌标志,是指用于代表和识别某个组织、公司、产品或品牌的图形标识。它是品牌视觉识别系统的核心部分,通常由图形、文字或这二者的组合构成。设计品牌标志的目的是让消费者形成关于该品牌的独特视觉印象,帮助他们快速、直观地识别和记住该品牌。

（2）色彩方案，是指在品牌视觉识别系统中系统地使用一组协调一致的颜色。色彩方案不仅用于增强设计的美观性和吸引力，还用来传达品牌的特定情感、价值和信息。色彩方案由主色、辅助色和背景色构成。主色是品牌视觉识别系统中最突出和最常用的颜色，直接关联品牌形象，常用于标志、关键图形元素以及品牌广告的主要背景色；辅助色与主色搭配使用，用来提升视觉层次感和丰富性，辅助色可以增强设计的吸引力，同时保持品牌色彩的一致性；背景色通常选用柔和、不刺激的颜色，如白色、灰色或其他浅色调，其作用是提供一个平和的背景，使得主色和辅助色更加突出，同时也为观众提供视觉上的舒适感和休息空间，增加设计的层次感和丰富性。

（3）字体风格，是指选定的一组字体或字型。在品牌的所有视觉材料中统一使用这些字体，以确保品牌信息的统一表达和品牌形象的一致。字体风格不仅能够影响文本的可读性，还能突出品牌的个性特点并传达情感内涵。

（4）图形和图像，是指品牌用来增强视觉表现力和传达信息的各种视觉元素，包括图标、插图、照片、图表和其他视觉材料。它们不仅可以美化设计，还能在没有文字的情况下传递一定的信息和情感。

（5）包装，是指用于包装产品的视觉和结构设计，包括标签、容器以及任何与产品包装相关的视觉元素。包装设计在品牌视觉识别系统中扮演着重要角色，因为它直接影响消费者的购买决策和品牌认知。

（6）营销材料，是指用于推广品牌及其产品的各种视觉媒介的设计，包括但不限于广告设计、宣传册设计、网站设计、展会展板设计、名片设计、海报设计等。

（四）整合品牌传播

品牌传播对于企业品牌而言至关重要，它有助于提升品牌知名度、塑造品牌形象以及吸引目标客户。研学旅行的核心在于教育和体验，品牌文化的塑造和传播应强调其教育价值和体验式学习的优势，通过展示学生在研学旅行中的学习成果、变化和收获，让家长和学校直观感受到研学旅行的实际效益。品牌可以利用社交媒体等创造和分享高质量的内容，例如，发布研学旅行目的地的详细介绍、行程规划的专业建议，以及参与学生的感想和体会等，这些内容既能展示出品牌的专业性，又能有效激发目标受众的兴趣。此外，建立线上社区或互动平台，鼓励家长、学生和教师分享他们的研学旅行经历和见解，也是一种有效的互动形式。这种互动形式不仅能够丰富品牌的内容，还有助于提升用户对品牌的信任度和忠诚度。

不管是研学旅行机构还是研学实践教育基（营）地，在品牌文化传播方面，应注重线下的传播，尤其是与学校和教育机构建立合作关系，共同开发符合教学大纲和学生需求的研学项目。这样的合作能够提升品牌的专业性和权威性，同时增强品牌的影响力。在品牌文化传播方面，树立良好的口碑极为重要。研学旅行企业应通过提供高质量的服务，确保每次研学旅行都能得到参与者的积极反馈，并努力将家长和学生转化为品牌传播者,形成良好的口碑效应。研学旅行行业的品牌文化需要不断创新,以适应教育领域和旅游市场的变化。研学旅行企业应定期评估和调整品牌策略,确保品牌文化顺应时代导向,满足目标群体的期待和需求。研学旅行企业应努力塑造独特且富有吸引力的品牌文化,并将品牌文化有效传播给目标受众,从而在激烈的市场竞争中脱颖而出。以下是品牌传播的关键要点。

1. 传统媒体与新媒体的运用

传统的线上品牌传播渠道主要包含电视广告和电台广告。传统的电视广告受众面有限,相较而言,教育类节目等面向家长和孩子的节目的受众面更广,研学旅行企业可以在这些节目中投放一定的广告,以有效提升品牌的知名度,但费用通常较高。传统的线下品牌传播渠道主要包含教育类、旅游类报刊等,研学旅行企业可以在这些报刊上发表关于研学的专题报告、案例分析等内容,以增加品牌的曝光度和权威性。此外,研学旅行企业可以制作精美的宣传手册或海报,在学校、教育机构、社区等场所进行线下传播,直接向目标受众传递研学旅行的相关信息。

在移动互联网时代背景下,品牌传播更依赖于新媒体,社交媒体平台如微信、微博、抖音等成为重要传播渠道。研学旅行企业可以利用这些平台,定期发布企业动态、客户评价、精彩活动等内容,增强与目标受众的互动,提升目标受众的参与意愿。此外,研学旅行企业应注重官网的建设。官网不仅可以提供详细的研学旅行产品信息、预订流程和客户反馈,还有助于提升品牌的专业形象。研学旅行企业可以通过官网发布研学的幕后故事、教育资讯、行业动态等,为用户提供有价值的内容,从而增强品牌的影响力。

2. 内容营销在品牌建设中的作用

对于研学旅行品牌传播而言,内容传播有时候比传播渠道更加重要。在互联网时代,用户被海量信息包围,要想获得用户的关注,品牌需要重视内容的质量。优质的内容能够体现品牌的独特性和专业性,有效提升品牌形象,激发受众的兴趣与参与热情。

在研学旅行品牌内容传播中,应注重以下两个方面。

(1)高质量的原创内容,具体包括以下几类:①教育性内容,如研学旅行目的地的历史文化背景、研学旅行活动的教育意义等,帮助家长和学校了解研学旅行的价值;②体验式内容,记录师生在研学旅行中的真实体验和感受,通过讲述故事,展示研学旅行的影响和成果;③实用性内容,如提供研学旅行活动的筹备技巧,研学前的准备建议、安全注意事项等,为家长和学校提供实用的研学指南。

(2)多样化的形式。品牌应根据不同传播平台的特点,采用多样化的形式进行内容传播。例如,微博和微信等平台更适合图文形式的内容传播,短视频平台则更适合发布研学旅行记录、师生访谈以及活动精彩集锦等视频内容。

3.利用社交媒体进行品牌传播

社交媒体是如今各大企业进行品牌传播的主要途径。在研学旅行市场中,利用社交媒体进行品牌传播是非常有效的策略。社交媒体的互动性和实时性使其成为连接品牌和目标受众、提升品牌知名度和影响力的强大工具。社交媒体传播策略如图7-5所示。

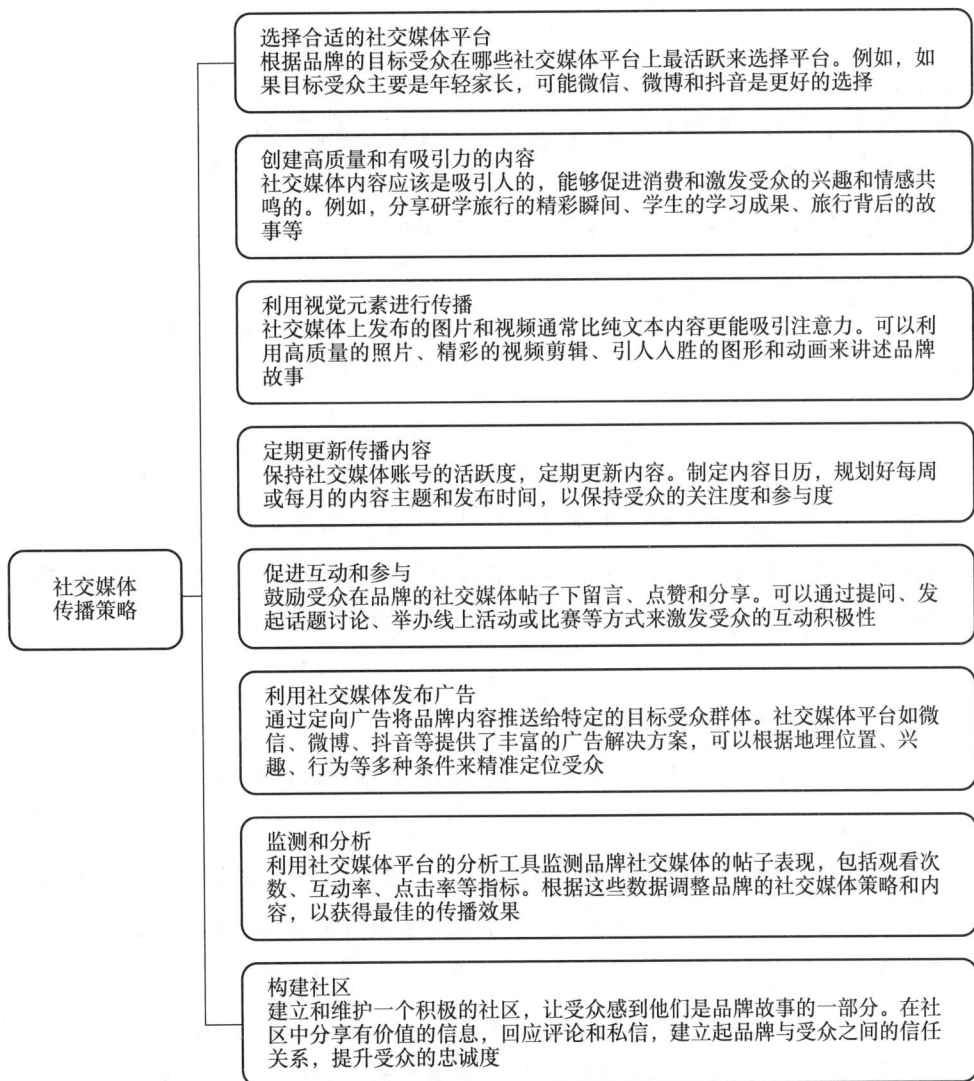

社交媒体传播策略

- **选择合适的社交媒体平台**
  根据品牌的目标受众在哪些社交媒体平台上最活跃来选择平台。例如,如果目标受众主要是年轻家长,可能微信、微博和抖音是更好的选择

- **创建高质量和有吸引力的内容**
  社交媒体内容应该是吸引人的,能够促进消费和激发受众的兴趣和情感共鸣的。例如,分享研学旅行的精彩瞬间、学生的学习成果、旅行背后的故事等

- **利用视觉元素进行传播**
  社交媒体上发布的图片和视频通常比纯文本内容更能吸引注意力。可以利用高质量的照片、精彩的视频剪辑、引人入胜的图形和动画来讲述品牌故事

- **定期更新传播内容**
  保持社交媒体账号的活跃度,定期更新内容。制定内容日历,规划好每周或每月的内容主题和发布时间,以保持受众的关注度和参与度

- **促进互动和参与**
  鼓励受众在品牌的社交媒体帖子下留言、点赞和分享。可以通过提问、发起话题讨论、举办线上活动或比赛等方式来激发受众的互动积极性

- **利用社交媒体发布广告**
  通过定向广告将品牌内容推送给特定的目标受众群体。社交媒体平台如微信、微博、抖音等提供了丰富的广告解决方案,可以根据地理位置、兴趣、行为等多种条件来精准定位受众

- **监测和分析**
  利用社交媒体平台的分析工具监测品牌社交媒体的帖子表现,包括观看次数、互动率、点击率等指标。根据这些数据调整品牌的社交媒体策略和内容,以获得最佳的传播效果

- **构建社区**
  建立和维护一个积极的社区,让受众感到他们是品牌故事的一部分。在社区中分享有价值的信息,回应评论和私信,建立起品牌与受众之间的信任关系,提升受众的忠诚度

图7-5 社交媒体传播策略

通过上述策略,研学旅行品牌可以有效进行品牌传播,与目标受众建立深层次的联系,提升品牌的知名度和影响力。社交媒体不仅是品牌推广的渠道,还是品牌与目标受众沟通和互动的平台。

4. KOL在社群营销和品牌建设中的应用

KOL,即关键意见领袖,是指在特定领域或行业中具有广泛影响力和忠实追随者的人物。他们通常是专家、名人、行业领袖或热门博主,能够通过自身的影响力和专业知识影响公众意见和消费行为。在研学旅行社群营销和品牌构建中,KOL往往具有关键的影响作用,在品牌传播阶段,KOL可以利用自己的社交网络快速传播品牌信息,帮助品牌迅速提高知名度,尤其是在目标受众中的知名度。由于KOL有较为丰富的专业知识和较高的受众信任度,他们的推荐相比品牌的硬广宣传更容易被目标受众接受,从而有助于提高品牌的可信度。需要注意的是,在研学旅行市场中,KOL往往由家长担任,尤其是亲子教育领域的博主,作为研学旅行的决策者,这些家长分享的研学经验和建议往往能够直接影响其他家长的选择。因此品牌方应重视研学旅行机构或产品在家长群体中的口碑建立。那么在研学旅行市场中,应如何有效发挥KOL的作用呢?编者有以下五点建议。

(1)合作内容创作:与KOL合作创作关于研学旅行的专业文章、视频或图文,并在他们的社交媒体平台上进行分享。内容可以是研学旅行的准备工作、目的地介绍、活动亮点、教育意义分析等。

(2)组织研学体验活动:邀请KOL参与研学旅行的体验活动,并让他们分享体验过程和感受,通过KOL的体验故事来提升研学项目的可信度和吸引力。

(3)开展联名项目:利用KOL的专业背景和受众基础,与KOL合作开发特定主题的研学旅行项目,共同设计研学旅行课程内容和行程,增加研学项目的专业性和独特性。

(4)利用KOL进行品牌推广:通过KOL在社交媒体上的宣传和推荐,提升品牌在目标受众中的知名度和影响力。KOL的正面评价能够有效提升潜在客户对品牌的信任度。

(5)举办在线研讨会或讲座:邀请KOL线上举办关于研学旅行的专题研讨会或讲座,吸引家长、学校和教育工作者参与。这不仅能够提升品牌的专业形象,还能加强与目标受众的互动和沟通。

在利用KOL进行品牌传播时,需要注意选择与品牌定位和研学旅行主题相匹配的KOL,并确保合作内容的真实性和专业性,以有效提升品牌的可信度和吸引力。同时,也需要评估与KOL的合作效果,以优化未来的营销策略。

拓展案例

▼

以"野生动物保护"为主题的研学项目的KOL传播过程

(五)培养品牌忠诚度

品牌忠诚度是指顾客对某个品牌持续的忠诚和偏好,客户忠诚度不仅体现在重复购买上,还包括对品牌的积极推荐和维护。在研学旅行市场中,培养客户对品牌的忠诚度涉及多个方面,主要包括确保研学服务的质量、提供优质的客户体验、建立情感联系、加强互动等。研学旅行品牌可以通过在客户心中树立积极的形象来提升客户的忠诚度。长期来看,忠诚的客户群体将成为品牌极为宝贵的资产之一。品牌忠诚度培养策略包含以下九个方面,如图7-6所示。

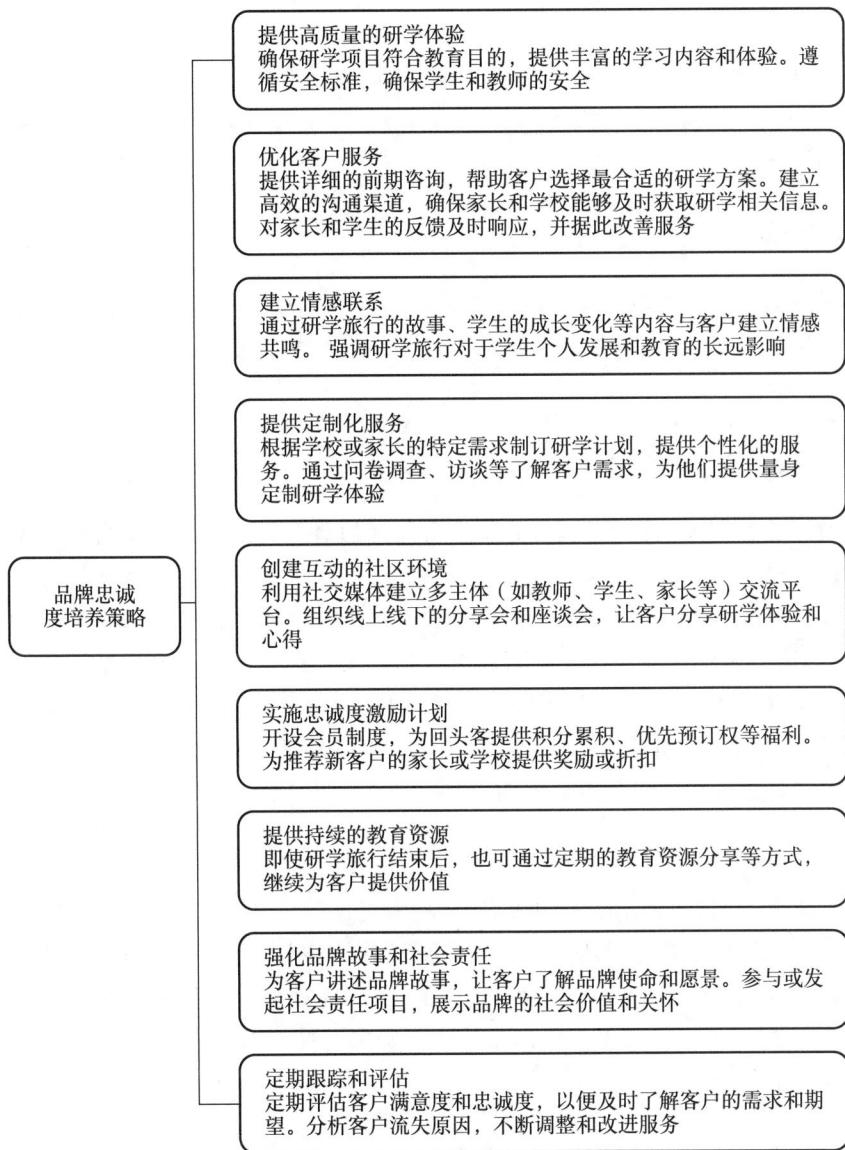

品牌忠诚度培养策略

- **提供高质量的研学体验**
  确保研学项目符合教育目的,提供丰富的学习内容和体验。遵循安全标准,确保学生和教师的安全

- **优化客户服务**
  提供详细的前期咨询,帮助客户选择最合适的研学方案。建立高效的沟通渠道,确保家长和学校能够及时获取研学相关信息。对家长和学生的反馈及时响应,并据此改善服务

- **建立情感联系**
  通过研学旅行的故事、学生的成长变化等内容与客户建立情感共鸣。强调研学旅行对于学生个人发展和教育的长远影响

- **提供定制化服务**
  根据学校或家长的特定需求制订研学计划,提供个性化的服务。通过问卷调查、访谈等了解客户需求,为他们提供量身定制研学体验

- **创建互动的社区环境**
  利用社交媒体建立多主体(如教师、学生、家长等)交流平台。组织线上线下的分享会和座谈会,让客户分享研学体验和心得

- **实施忠诚度激励计划**
  开设会员制度,为回头客提供积分累积、优先预订权等福利。为推荐新客户的家长或学校提供奖励或折扣

- **提供持续的教育资源**
  即使研学旅行结束后,也可通过定期的教育资源分享等方式,继续为客户提供价值

- **强化品牌故事和社会责任**
  为客户讲述品牌故事,让客户了解品牌使命和愿景。参与或发起社会责任项目,展示品牌的社会价值和关怀

- **定期跟踪和评估**
  定期评估客户满意度和忠诚度,以便及时了解客户的需求和期望。分析客户流失原因,不断调整和改进服务

图7-6 品牌忠诚度培养策略

任务三　研学旅行品牌生命周期及管理策略

任务描述

本任务主要围绕品牌生命周期的相关概念以及品牌管理系统的建立进行讲解,探讨了研学旅行品牌的管理策略。

任务目标

了解品牌生命周期的概念内涵和品牌各生命周期的特点,能够描述建立品牌管理系统的关键要素,能够阐述研学旅行市场中不同品牌管理策略的目的和作用。

一、品牌生命周期

要做好品牌管理,首先要理解品牌生命周期的概念内涵。品牌生命周期描述了品牌从创建到退出市场所经历的各个阶段,是基于产品生命周期理论发展而来的。产品生命周期理论最早由美国市场营销学者雷蒙德·弗农(Raymond Vernon)于1966年提出,这一理论最初用来描述一个产品从引入到成长、成熟,再到衰退的整个市场存在周期。品牌生命周期反映了品牌从引入市场,到在市场上成长、成熟、衰退、重振的全过程。理解品牌生命周期有助于企业制定有效的品牌管理策略,以延长品牌的寿命和增强品牌的市场竞争力。品牌生命周期主要包括以下几个阶段。

（一）引入期（Introduction）

在品牌引入期,品牌刚刚推向市场,消费者对品牌的认知不足,需要大量的市场推广活动来引导消费者建立品牌意识。研学旅行作为旅行与教育相结合的产物,开始被推入市场,公众对于此类产品认知不足,因此,这一时期研学旅行企业的工作重点在于提高品牌知名度,通过市场推广活动来建立消费者需求。

（二）成长期（Growth）

在品牌成长期,品牌逐渐被市场接受,知名度和销售额迅速提升,市场份额扩大,利润总额开始显著增加。在研学旅行市场,消费者对于研学旅行的接受度普遍提高,需求增长迅速,此时,有更多的竞争者进入市场,产品的种类变得更加多样化。在品牌成长期,研学旅行企业应强化品牌差异化,确保服务质量,通过口碑营销和社交媒体营销等手段扩大市场影响力。同时,应开始考虑进行市场细分,提供定制化的服务以满足不同消费者的需求。

（三）成熟期（Maturity）

在品牌成熟期，品牌在市场上已经非常成熟，增长速度放缓。这一时期，品牌的市场份额稳定，但由于竞争激烈，维持市场份额需要研学旅行企业付出更多的努力。此时，品牌的利润达到峰值，但增长速度减缓，此时研学旅行企业需要通过产品创新、市场细分等策略来寻找新的增长机会，或者通过优化成本结构、提高运营效率、强化客户关系管理等策略来提升客户忠诚度。

（四）衰退期（Decline）

在品牌衰退期，市场需求减少，品牌的销售额和利润总额开始下降，这可能缘于市场趋势的变化、消费者喜好的转移或更强竞争对手的出现。研学旅行企业需要决定是否采取品牌重振、市场重新定位、逐步退出市场等策略，或探索建立合作关系，通过转型或多元化产品和服务来应对市场变化。

（五）重振期（Revitalization）

并非所有品牌都会经历重振期这一阶段，但可以通过重振策略成功逆转品牌衰退趋势。重振策略包括品牌重塑、重新定位、扩展品牌线等，目的是重新激发市场对品牌的兴趣，恢复增长动力。

企业在品牌生命周期的每个阶段需要采取相应的市场策略和管理方法，各个阶段之间的过渡也并不是绝对或自然发生的，因此，企业在进行品牌管理时，需要借助市场研究和战略规划来识别品牌所处的阶段，并采取相应的策略来优化品牌的市场表现。对于研学旅行市场而言，不断创新和提高服务质量是延长品牌生命周期、保持竞争力的关键。

二、建立品牌管理系统

品牌管理系统是一套组织内部为维护和强化品牌价值而设计的流程、工具和规则体系，涵盖了从品牌战略制定、品牌资产管理、市场沟通到品牌绩效评估等一系列活动。衡量一家企业有没有正式建立起品牌管理系统，或者实施品牌战略，一个简单的做法就是看其有没有制定品牌政策。品牌政策的核心是建立品牌平台（Brand Platform）。简单地说，品牌平台好似一幅规范化的品牌蓝图，在内容上包括品牌管理的两大关键支柱，即品牌识别和品牌定位，在形式上要求清晰、简洁且准确。品牌平台的作用是为企业内部的管理人员和外部的合作伙伴提供相关的工作指导，目的是通过建立并利用共同的特性，使品牌系统产生整合性力量。建立了品牌平台之后，企业可以在此基础上制定品牌战略，通过具体的营销和管理行动实现品牌平台目标，通常是为缩小当前的品牌形象与品牌平台上勾勒的理想形象之间的差距，制定出品牌应该遵循的战略路径。以上品牌管理的相关工作内容，应该由专门负责品牌管理的人员负责。

（一）品牌资产管理

研学旅行品牌资产管理是指对研学旅行品牌进行有效管理和运用，以保护和增加品牌价值。品牌资产不仅包括标志、名称和广告语等有形资产，还包括品牌声誉、消费者感知、消费者忠诚度等无形资产。

1. 品牌有形资产管理

品牌有形资产管理是指对品牌所拥有的实体资产进行有效管理和维护的过程。品牌有形资产包括办公设施、生产设备等。这些资产是品牌运营和产生收益的基础。品牌有形资产管理内容如表7-3所示。

表7-3　品牌有形资产管理内容

资产项	管理内容
资产识别与清单编制	（1）详细记录：对所有有形资产进行详细记录，包括购买日期、成本、预计使用寿命、维修记录等。 （2）资产清单：制作资产清单，并保持定期更新，确保资产信息的准确性
资产维护与管理	（1）定期维护：制订维护计划，确保设备和设施得到妥善维护，避免出现意外故障。 （2）资产跟踪：使用资产管理系统跟踪资产的状态和位置，以便于资产的配置和调度
资产评估与折旧	（1）定期评估：定期对有形资产进行价值评估，了解其当前价值和折旧情况。 （2）会计处理：正确处理资产折旧，确保财务报表的准确性
资产配置与优化	（1）效率优化：分析资产使用效率，确保资源得到最优配置和利用。 （2）废旧处理：对于不再需要或已经报废的资产，合理处理，包括出售、回收或捐赠
安全管理	（1）物理安全：采取必要的物理安全措施，如安装监控系统、设置访问控制等，保护资产不受侵害。 （2）数据安全：对存储有重要数据的资产进行数据安全管理，防止数据泄露或丢失

2. 品牌无形资产管理

品牌无形资产管理包括品牌价值和声誉管理，品牌知名度和美誉度以及消费者忠诚度建设等。品牌无形资产管理是品牌管理的核心，也是品牌生命周期能够持续发展的基础。

（二）维护品牌一致性

对于研学旅行品牌这类服务型品牌而言,维护品牌的一致性对于建立与消费者的信任关系、提升品牌形象和消费者忠诚度具有至关重要的作用,可以从以下三个方面来理解。其一是维护品牌承诺与消费者体验的一致性,从而赢得消费者的信任和尊重;其二是维护品牌的诉求与主张的一致性,不能"朝令夕改",盲目变换;其三是维护品牌的内涵与外延的一致性,内涵是品牌所象征的理念和精神,外延是品牌所代表的产品和服务的属性及涵盖范围,内涵决定了外延。维护品牌一致性的相关策略如表7-4所示。

表7-4　维护品牌一致性的相关策略

建立品牌标准和指南	（1）制定品牌手册:制定内容详细的品牌手册,涵盖品牌使命、愿景、价值观、个性、视觉识别系统等方面的指导原则。 （2）内部共享与培训:确保所有员工都能访问品牌手册,并对员工进行培训,使他们理解并承诺遵守相关标准
统一视觉识别系统	（1）保持视觉一致性:确保品牌相关社交媒体账号、官网、广告、宣传册等的营销材料的视觉元素一致。 （2）审查和更新:定期审查所有品牌资料,以确保它们符合最新的品牌标准,与视觉识别系统保持一致
保持沟通和信息的一致性	（1）统一品牌信息:无论是线上还是线下的沟通,均应确保传递给消费者的品牌信息、品牌价值主张和品牌故事一致。 （2）定期监测:定期监测员工与消费者的沟通,确保品牌信息的准确性和一致性
加强员工培训和内部沟通	（1）培训员工:定期对员工进行品牌价值观、服务标准和沟通技巧的培训。 （2）畅通内部沟通渠道:建立有效的内部沟通渠道,鼓励员工积极反馈,分享实践经验
监控和管理消费者体验	（1）统一服务标准:确保在每个消费者接触点上提供的服务和体验与品牌承诺一致。 （2）收集和分析消费者反馈:应重视消费者反馈,并以此为依据对产品进行优化和调整
制订和实施品牌审计计划	（1）进行品牌审计:定期检查品牌一致性的实施情况,识别潜在的不一致性问题。 （2）实施改进措施:基于品牌审计的结果,制定并实施改进措施,以解决在维护品牌一致性时存在的问题

（三）市场反馈监控

在品牌管理中,监控市场反馈是了解消费者需求、评估品牌表现、调整策略和优化产品和服务的关键。在研学旅行市场中,市场监控有助于品牌及时了解消费者需求、市场趋势、竞争对手动态以及品牌形象的实时表现。市场反馈监控策略如表7-5所示。

表7-5　市场反馈监控策略

消费者满意度调查	定期通过在线问卷调查、发送回访电子邮件、面对面交流等方式,对参与研学旅行的消费者进行满意度调查。调查内容可以包括对研学旅行内容、住宿安排、交通安排、导游服务等方面的评价
在线评论分析	鼓励消费者在企业官网、旅游评价网站(如 Tripadvisor 等)、社交媒体平台上留下反馈意见和建议。消费者的意见无论是正面的还是负面的,对企业来说都是宝贵的,因为它们为企业提供了改进产品和服务的机会。同时,企业对这些反馈的积极回应和采取的改进措施,能够增强潜在消费者对品牌的信任感
用户体验研究	定期进行用户体验研究,以深入了解客户的需求和体验痛点。这有助于企业发现产品或服务中可能被忽略的问题
竞争分析	监控竞争对手的市场表现和消费者反馈,这有助于企业了解本品牌相对于竞争对手的优势和劣势,以及市场上的典型实践案例
销售和预订数据分析	分析销售和预订数据,了解哪些研学旅行项目最受欢迎,哪些时段的预订量较高,以及消费者的预订习惯等
建立反馈渠道	在官网、宣传材料和社交媒体平台上提供反馈渠道,鼓励消费者主动分享他们的体验和建议
实时跟踪和响应	对于收集到的反馈,尤其是负面反馈,要及时响应和处理。这不仅有助于解决消费者的问题,还能展现企业的责任心及企业对消费者体验的重视

(四) 品牌创新和拓展

品牌创新是指品牌在产品、服务、营销策略、消费者体验等方面进行的创新活动,以适应市场变化,满足用户需求和区别于竞争对手。随着研学旅行市场发展进入成熟期,市场竞争加剧,品牌创新便显得更加重要了。研学旅行企业的品牌创新一般包括课程创新、活动创新、技术创新和服务创新等。研学旅行企业可以通过多样化的课程设计、技术应用、服务创新和品牌传播来进行品牌创新,从而提升品牌的竞争力。

同时,研学旅行企业可通过拓展产品线、渠道和地域范围,进行跨界合作,实施多品牌战略等,实现市场的广泛覆盖和需求的持续增长。在实施这些策略时,研学旅行企业应遵循品牌延伸理论,即利用已有品牌的知名度和影响力来推出新的产品或服务。品牌延伸的核心在于保持品牌一致性和评估品牌拓展的可行性。研学旅行企业需要确保新产品与品牌的定位和形象相符,以保持品牌的一致性,同时也需要评估品牌延伸的可行性,确保新产品能够满足目标消费者的需求,从而通过品牌延伸来扩大市场份额和增加品牌价值。

三、研学旅行品牌管理策略

（一）研学旅行产品线扩张策略

研学旅行产品线扩展策略是指研学旅行企业现有的产品线使用同一品牌，在增加该产品线的产品时，仍沿用原有的品牌。新的产品往往对原有产品进行局部改进，如增加新的课程、研学点，对原有线路和主题进行调整等。

当前研学旅行市场快速发展，国家对研学领域持续关注并给予了相关政策支持，特别是在义务教育阶段"双减"政策的推动下，研学旅行行业焕发出新的生机与活力。"研学＋内容细分"已逐步成为研学旅行产品开发的重要方向。携程发布的《2021暑期旅游大数据报告》显示，研学旅行已经成为暑期亲子游的新趋势。2021年暑期的研学旅行订单相比上年有着显著增长，并且搜索量同比大幅增加，这显示出家庭对研学旅行项目的高度关注和兴趣。然而，研学旅行市场快速发展的同时也出现了一些问题，如产品质量参差不齐、产品内容缺乏深度和特色等，这些是当前研学旅行产品发展所面临的挑战。

面对这些挑战，实施研学旅行产品线扩张策略显得尤为重要。研学旅行企业应基于市场的需要，采取产品线扩张策略，涵盖劳动教育、景区研学、科技探索、爱国主义教育等多个细分品类，以满足不同消费者群体的需求。事实上，大多数研学旅行企业所拥有的资源有限，无法做到面面俱到，因此，研学旅行企业应坚持市场导向，聚焦于"小而美"的细分市场，这样更有可能获得成功。

在后疫情时代，研学旅行市场的不确定性增加了研学旅行企业经营的风险。因此，将有限的资源集中在几个重要的产品品牌上，是中小研学旅行企业在产品线扩张上需要重点考虑的。以港珠澳大桥研学旅行产品线为例，其合作研学旅行机构聚焦于红色研学旅行产品线，并以此为基础推出了一系列产品，这一举措不仅增强了产品的竞争力和吸引力，还实现了销售额的大幅提升。

综上，研学旅行企业在实施产品线扩张策略时，应注意以下几点：其一，明确目标市场，根据市场需求和自身资源优势选择细分领域；其二，创新产品内容，确保研学活动的质量和教育价值；其三，突出产品特色，避免同质化竞争，着力提升用户体验；其四，灵活应对市场变化，及时调整产品策略，抓住市场机遇。

（二）研学旅行多品牌策略

在研学旅行市场上，实施多品牌策略意味着运营企业在同一产品类别中推出多个品牌。采用这种策略的研学旅行企业通常会构建一个品牌组合，每个品牌面向不同的细分市场或消费者群体。通过实施多品牌策略，研学旅行企业能够有效分散其业务风险，若其中一个品牌面临市场挑战，该企业的整体运营仍可由其他品牌提供支撑。多品牌策略允许研学旅行企业覆盖更广泛的市场和消费者群体，通过不同的市场定位，研学旅行企业能够更精准地满足不同消费者的需求和偏好。在激烈的竞争环境中，实施多品牌策略有助于研学旅行企业与竞争对手有效抗衡。研学旅行企业可以针对竞争对手的弱点，对旗下不同品牌进行市场定位，从而在特定细分市场中获得竞争优势。需要注意的是，研学旅行企业在实施多品牌策略时，应确保每个品牌都有清晰的市场定位，且与本企业的整体战略相一致，此外，不同品牌之间应保持一定的差异化，避免企业内部竞争。

知识活页

迪士尼的研学旅行多品牌策略

迪士尼是全球知名的娱乐和媒体集团，旗下拥有多个品牌和业务线，其中包括迪士尼乐园、迪士尼影业、ESPN、皮克斯动画工作室、漫威娱乐等。在研学旅行领域，迪士尼实施多品牌策略，利用旗下不同品牌的产品和服务来满足不同消费者群体的需求。

（1）迪士尼乐园和度假区。针对家庭客群，特别是带有小孩的家庭，迪士尼乐园和度假区提供了丰富的娱乐和学习体验，如主题乐园、角色互动以及特色表演等。这些体验不仅娱乐性强，还融入了教育元素，如科学、历史和文化知识的学习。

（2）迪士尼青少年教育系列。迪士尼针对寻求教育型旅行体验的学校和团体推出了教育课程，这些课程用于在乐园内为青少年提供有教育意义的团体体验，涵盖艺术、科学、领导力和表演艺术等领域。

（3）探索迪士尼。迪士尼通过旗下的"探索迪士尼"品牌，为家庭和小团体提供全球范围内的研学旅行服务。这些旅行不仅包括访问迪士尼乐园和度假区，还包括到访世界各地的文化和历史地标，提供了更加丰富和深入的学习和体验机会。

通过实施多品牌策略，迪士尼成功地覆盖了从家庭娱乐到学校教育，再到深度文化探索等不同层次的研学旅行市场。每个品牌都有其独特的定位和目标消费者群体，但均体现了迪士尼对于提供高质量、有教育意义的旅行体验的承诺。

（三）研学旅行品牌更新策略

随着研学旅行企业经营环境和用户需求的变化，研学旅行品牌的内涵和表现形式也应不断更新。研学旅行品牌更新策略包括形象更新和定位修正。实施品牌更新策略成为企业适应市场变化、满足消费者需求的重要手段。随着研学旅行政策的不断完善和消费者需求的日益多样化，加之研学旅行产品生命周期的自然更迭，研学旅行企业要想维持品牌的市场竞争力，需要不断地进行产品内容和形式上的创新。在现代社会发展背景下，面对信息过度传播等问题，如何通过简化的信息让消费者感受到品牌的独特性,成为研学旅行企业在实施品牌更新策略时需要解决的核心问题。品牌更新要与消费者发展同步,品牌发展周期需要紧密跟随消费者的发展阶段,研学旅行企业可以通过研究不同年龄段消费者对品牌的认知和反馈,来调整品牌策略。例如,针对少儿,研学旅行企业在实施品牌更新策略时,可能侧重于开发自然观赏型和知识科普型产品;针对青少年,研学旅行企业可能侧重于提供体验考察型和励志拓展型产品。品牌更新通过对产品的精准定位和关键词聚焦,强化品牌的核心卖点,使消费者能够快速形成品牌认知。

品牌更新不仅包括视觉识别系统的更新,还包括对品牌传达的价值观和品牌故事进行现代化表达。这有助于维持消费者对品牌的新鲜感,同时也能够更好地与消费者的审美观和价值观相契合。品牌更新不仅要在形象上进行调整,更重要的是对内容和服务进行创新,这包括提供多样化的研学主题、更优质的服务体验以及更能彰显教育意义的活动安排,从而打造出真正符合市场需求、能够引起消费者共鸣的品牌。

(四)研学旅行品牌联盟战略

研学旅行品牌联盟策略,是指若干家研学旅行企业使用统一的品牌,利用自身优势生产同一产品或者系列产品,形成较大的品牌联合体。联盟的成员单位之间可以共享销售渠道、联合品牌营销,从而极大地降低成本,并使产品进入市场的周期缩短。研学旅行品牌联盟战略包含以下要点。

1. 资源整合

联盟成员单位之间可以共享市场信息、客户资源,以及产品设计、运营管理等方面的资源,通过资源整合,提升运营效率和服务质量。

2. 品牌共建

通过联合品牌营销,联盟成员单位可以共同塑造和推广一个强有力的品牌形象,提升品牌的市场认知度和影响力。例如,"2021成都研学旅行创新发展论坛暨成都文旅旅投集团研学产品发布会"活动现场,成都文旅旅投集团倡议成立成都研学旅行创新发展联盟,旨在聚合研学旅行行业资源,推动成都研学旅行行业健康发展。成都文旅聚焦"文旅+教育",串联旅行社业务,精心打造了"City Tour"城市旅行观光巴士,以及以平乐古镇、安仁古镇、五凤溪古镇、西来古镇为代表的"天府古镇"品牌,并融入研学活动,进行产品搭配和线路设计。其中,平乐古镇推出了古镇情景素质拓展、天府川西竹海户外实训、平沙落雁红色教育、邛州园传统文化研学等研学旅行产品。

3. 市场拓展

品牌联盟可以帮助联盟成员单位拓展新的市场领域,通过跨区域、跨行业的合作,实现互利共赢,增加新的收益点。联盟成员单位可以共同制定统一的服务标准和质量控制机制,通过相互监督和评价,保证研学旅行项目的高质量执行。在品牌联盟的框架下,成员单位可以共同分担市场风险,特别是在开拓新市场和推广新产品方面,风险分担机制能够降低单一机构所承担的风险。

⛵ **教学互动** ┈┈

　　某家研学旅行企业主要面向中小学生提供高品质的研学旅行服务。经过几年的运营,该企业已经积累了良好的口碑,有着一定的客户基础,但与市场上的其他知名研学旅行品牌相比,该企业的知名度和影响力仍有较大的提升空间。该企业提供的研学旅行项目类型多样,包括但不限于自然探索类,如野外生存训练、生态考察等;历史文化类,如参观古文明遗址、博物馆等;科技创新类,如参观科技馆、体验机器人编程等;艺术人文类,如观赏艺术展览、音乐剧等。

　　该企业虽然已经取得了一些成绩,但仍面临着诸多挑战,包括:品牌知名度较低,许多潜在客户对该企业缺乏了解;市场竞争激烈,市场上已有多个知名的研学旅行品牌,竞争压力较大;客户群体分散,目标客户包括学生、家长和学校,需求多样;品牌差异化不足,现有的品牌定位和传播策略较模糊,未能有效凸显企业自身的独特优势。

　　为进一步扩大市场份额,提升品牌形象和知名度,该企业决定投入更多资源进行品牌传播。该企业希望通过一系列精心策划的传播活动,增强品牌影响力,吸引更多潜在客户。

　　请结合以上案例内容,完成以下任务。

　　1.请为该企业设计品牌口号和品牌故事,突出品牌的独特性和教育意义。

　　2.请为该企业制定一套全面的品牌传播策略,包括但不限于以下方面。

　　(1)社交媒体营销:选择合适的社交媒体平台(如微信、微博、抖音等),设计有趣且富有教育意义的内容。

　　(2)KOL合作:选择合适的教育类或亲子类KOL进行合作,扩大品牌影响力。

　　(3)线下活动:策划组织线下体验活动,邀请潜在消费者参与,展示研学旅行的魅力。

　　(4)传统媒体广告:设计和投放电视广告、报纸广告、杂志广告等传统媒体广告,提高品牌知名度。

⛵ **项目小结** ┈┈

　　本项目详细阐述了研学旅行品牌的概念内涵、研学旅行品牌的战略规划原则、研学旅行品牌构建的具体路径、研学旅行品牌的生命周期,并探讨了研学旅行品牌的管理策略。通过本项目的学习,读者能够深入了解如何在竞争激烈的研学旅行市场中打造和维护强大的品牌形象。研学旅行品牌不仅是一个名称或标志,还是教育理念的体现与服务承诺的彰显。成功的研学旅行品牌能够向消费者传达出独特的价值主张,建立起与目标受众之间的情感连接,从而提升消费者的忠诚度。研学旅行的品牌构建应遵循一致性原则、差异化原则、规模化原则、情感联系原则及持续性创新原则,按照明确品牌定位、提炼品牌核心价值、建立品牌视觉识别系统、整合品牌传播、培养品牌忠诚度的路径构建研学旅行品牌。

总之,研学旅行品牌构建是一项系统工程,研学旅行企业需要在清晰认识自身优势的基础上,遵循科学合理的品牌建设原则,采取有效的品牌管理措施,从而在激烈的市场竞争中脱颖而出,赢得更多消费者的信任和支持。

⛵ 能力训练

某家专注于为中小学生提供研学旅行服务的企业已经运营了三年,有着一定的客户基础,但在社交媒体上的影响力仍然有限。为了提升品牌知名度,吸引更多潜在客户,该企业决定重点加强社交媒体营销。

请你为该企业设计一个社交媒体营销方案,方案包含内容创意、互动方式、渠道选择、实施计划等内容。

知识训练

▼

项目七

项目八
研学旅行营销平台应用

项目描述

研学旅行营销平台是针对研学旅行行业需求研发的一套集智慧研学、线上线下营销、在线服务、大数据管理于一体的智慧研学网络系统。该系统利用云计算、物联网等新兴技术，借助网络终端，为研学管理提供技术支持，对研学实践教育基（营）地基础设施、服务设施以及研学旅行课程和研学旅行评估等进行数字化展示，达到智能决策、信息互通、主动感知、主动推送的营销目的。本项目在分析研学旅行营销平台的特点和类型的基础上，详细介绍了平台的运用技巧和设计技巧。

项目引入
▼

项目八

项目目标

知识目标

（1）了解研学旅行营销平台的概念内涵、特点和类型。
（2）掌握研学旅行营销平台的应用技巧。

能力目标

（1）能够熟练操作研学旅行营销平台。
（2）具备设计研学旅行营销平台的能力。

素养目标

（1）培养创新精神。
（2）树立终身学习的理念。

项目重难点

项目重点

掌握研学旅行营销平台的概念内涵、特点和类型。

项目难点

掌握研学旅行营销平台的应用技巧。

知识导图

研学旅行营销平台应用
- 研学旅行营销平台的认知
  - 研学旅行营销平台的概念内涵
  - 研学旅行营销平台的特点
  - 研学旅行营销平台类型
- 智慧研学平台的应用
  - 中小学社会实践教育管理平台简介
  - 中小学社会实践教育管理平台的特点
  - 浙江省智慧研学平台的运营
- 研学旅行营销平台的设计
  - 研学旅行营销平台设计原则
  - 研学旅行营销平台功能设计
  - 研学旅行营销平台运营模式设计
  - 研学旅行营销平台智慧教具设计

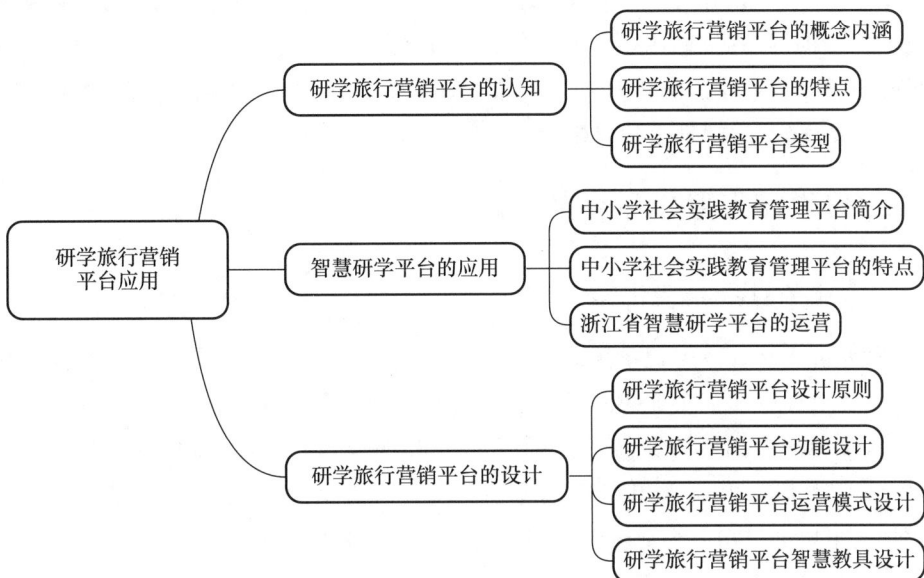

任务一 研学旅行营销平台的认知

任务描述

本任务对研学旅行营销平台进行了较为全面的介绍,包括研学旅行营销平台的概念内涵、特点、类型等。

任务目标

熟悉研学旅行营销平台的基本设置,通过本任务的学习能完成对研学旅行营销平台的基本操作。

一、研学旅行营销平台的概念内涵

营销平台是指利用电子商务的广泛覆盖和网络推广手段进行营销活动的平台。

这些平台可以为用户提供创造财富的机会,通过实施各种营销策略来达到销售目标。营销平台不仅具备信息配对、交流沟通等多种功能,还能直接为用户带来订单,提升销售额。构建营销平台时,网站规划和建设往往以营销为核心目标,注重搜索引擎优化和用户体验,其目的在于吸引目标客户并将其转化为顾客。

研学旅行营销平台是针对研学旅行行业需求研发的一套集智慧研学、线上线下营销、在线服务、大数据管理于一体的智慧研学网络系统。该系统利用云计算、物联网等新兴技术,借助网络终端,为研学管理提供技术支持,对研学实践教育基(营)地基础设施、服务设施以及研学旅行课程和研学旅行评估等进行数字化展示,达到智能决策、信息互通、主动感知、主动推送的营销目的。

二、研学旅行营销平台的特点

(一)业务对象数字化

拥有大量丰富的数据记录是研学旅行营销平台的一大特征,即研学旅行营销平台会针对业务流程中的每个业务对象建立实时且准确的数据库。例如,研学旅行营销平台会为研学活动中的所有参与者(如个人、组织、企业等)、物品、事件等相互关联的业务对象创建数字记录,并将其建设成为一个关系数据库,这种设计确保了整个行程的可追溯性,用户可以在一个平台上调用和写入所有的业务数据。

(二)业务流程自动化

研学旅行营销平台会将所有业务对象数字化,并且实现业务在线运行。通过自动化技术,研学旅行营销平台可以将研学流程中依赖人工重复操作的环节,如订单处理、研学场景描述等实现自动化处理。具体而言,上下架研学旅行产品、顾客订单驱动的服务分配以及活动管理等,都可以通过专门的应用功能自动完成。同时,研学旅行机构可以通过软件与硬件的深度融合,在线下实现运营过程的智能化。例如,售票、检票、播控等环节,均可以实现完全智能化,从而大幅度降低人力成本,确保研学旅行企业运营效益最大化。

(三)决策数据化

研学旅行营销平台的数据化是一种标准化的运营手段。这种数据化依赖于研学旅行营销平台的大数据和云计算技术,能够为研学旅行企业的管理者提供决策支持。例如,在研学线路和课程研发的投入方向和规模、营销策略的选择、定价和佣金的设定、投融资活动的组织、运营质量问题归因,以及人员招聘和干部任免等方面,研学旅行营销平台能够提供精准的数据参考。结合大数据收集的信息,研学旅行企业的管理者能更加精准地预测市场动态,并依靠数据驱动的决策方式,显著提高决策的成功概率,从而做出更准确的市场判断。

（四）突破时空限制

建设研学旅行营销平台的目标是占有市场份额。借助互联网技术,研学旅行营销平台能够突破时间和空间限制,实现高效的信息交换,从而使营销活动突破时空限制,实现随时随地的交易。借助研学旅行营销平台,研学旅行企业获得了更多的时间和更广阔的空间开展营销活动,能够通过文字、声音、图像、视频等多种形式传输信息,提供全球化的营销服务。

（五）整体中彰显个性

研学旅行营销平台采用一对一的、理性的、消费者主导的、非强迫性的、循序渐进式的营销模式,构建了从商品信息传递到收款、售后服务的全程营销渠道。研学旅行营销平台兼具促销、电子交易、互动客户服务、市场信息分析等功能。研学旅行企业可以借助互联网对各类营销活动进行统一设计规划和协调实施,以统一的形式向消费者传达信息,避免因信息不一致而产生消极影响,从而在整体运营中凸显个性化服务。

三、研学旅行营销平台类型

（一）企业官网营销

研学旅行企业应该建立自主研发的网站,用于发布产品信息、展示企业实力,并与潜在客户建立联系。企业可以利用官网培育企业文化,维持与公众及市场的关系,同时建立并推广品牌。在技术层面,自建网站应当选择质量较好的服务器以确保稳定运行。在内容层面,可设立专门板块发布企业产品的信息,包括最新产品、报价、付款方式以及在线联系方式;可设立研学旅行行业板块,分析当前市场经济状况和行业发展前景,从而吸引合作企业;可设立专门板块介绍已经举办的研学旅行活动,从而吸引潜在客户;可设立售后服务板块,详细说明企业处理产品质量问题的方式,从而与客户建立信任关系。

（二）二维码营销

二维码区别于常见的条形码,它采用特定的几何图形按一定规律在平面(水平和垂直方向)上记录数据信息,外观像一个由双色图形组成的方形迷宫。二维码信息容量大,是普通条形码信息容量的几十倍。同时,二维码的误码率远低于普通条形码的误码率。此外,二维码的编码范围广,能够对图片、音频、文字、签名、指纹等的数字化信息进行编码,易制作、成本低、持久耐用。

研学旅行企业可以利用二维码的优势,将产品美图用二维码的形式展现。为了确保二维码清晰可见,应该先将二维码图片交由美工进行优化处理,再在社群、各大论坛、微博等平台上发布。研学旅行企业可以利用二维码便捷传播产品的相关图片或视频,从而快速提升产品的知名度。

（三）短视频营销

随着短视频的普及，越来越多的用户加入了短视频营销的队伍。作为一种消遣娱乐的方式，短视频不仅吸引了大量用户，还成为大众记录生活的新途径。短视频成为信息传播的重要载体，形式多样，内容丰富。

以抖音为代表的短视频平台，成为短视频时代的助推器，深受年轻人的喜爱和关注。此外，抖音的"带货"价值是非常高的。抖音在一定程度上推动了营销新时代的到来。短视频的产品价值在于增强了用户之间的互动，依托大数据技术，短视频平台可以监测用户的浏览行为、互动行为和点击习惯等。在内容生产方面，抖音注重筛选和推广优质内容，通过优质的内容吸引并留住用户，同时借助合适的分发渠道扩大流量，进一步分析用户在平台上的行为，并将用户的主动获取行为纳入品牌效果评估。更重要的是，平台中具有学习价值和实用价值的内容相比纯粹的娱乐内容，拥有更大的市场潜力。有价值的内容体现了专业性和精准性，产出大量有价值的内容不仅能提升平台的用户黏性，还能增强用户之间的互动，此外，在高质量内容环境下培养的用户的忠诚度更高。

短视频极大地扩展了品牌的覆盖面。对于任何研学旅行品牌而言，用户量是衡量平台价值的重要标准之一，平台的用户量直接决定了平台的潜在流量价值。短视频平台的营销价值首先体现在平台庞大的用户基础上，用户量越大，品牌的曝光率越高。此外，短视频平台还提升了品牌的转化率，缩短了用户的转化路径，这些也是品牌营销时需要考虑的重要因素。

（四）微博营销

微博营销是指通过微博平台为商家、个人等创造价值的一种营销方式，属于商家或个人通过微博平台发现并满足消费者的各类需求的商业行为。微博营销涉及用户认证、企业认证、有效粉丝、朋友互动、话题讨论、名博合作、开放平台以及整体运营等方面。微博的发布内容应具有创意，可以借助幽默的图片、文字来吸引关注。

研学旅行机构可以通过更新微博账号下的研学实践内容，向网友传播研学旅行行业信息、产品信息，或发布用户感兴趣的研学旅行话题，促进用户交流，从而树立良好的企业形象和产品形象，实现研学旅行市场营销的目标。

（五）微信营销

微信营销主要包括微信社群营销、微信朋友圈营销和微信公众号营销三类渠道。对于研学旅行企业而言，微信账号的形象设计涵盖头像、昵称、个性签名和朋友圈封面等元素。昵称应简洁易记且富有特色，最好能够体现企业定位；个性签名应清晰地说明项目提供的服务或项目所倡导的价值观；朋友圈封面可以展示已有的研学旅行场景或相关产品等。

在微信社群或微信朋友圈的内容规划上，应突出研学旅行企业的专业性，让更多人了解研学旅行企业的经营范围和已有成果,从而与用户建立信任关系。在微信朋友圈发布内容时,应避免纯粹的广告推送,而应筛选出活跃用户并与其建立良好的关系。此外,研学旅行企业可以充分利用微信公众号进行推广营销。微信公众号发布的内容不受篇幅限制,研学旅行企业应准备好高质量的推广资料,以打造良好的整体形象,形成较好的品牌效应。

(六)直播营销

直播营销是一种随着事件发生、发展进程同步制作和播出节目的营销方式,以音视频平台为载体,旨在帮助企业提升品牌影响力或实现销量增长。直播营销是对营销形式的重要创新,充分体现了互联网的特色与优势。对于广告主而言,直播营销具有显著的价值。研学旅行平台可以推出公益研学直播课,把资源搬到线上,开辟科普进校园的创新路径,满足学生的需求。例如,哈尔滨极地公园联合哈尔滨继红小学校、顺迈小学校开展以"珍爱地球,人与自然和谐共生"为主题的线上公益研学活动。"南极生态——企鹅成长日记"课程通过视频直播平台,让学生在线领略南极大陆的风貌,了解中国南极科考队取得的成绩,并近距离观察企鹅的生活,探索企鹅的成长历程。这种沉浸式的体验,让学生仿佛身临其境,使学生切实体会到极地生物的宝贵和保护极地生态环境的重要性。

任务二　智慧研学平台的应用

任务描述

本任务以中小学社会实践教育管理平台为例,对智慧研学平台进行了较为全面的介绍,包括智慧研学平台的特点、功能、课程设计等方面的内容。

任务目标

全面掌握中小学社会实践教育管理平台的特点和功能,熟悉该平台的操作流程,了解线上智慧研学平台与线下实践基地的主要区别,通过本任务的学习,对中小学社会实践教育管理平台的内容和使用流程形成清晰的认知。

一、中小学社会实践教育管理平台简介

中小学社会实践教育管理平台是专门为中小学生的社会实践教育活动设计的一套综合管理系统。该平台通过数字化技术整合了教育管理、活动组织、评价反馈等功

能,旨在为学校、教师、学生和家长提供一个高效、便捷的社会实践教育管理解决方案。该平台的核心目标是通过规范化的管理流程和丰富的教育资源,提升中小学生的社会实践能力,促进其综合素质的全面发展。

中小学社会实践教育管理平台既与校内教育紧密相连,又能够有效弥补学校教育的不足之处,广泛拓展学校教育空间,是学校教育的延伸和有益补充。具体而言,中小学社会实践教育管理平台的价值体现为以下方面:其一,该平台有助于促进中小学生多元智能发展、完善中小学生德性、丰富中小学生社会性等,对于我国"全面发展"的高素质创新人才的培养目标的实现具有非常重要的价值;其二,在行业端,该平台将提高我国研学旅行行业的整体影响力以及中小学的研学实力,进一步凸显研学旅行教育的价值;其三,在需求端,该平台有助于中小学生切身体会科技为研学带来的便利,同时增加研学体验的趣味性;其四,在服务端,该平台将促进研学旅行机构与服务企业的稳定合作;其五,该平台以智慧研学、电子营销、智能服务、业务管理为核心要素,通过四要素的协同运行,完成平台整体框架的搭建和具体运作,从而提升研学实践教育基(营)地的价值。

在实施过程中,各省市的中小学社会实践教育管理平台是覆盖本省、市、区、县教育行政管理部门,连接各中小学,覆盖各社会实践基地的统一的服务平台,旨在实现对一定区域内的中小学社会实践基地的课程管理、活动管理、评价管理、资源管理等,同时为该区域中小学提供及时、准确的实践课程服务,建立全区域中小学生的社会实践档案,为中小学生的综合素质评价提供可靠的数据依据。

中小学社会实践教育管理平台很好地展示了拓展创新的特点。该平台不仅注重对中小学生参与研学旅行课程的表现性评价、过程性评价和发展性评价等信息的整理和归档,还集成协会门户网站、业务系统、协同办公系统、会员应用系统、学校/学生应用端、导师应用端等多方资源,为提升中小学生综合素养提供了创新模式并注入了力量。

中小学社会实践教育管理平台根据中小学生身心特点,在研学实践的内容、方式方法、效果上不断探索,以各学段各学科的课程内容为对标点,提供由研学实践教育基(营)地制定的各类型研学旅行课程及相应活动。在统筹校内外课程特点的基础上,该平台将课程内容和实践活动清晰呈现,让学生根据自身实际情况选择适合的课程参与研学实践学习。同时,该平台通过科学的课程设计,让学生及其家长了解课程活动的纵深发展情况,确保每一项研学实践教育活动都能切实满足学生的多样化需求。

二、中小学社会实践教育管理平台的特点

中小学社会实践教育管理平台是智慧研学平台的重要组成部分,它通过数字化技术整合了教育管理、活动组织、评价反馈等功能,旨在为学校、教师、学生和家长提供一个高效、便捷的社会实践教育管理解决方案。该平台的核心目标是通过规范化的管理流程和丰富的教育资源,提升中小学生的社会实践能力,促进其综合素质全面发展。该平台的主要特点表现为以下几个方面。

（一）数字化课程管理

1. 课程资源丰富

该平台提供丰富的研学旅行课程资源，涵盖自然科学、历史文化、艺术体验等多个领域。这些课程资源由专业的教育机构和研学实践教育基（营）地上传，并经过严格审核，以确保内容的科学性和教育性。

2. 个性化推荐

该平台利用大数据分析技术，结合学生的学习历史和兴趣偏好，为学生推荐个性化的研学旅行课程，从而有效提升学生的学习效果。

（二）智能活动组织

1. 活动规划与管理

该平台支持学校和研学实践教育基（应）地在线规划和管理研学活动，包括活动时间安排、行程规划、资源分配等。通过智能算法，该平台能够优化活动流程，确保活动的顺利进行。

2. 实时数据监控

在活动过程中，该平台通过智能设备（如智能手环、智能手表等）实时监控学生的活动轨迹、停留时间、互动频率等行为数据，帮助管理者了解学生的参与度和兴趣点，及时调整活动安排。

（三）多端口展示与交互

1. 多端支持

该平台采用框架开发、代码分离，设计简洁，实现了"一次开发，多端使用"，支持微信小程序、H5、微信公众号等多端打通。用户可以通过多种终端随时随地访问该平台，获取信息和参与活动。

2. 互动功能

该平台提供丰富的互动功能，包括在线讨论、实时反馈、在线评价等，增强了学生、教师和家长之间的互动体验。

（四）全面的评价体系

1. 学生自我评价

学生可以通过移动应用或在线平台，对参与的研学旅行项目进行自我评价。评价内容包括对活动内容的兴趣度、学习收获、团队合作体验等。这种自我评价方式有助于学生反思和总结学习过程，培养自主学习能力。

Note

2. 教师评价

教师可以根据学生在研学旅行中的表现,对学生的学习成果进行评价。评价内容包括学生的知识掌握程度、实践能力、创新思维等。教师评价可以为学生提供专业的反馈,帮助学生改进学习方法。

3. 家长评价

家长可以通过该平台对研学旅行项目进行评价,评价内容包括活动组织、安全保障、学习效果等方面。家长的评价可以帮助研学旅行机构了解家长的需求和期望,优化服务内容。

4. 第三方评价

该平台支持引入第三方评价机构,对研学旅行项目进行客观、公正的评价。第三方评价可以包括专家评审、同行评审等,评价内容涵盖课程设计、教学方法、资源利用等方面。第三方评价有助于提升研学旅行项目的质量和信誉。

（五）多功能后台管理

1. 管理员管理

该平台支持多级权限管理,管理员可以新增其他管理员及修改管理员密码,进行灵活的权限设置,确保平台的安全性和高效性。

2. 数据库备份

该平台提供数据库备份功能,确保数据的安全性和完整性。

3. 财务管理

该平台提供产品类别新增、修改、管理,产品添加、修改及审核等功能,支持财务数据的实时管理和分析。

4. 资源管理

该平台支持教师和学生上传资源,并对上传资源进行审核,通过审核的资源将被各基地、学校等共享。

5. 数据管理

该平台提供查看、修改、删除会员资料的功能,支持锁定和解锁功能,可在线给会员发信息。

6. 课程管理

该平台支持上传课程,完善基地和机构课程信息,确保了课程资源的丰富性和科学性。

7. 营销管理

该平台提供管理信息反馈及注册会员的留言功能,支持在线回复,此外,未注册会员也可使用在线发信息功能。

（六）数据分析与决策支持

1.实时数据分析

该平台提供实时数据分析功能,管理者可以随时查看研学旅行过程中的各项数据,如学生参与度、健康状况、环境参数等。实时数据分析有助于管理者及时调整活动安排,确保研学旅行顺利进行。

2.阶段性分析报告

该平台可以生成阶段性分析报告,总结研学旅行项目在不同阶段的实施效果。报告内容包括学生的学习成果、教师的教学表现、家长的满意度等。阶段性分析报告可以帮助管理者评估项目的整体效果,为后续项目的优化提供依据。

3.个性化反馈

该平台可以根据数据分析结果,为学生、家长、教师和研学旅行机构提供个性化反馈。例如,基于学生的学习成果,提供针对性的学习建议;基于研学旅行机构的服务水平,提出改进措施。个性化反馈有助于各方不断提升研学旅行的质量和效果。

（七）安全与健康监测

1.健康监测

该平台可以协同智能健康监测设备,实时跟踪学生的身体状况,如心率、体温、运动量等,这有助于管理者在研学旅行过程中迅速识别学生的健康异常并采取适当的措施,以保障学生的安全。

2.环境监测

该平台可以协同研学实践教育基(营)地和研学线路中部署的环境监测设备,实时监测空气质量、温度、湿度等环境参数。这些数据可以帮助管理者评估研学环境的安全性和舒适性,为学生提供更好的学习体验。

（八）拓展与创新

1.创新模式

该平台不仅注重对中小学生参与研学旅行课程的表现性评价、过程性评价和发展性评价等信息的整理和归档,还集成协会门户网站、业务系统、协同办公系统、会员应用系统、学校/学生应用端、导师应用端等系统,为提升中小学生综合素养提供了创新模式并注入了力量。

2.自主灵活

该平台根据中小学生身心特点,在研学实践的内容、方式方法、效果上不断探索,以各学段各学科的课程内容为对标点,提供由研学实践教育基(营)地制定的各类型研学旅行课程及相应活动。在统筹校内外课程特点的基础上,该平台将课程内容和实践活动清晰呈现,让学生根据自身实际情况选择适合的课程参与研学实践。同时,该平台通过科学的课程设计,让学生及其家长了解课程活动的纵深发展情况,确保每一项研学实践教育活动都能切实满足学生的多样化需求。

这些特点共同构成了中小学社会实践教育管理平台的核心优势,使其能够为学生提供丰富的学习资源和个性化的学习体验,同时为教育管理者和研学旅行机构提供了强大的数据支持和决策依据,促进了研学旅行行业的规范化和专业化发展。

三、浙江省智慧研学平台的运营

浙江省智慧研学平台是由浙江省教育厅统筹规划建设的,旨在对全省中小学生的研学旅行活动和社会实践活动进行全域化管理并提供相关服务的专业化平台。该平台通过数字化技术整合了教育管理、活动组织、评价反馈等功能,为学校、教师、学生和家长提供了一套高效、便捷的社会实践教育管理解决方案。以下是浙江省智慧研学平台的主要运营特点。

(一)全域化管理与服务

1.多级角色管理

平台采用多级角色管理体系,涵盖省级、市级、区县级等多个层级,全面覆盖参与研学旅行活动的教职工、学生、家长以及研学实践教育基地的工作人员。

2.统一管理机制

平台通过遴选、考核和动态管理研学实践教育基地,形成分类选拔、分层考核、科学评估、统一管理的机制;结合教育教学质量和社会满意度,定期进行考核评估,根据结果实施相应的奖惩措施。

(二)网络化与信息化管理

1.全过程管理

平台实现对研学旅行活动和社会实践活动的全过程网络化、信息化管理,包括课程建设、基地建设、活动组织、评价反馈等。

2.数据实时性

平台对学生参与实践活动的所有行为及数据(包括视频、图片、音频、文字等)进行管理,确保数据的实时性、真实性和可靠性。

(三)一站式公共服务门户

1.地图引入与基地链接

平台的地图引入功能,直接链接各个研学实践教育基地,方便学校和家长选择和访问。

2. 在线选课与数据分析

学校可通过平台在线选择研学旅行课程，系统将快速汇总各类数据，提供实践活动资料的上传与分享功能，便于展示学生的成果，同时支持多级上传和下载，实现便捷的资源分享与交流。

3. 多维度评价

平台提供多维度的学生活动评价和基地评价，为综合素质评价提供依据，实现科学评估和统一管理。

（四）基础支撑平台与子系统集成

1. 基础支撑平台

基础支撑平台包括统一数据中心、统一身份认证、统一权限管理和数据整合平台，为平台提供支撑服务。

2. 门户子系统

根据角色集成各子系统功能，为用户提供统一的信息服务入口，具备推送通知、公告、政策、新闻的功能，支持自定义应用和门户界面布局。

3. 基地管理子系统

通过引入地图展示基地位置分布，提供基地类别数据，支持数据查询和详细信息展示。

4. 学校选课子系统

学校指定管理人员进行课程选择，基地对学校选课进行审核，区县教委查看并审核选课方案，省级教育主管部门查看各区域的选课和开课数据。

5. 学生资料管理子系统

学校通过全国中小学生学籍信息管理系统获取学生的基本数据（如学籍号、姓名、性别等），将这些数据导入系统并进行内容查重和校验，确保信息的准确性和完整性。。

6. 活动管理子系统

教师和学生上传参与社会实践活动的相关资料（如文本、音频、图片、视频等），支持资料检索和评论。

7. 资源管理子系统

管理各基地教学资源，提供资源上传、审核及分享的一体化服务，支持教师和学生上传资源。

8. 评价子系统

包括活动评价和基地评价，涵盖学生自评、教师评价，以及师生对基地的教学评价。

9.评审及成果子系统

学校在系统中填写实践成果介绍,上传成果内容,经省级教育主管部门审批通过后在门户网站上展示。

10.大数据管理

对各基地信息进行统一管理,涵盖对基地、课程、教师、学生等多个维度的有效管理,具备数据传输、分析、汇总和报表生成等功能,为管理者制定决策提供数据支持。

(五)实践与创新

1.创新模式

平台不仅注重对中小学生参与研学旅行课程的表现性评价、过程性评价和发展性评价,还通过集成系统(如协会门户网站、业务系统、协同办公系统等)为提升中小学生综合素养注入力量。

2.自主灵活

平台根据中小学生身心特点,提供由基(营)地制定的各类研学旅行课程及相应活动,支持学生根据自身实际情况选择课程,通过科学的课程设计满足学生的多样需求。

(六)典型案例

下文以浙江省杭州市西湖区智慧研学实践为例进行具体讲解。

1.背景

杭州市西湖区作为浙江省智慧研学平台的试点区域,率先实现了平台的全面应用。该区域拥有多所中小学,服务众多学生和教师。

2.实施效果

(1)课程资源丰富。

平台整合了西湖区内外的优质研学旅行课程资源,涵盖自然科学、历史文化、艺术体验等多个领域,提供了超过500门课程供学校选择。

(2)智能活动组织。

通过智能算法优化活动流程,实时监控学生的行为数据,确保活动顺利进行。例如,在西湖区的以"西湖文化之旅"为主题的研学活动中,平台实时跟踪学生的活动轨迹和停留时间,及时调整活动安排。

(3)多端口展示与交互。

支持微信小程序、H5、微信公众号等多端使用,方便用户随时随地访问平台。家长可以通过手机端实时查看孩子的活动情况,教师可以通过平台进行在线评价和反馈。

(4)全面评价体系。

平台支持学生自评、教师评价、家长评价和第三方评价,以全面评估研学旅行的效果。例如,西湖区某小学的学生在"西湖文化之旅"结束后,通过平台进行了自我评价,家长也对活动的组织和孩子的学习效果进行了高度评价。

(5)数据分析与反馈。

平台可以生成阶段性分析报告,为管理者提供决策支持。例如,西湖区教育局通过平台数据分析,发现学生在"西湖文化之旅"的自然科学课程中参与度较高,但历史文化课程的互动频率较低,并据此调整了后续课程设计。

(6)安全与健康监测。

平台协同智能健康监测设备,实时跟踪学生的身体状况,确保学生的安全。在西湖区的研学活动中,平台及时发现并处理了多名学生的健康问题,保障了学生的安全以及活动的顺利进行。

浙江省智慧研学平台通过全域化管理、网络化服务、多维度评价和大数据支持,为全省中小学生提供了高效、便捷的研学旅行活动和社会实践活动管理解决方案。该平台不仅提升了研学旅行的管理效率,还通过丰富的课程资源和创新的管理模式,促进了学生综合素质的全面发展。杭州市西湖区的成功试点证明了该平台的有效性和实用性,为其他地区提供了宝贵的经验。

任务三　研学旅行营销平台的设计

◎ 任务描述

本任务具体讲解研学旅行营销平台的设计原则、功能设计、运营模式设计、智慧教具设计等内容。

◎ 任务目标

熟悉研学旅行营销平台的设计原则,了解在设计具体研学旅行项目时应该重点考虑的内容,对研学旅行营销平台设计形成清晰的认知。

研学智慧化系统建设在研学旅行市场上占据重要地位,因为线上平台突破了时空的限制,结合大数据、流量管理、便捷操作及多渠道整合等,为行业发展提供了强大支持。深入了解研学旅行智慧营销平台系统、智慧教具设计方法以及智慧评价系统的构建方式,不仅有助于研学旅行行业主管部门进行管理和监控,还能帮助研学旅行机构提升课程质量与服务水平,此外,家长可以通过智慧化系统随时随地了解研学的动态。研学智慧化系统建设让评价真正在研学中落地,形成系统优势,助力研学旅行行业可持续发展。

Note

一、研学旅行营销平台设计原则

（一）丰富的研学旅行资源

平台应积极对接各地的研学旅行服务供应商,提供丰富多样的研学旅行项目以满足不同学校和家长的需求。

（二）简化选项和定制服务

平台应根据学校和家长的需求,提供定制化的研学旅行服务,使得选择和安排变得简单、便捷。平台应加强与相关教育机构的合作与联盟,扩大研学旅行服务的影响力和市场份额。

（三）信息透明和评价反馈

平台上的研学旅行项目信息应公开透明,学校和家长可以根据评价来选择合适的项目;此外,平台应结合评价反馈不断提升服务质量。

（四）安全便捷的在线支付

平台需集成安全可靠的在线支付系统,为学校和家长提供便捷的费用结算服务,在确保交易数据准确性的同时,采用多重加密技术和风险控制机制,全面保障资金安全。

（五）数据分析和优化服务

平台应结合对学校和家长需求的分析,不断优化功能和服务,提供更好的研学旅行体验,制定合理的营销策略,以提高知名度和增加用户数量。

二、研学旅行营销平台功能设计

（一）信息发布功能

平台可以提供信息发布功能,详细展示各地区研学旅行项目的行程安排、费用构成、学习内容等核心信息,为学校和家长提供全面的项目参考,便于其根据需求选择合适的研学旅行方案。

（二）深度定制功能

平台可以提供深度定制功能,支持学校和家长根据学生的特点和需求,定制符合其教育目标的研学旅行项目。

（三）资源对接功能

平台可以对接各地的优秀教育资源,包括博物馆、科技馆、实验室等,以提供丰富多样的学习资源。

（四）学生管理功能

平台可以提供学生管理功能，根据学校和学生家长提供的学生信息，进行学生管理，包括行程安排、签到、报名等。

（五）评价反馈功能

平台可以提供评价反馈功能，支持学校和家长对研学旅行项目进行评价和反馈，并基于相关评价和反馈改进服务。

（六）在线支付功能

平台可以提供在线支付功能，便于学校和家长进行费用结算。

三、研学旅行营销平台运营模式设计

（一）研学旅行服务供应商入驻

各地的研学旅行服务供应商可以申请入驻平台，提供相关的研学旅行项目信息并与学校和家长进行对接。

（二）学校和家长注册使用

学校和家长可以注册平台账号，浏览研学旅行项目信息，选择适合的项目，并进行定制、报名等操作。

（三）平台运营服务费

平台可以收取研学旅行服务供应商的入驻费用，并从每笔交易中抽取一定的手续费。

（四）品牌推广和合作推广

平台可以通过线上线下的推广活动，提高知名度和用户数量，并与相关机构进行合作推广，扩大平台的影响力。

（五）数据分析和优化服务

平台可以对学校和家长的需求进行分析，并以此为依据不断优化功能和服务，从而提供更好的研学旅行体验。

四、研学旅行营销平台智慧教具设计

研学旅行中的智慧教具既服务于教师的教学，又是学生的实践工具。智慧教具能够有效评估学生的研学效果和学习体验。在设计原则上，智慧教具的操作难度应遵循由简到繁、由易到难、由具体到抽象的逻辑递进关系,以适应不同能力水平的学生的使用需求,避免学生因操作困难而产生挫败感。同时,智慧教具实现了多维度数据采集与分析,能够与学生的身心健康指标、课堂参与度以及课后评价体系形成有机联动。这种全方位的关联不仅为研学旅行机构和组织者提供了科学决策的数据支持,还有助于研学旅行者获得更加丰富、深入的学习体验。

(一)学生行为、健康监控

基于学生行为数据建构的研学监控系统,包括数据采集设备、数据传输设备和监控设备。监控设备包括第一通讯器、第一处理器、存储器和输出装置。数据采集设备和第一通讯器与数据传输设备相连;第一通讯器、存储器和输出装置与第一处理器相连;数据采集设备将采集的监测数据通过数据传输设备发送给第一通讯器,第一处理器将基于学生行为数据得到的课堂效果信息发送给输出装置。其中,学生行为数据是根据研学监测数据和存储器中预存储的数据模型得到的。

(二)智能学生课后评价

支持从多个方面对学生的研学旅行表现进行评价,包括设计内容评价、实施阶段评价、总结阶段评价等。设计内容评价侧重于学生发现问题和提出问题的意识和能力。实施阶段评价侧重于研学旅行方案的实施情况,主要考查学生对资料的收集、加工和分析情况,从而掌握研学活动的进程,认定其研究目标的达成度等。总结阶段评价侧重于学生的参与情况,主要对学生在研学旅行过程中的知识整合、研学报告撰写、人际交流与小组合作、研究成果的评定与展示等进行评价,这个过程也是对学生的学习方式和思维方式的考查。

(三)智慧教具优化课程平台探索建议

教育评价是根据一定的教育价值观或教育目标,运用可行的科学手段,系统收集、整理和分析相关信息和资料,对教育活动、教育过程和教育结果进行价值判断的过程,这一过程旨在为提高教育质量和优化教育决策提供依据。

在设计研学旅行智慧评价系统或智慧教具时,可导入第三方评价系统,邀请旅游、教育等领域的专家共同制定评价标准。通过学生端、家长端、导师端的多维度数据采集,形成全面的研学评价大数据体系,从而持续优化课程设置、基地建设和导师队伍建设,解决导师评价的专业性、便捷性、时效性等方面的问题。

总之,搭建研学旅行营销平台需要投入一定的资金和人力资源,其价值体现在可以极大地方便学校和家长选择和安排研学旅行项目,为学校和家长提供丰富多样的学习资源和定制化的服务。应对研学旅行营销平台进行持续的技术迭代和服务优化,以提升平台的功能完善度和用户体验,最终实现研学旅行教育价值的最大化。

⛵ 教学互动

随着家长对孩子综合素质教育的重视,研学旅行逐渐成为一种流行的教育方式。

然而,市场上缺乏一个整合资源、提供全方位服务的平台,家长和学生往往难以找到合适且高质量的研学旅行项目。途牛作为一家知名的在线旅游服务平台,为家长和学生提供一站式研学旅行服务,旨在解决这些问题。途牛定位于为3—18岁学生提供高质量、多样化的研学旅行产品和服务。平台不仅涵盖了国内研学旅行项目,还拓展了国际研学项目,以满足不同家庭的需求。

请结合本项目所学知识,思考:为途牛设计研学旅行营销平台时,应注意哪些关键要素?

⛵ 项目小结

随着信息技术的迅猛发展,互联网新媒体作为一种新兴传播形式,具有传统媒介无法比拟的优势。研学旅行企业可以深度整合企业官网、二维码、短视频平台、直播平台等进行市场营销,并通过智能化数据处理实现业务流程自动化。这种数字化转型不仅提升了市场动态预测的精准度,助力决策者提高决策成功率和市场判断力,还凭借突破时空限制的特性,实现了研学营销的无边界交易。此类新媒体平台集渠道拓展、促销推广、电子交易、客户互动服务及市场信息分析等功能于一体,使研学旅行企业能够统一规划、协调实施各类市场营销活动,有效规避传播不一致带来的负面影响。

研学旅行营销平台的设计与应用的价值是多方面的,不仅可以强化研学旅行行业主管部门的管理监控能力,还有助于研学旅行机构提升课程质量与服务水平,应确保将平台的评价机制切实融入研学实践,从而形成系统性优势,助力研学旅行行业可持续发展。

⛵ 能力训练

乡村研学旅行市场广阔,研学旅行资源丰富。请你选择一处区位优势独特、交通便捷通畅、生态环境优美、农耕文化浓厚的乡村,围绕乡村研学旅行产品设计关键要素进行详尽分析,并思考以下问题。

(1)乡村研学旅行的目标是什么?

(2)当地具有特色的研学旅行产品有哪些?

(3)研学旅行企业应如何规范乡村研学旅行服务,深化研学旅行内涵,不断延伸研学旅行产业链?

知识训练

▼

项目八

项目九
研学旅行新媒体营销策略

项目描述

在当今数字化时代,新媒体平台已成为研学旅行市场推广的关键力量。本项目聚焦于研学旅行新媒体营销策略,具体讲解了研学旅行新媒体营销的核心原理、研学旅行新媒体平台的使用等内容。

项目引入
▼

项目九

项目目标

知识目标

(1)深入理解研学旅行新媒体营销的核心原理,包括研学旅行新媒体营销的概念内涵、研学旅行新媒体营销与传统营销的区别,以及研学旅行新媒体营销对消费者行为和决策的影响机制。

(2)全面掌握各类新媒体平台的特点、使用方法及典型实践案例。

能力目标

(1)熟练创作质量高、吸引力强且符合研学旅行特色的新媒体内容,涵盖文字、图片、视频等多种形式,并能根据不同平台精准定位目标受众。

(2)精通数据分析与优化方法,能够收集、分析新媒体营销活动数据,依据数据反馈制定并实施有效的优化策略。

(3)具备跨平台整合营销能力,能充分挖掘平台间的互补性,制定并执行协同增效的跨平台营销策略,实现资源高效利用。

(4)培养创新思维,善于洞察市场趋势和消费者需求变化,能够对研学旅行新媒体营销策略进行创新并付诸实践。

素养目标

(1)培养敏锐的市场洞察力和创新意识。

(2)强化团队协作精神。

项目重难点

项目重点

(1)掌握研学旅行新媒体平台的使用技巧,包括内容策划、互动策略等。

(2)掌握新媒体营销内容创作的核心要点,如选题策划、撰写与编辑、多媒体呈现等。

项目难点

(1)精准把握不同新媒体平台的算法逻辑和用户喜好,创作能在各平台脱颖而出的优质内容,实现高曝光与高互动。

(2)灵活运用数据分析结果优化营销策略,根据市场动态和消费者需求变化持续创新营销方式。

知识导图

```
                              ┌─ 研学旅行新媒体营销的概念内涵
              研学旅行新媒体营销 ─┼─ 研学旅行新媒体营销与传统营销的区别
              的核心原理         └─ 研学旅行新媒体营销对消费者行为和
                                  决策的影响

                              ┌─ 微博
研学旅行新媒体    研学旅行新媒体平台 ├─ 微信
营销策略      ─── 的使用          ├─ 抖音
                              └─ 小红书

                              ┌─ 内容创作
              研学旅行新媒体营销具体 ├─ 数据分析与优化
              策略              ├─ 跨平台整合营销
                              └─ 创新思维与战略眼光
```

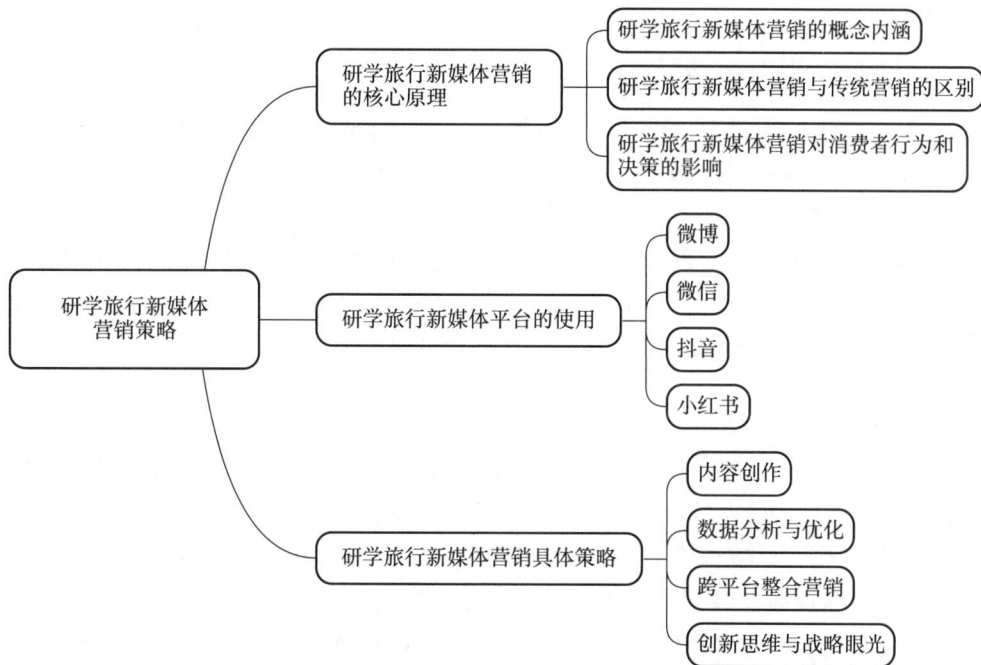

任务一 研学旅行新媒体营销的核心原理

任务描述

本任务具体讲解了研学旅行新媒体营销的概念内涵、研学旅行新媒体营销与传统营销的区别、研学旅行新媒体营销对消费者行为和决策的影响等内容。

任务目标

理解研学旅行新媒体营销的核心原理,掌握研学旅行新媒体营销的策略与方法。

一、研学旅行新媒体营销的概念内涵

研学旅行新媒体营销是借助新媒体平台(如社交媒体平台、在线教育平台等),利用数字技术和互联网优势,以多样化的内容呈现方式(如文字、图片、视频等)和互动方式(如直播等),向目标受众宣传、推广研学旅行产品与服务的一系列营销活动。它打破了传统营销的时空限制,实现了与消费者的即时互动,为研学旅行行业开辟了全新的营销模式。

二、研学旅行新媒体营销与传统营销的区别

(一)传播渠道与速度

传统营销主要依赖于电视、广播、报纸、杂志等传统媒体,信息传播速度相对较慢,覆盖范围有限,且传播渠道较为固定。例如,报纸广告需提前排版印刷,发行周期长,信息更新滞后。

新媒体营销基于互联网和移动设备,传播速度近乎实时,可瞬间将信息传递给全球各地的受众。一条热门的研学旅行微博或一个热门的研学旅行抖音作品,能在短时间内获得数百万甚至上千万的浏览量,传播范围极广。

(二)互动性与参与度

传统营销多为单向传播,企业向消费者传递信息,消费者反馈渠道有限,互动性差。例如,电视广告播放后,企业难以立即获取消费者的反馈。

新媒体营销强调双向互动,消费者可通过评论、点赞、分享、私信等方式与企业交流,企业能根据反馈及时调整营销策略。例如,研学旅行机构在微信公众号发布活动推文,消费者可在评论区留言咨询,若研学旅行机构能及时回复消费者的留言并解答其疑问,则能有效增强消费者的参与感和消费者对品牌的好感度。

(三)目标市场定位精准度

传统营销面向广泛的消费者群体,难以精准定位特定目标市场,营销资源易分散。例如,电视广告投放面向大众,无法针对特定年龄、兴趣或地域的研学旅行潜在消费者进行精准推送。

新媒体营销可借助大数据分析和精准定位技术,结合用户的年龄、性别、地理位置、兴趣爱好、浏览历史等多维度的数据,实现对目标市场的精准细分和个性化营销。

例如,通过分析用户在社交媒体上的行为数据,将对历史文化感兴趣且位于特定城市的青少年及其家长定位为研学旅行产品的目标客户,针对性推送相关历史文化主题的研学活动信息。

（四）营销成本与效益

传统营销通常需要较高的投入成本,如购买广告位、制作印刷宣传材料、聘请代言人等,且营销效果难以精确评估。例如,企业在电视上投放广告,需支付高额的广告费用,但其带来的实际客户转化数量难以准确衡量。

新媒体营销成本相对较低,许多平台提供免费注册和基础功能使用,企业可自行创作和发布内容。同时,新媒体营销的效果可通过多种数据分析工具,对曝光量、点击率、转化率等指标进行实时监测和评估,使企业能更精准地控制营销成本,提高投资回报率。例如,研学旅行机构通过微信公众号发布活动推广文章,可免费触达关注该公众号的用户,通过分析文章阅读量、转发数、报名链接点击量等数据,评估营销活动效果,优化后续营销策略。

三、研学旅行新媒体营销对消费者行为和决策的影响

（一）信息获取

在当今数字化时代,新媒体营销以其独特的优势改变了消费者获取研学旅行信息的方式,它涵盖了丰富多样的内容和形式,从精美的图文展示,到生动形象的视频介绍,再到沉浸式的虚拟现实体验,全方位地呈现研学旅行的各个方面。通过社交媒体平台、专业旅游网站、在线论坛等多种新媒体渠道,消费者能够轻松地查询到研学旅行产品的详细信息,如行程安排中的独特景点、特色教学活动、专业导师团队等;了解价格的精确构成,包括各项费用明细以及可能存在的优惠政策;及时获取其他消费者的真实评价,无论是对住宿条件、餐饮质量的反馈,还是对研学旅行课程效果的称赞或建议。这种全面且便捷的信息获取途径,使得消费者能够打破时间和空间的限制,随时随地便捷地收集所需信息,从而更深入、细致、准确地了解研学旅行产品的全貌,为后续的购买决策提供坚实可靠的依据,大大提升了决策的科学性和合理性。

（二）决策影响

新媒体营销所具备的用户评价和分享等强大功能,在消费者的决策过程中发挥着至关重要的作用。当潜在消费者在浏览各类新媒体平台时,他们会接触到大量已参与研学旅行的用户所留下的评价和分享信息。这些信息往往具有很强的真实性和很高的参考价值,涵盖了从旅行前期的期待,到行程中的实际体验,再到旅行结束后的收获与感受等。例如,一位家长分享了孩子参加某历史文化主题研学旅行后的显著变化:对历史知识的兴趣明显提升,并且在沟通能力和团队协作能力方面也有了显著进步。该家长在分享内容中还附上了孩子在研学过程中的精彩照片和视频片段。这类积极的评价和生动的分享内容,会引发潜在消费者强烈的共鸣,激发他们的向往之情,使他

们更容易产生购买意愿和做出购买决策;相反,如果存在较多负面评价,会让消费者更加谨慎地进行评估和选择,这种反馈机制对整个市场起到一定的筛选和监督作用,推动研学旅行企业不断优化产品和提升服务质量。

(三)品牌认知

借助新媒体营销的广阔平台和强大传播力,研学旅行企业拥有了塑造和提升研学旅行品牌形象与知名度的有力工具。通过精心策划和制作高质量的品牌宣传内容,如展现企业的教育理念、专业师资力量、安全保障措施、成功的研学案例等,研学旅行企业能够在海量信息中脱颖而出,吸引消费者的关注甚至获得消费者的认可。消费者在选择研学旅行产品的过程中,会重点考量品牌知名度和口碑等因素。知名度高的品牌往往代表着一定的品质保证、丰富的经验和良好的信誉,能够增强消费者的信任感和安全感。例如,一些在新媒体平台上频繁曝光、拥有大量粉丝和正面评价的研学旅行品牌,更容易被消费者优先考虑,成为他们心目中的首选品牌。这有助于研学旅行企业在激烈的市场竞争中占据优势地位,进而实现品牌价值的持续提升和市场份额的稳步扩大。

(四)消费体验

新媒体营销的互动性和个性化特点,为提升消费者的参与度和体验感提供了新的途径。消费者不再是被动的信息接收者,他们能够通过社交媒体平台、在线客服、直播互动等方式与研学旅行品牌方进行积极的互动交流。消费者可以随时提出自己关于行程安排、课程内容、安全保障等方面的问题,并在短时间内获得品牌方的专业解答和建议。同时,品牌方也能够根据消费者的反馈和需求,对产品进行个性化的调整和优化,以更好地满足消费者的期望。例如,在一次以自然科学为主题的研学旅行策划过程中,品牌方通过社交媒体平台发起了关于课程设置的投票活动,广泛征求消费者的意见和建议。消费者积极参与,提出了许多新颖、有趣且富有教育意义的想法。品牌方据此对课程进行了优化调整,增加了一些实地观察和实验操作的环节,使得整个研学旅行更加贴合消费者的兴趣和需求。这种互动性和个性化的体验,不仅让消费者在研学旅行前就感受到了品牌方的关怀和重视,还提升了消费者研学旅行过程中的参与感和满意度,从而使品牌方获得了良好的口碑和较高的客户忠诚度。

任务二　研学旅行新媒体平台的使用

任务描述

本任务对微博、微信、抖音和小红书等主流新媒体平台进行了全方位的剖析,具体包括深入研究各平台的功能特性、用户行为习惯以及典型实践案例,探讨了契合研学旅行特色的内容策划思路、互动策略以及数据分析方法。

任务目标

掌握微博、微信、抖音、小红书等新媒体平台的基本特点、功能机制以及使用技巧;具备独立构思、创作并在各平台上精准发布符合平台风格与受众喜好的研学旅行相关内容的能力;准确理解并应用各平台的典型实践案例,不断优化发布的内容,显著提升内容的传播效果,从而提升研学旅行项目的关注度和参与度。

一、微博

(一)特点

1.内容简洁性与即时性

微博以140字左右的短文本为主要内容呈现方式,这使得信息能够迅速被创作和传播。用户可以在短时间内获取关键信息,快速传递研学旅行的即时资讯,如活动通知、行程亮点等。同时,微博的实时性极强,信息更新速度快,能够让用户第一时间了解研学旅行行业的最新动态。

2.广泛的用户覆盖与社交属性

微博拥有庞大的用户基数,涵盖了各个年龄层、地域和社会群体,具有极高的社会影响力。其社交属性突出,用户之间可以通过关注、转发、评论等互动方式形成广泛的社交网络。对于研学旅行企业而言,这种社交网络有助于企业快速扩散信息,吸引潜在客户,同时也便于企业与用户进行直接沟通和互动,了解他们的需求和反馈。

3.话题传播与舆论引导能力

微博的话题功能是其一大特色,用户可以通过参与热门话题讨论或创建专属话题,将研学旅行相关内容推送给更多关注该话题的用户。这使得微博成为一个强大的舆论场,研学旅行企业可以利用热门话题的热度,结合自身产品特点,引导舆论方向,提高品牌知名度和产品曝光度。例如,在旅游旺季或特定节日期间,可以借助相关话题发布研学旅行产品推荐,吸引用户关注。

(二)使用方法

1.账号建设与品牌塑造

(1)创建官方微博账号。

研学旅行企业在创建官方微博账号时,可以选择与企业或企业项目相关且易于记忆的用户名,完善账号的头像、简介等资料。应清晰展示企业品牌标识或与研学旅行相关的特色元素的头像,在简介中简洁明了地传达企业的核心业务、特色和价值观,从而使用户快速形成对企业的初步认知。

（2）制定品牌传播策略。

研学旅行企业应根据研学旅行的目标受众和品牌定位，确定微博的内容风格和传播主题。例如，如果目标受众是青少年学生及其家长，内容风格可以更加活泼有趣、富有教育意义；如果是针对学校或教育机构，内容则可以更具专业性和权威性。

2. 内容发布与话题营销

（1）多样化内容创作。

除了传统的短文本，研学旅行企业还可以发布高清图片、精彩视频等。例如，可以在微博上分享研学旅行过程中的精彩照片、学生积极参与活动的视频片段，配以生动有趣的文字描述，以吸引用户的关注。

（2）结合热门话题发布内容。

研学旅行企业可以实时关注微博热门话题榜，结合研学旅行的主题和内容，巧妙地将热门话题元素融入发布的内容。例如，可以在"文化传承"热门话题下，发布历史文化主题研学旅行的相关内容，如"走进古老遗迹，传承历史文化——××带你领略千年文明"，并使用相关话题标签，提高内容的曝光率。

3. 互动与用户关系管理

（1）积极回复评论和私信。

研学旅行企业应及时关注用户的评论和私信，对用户提出的问题、建议和反馈给予积极、专业的回复。这不仅能够增强用户对研学旅行企业的好感度和信任度，还有助于研学旅行企业通过互动了解用户需求，为优化产品和调整营销策略提供依据。

（2）举办互动活动。

研学旅行企业可以定期举办微博互动活动，如抽奖、问答、话题讨论等，鼓励用户积极参与。例如，可以开展"分享你的研学梦想"话题讨论活动，邀请用户分享自己对研学旅行的期望和想法，参与者有机会获得研学旅行优惠券或小礼品。这一活动还有助于提升用户黏性和活跃度。

（三）最佳实践

1. 微博直播：仿佛身临其境的研学体验展示

（1）选择合适的直播场景和内容：直播研学旅行的重要活动、特色景点或精彩课程环节。例如，在自然科学主题研学旅行中，直播学生在野外进行实地考察、动植物观察的过程；或者在文化艺术主题研学旅行中，直播博物馆、艺术展览的讲解环节，让用户感受研学旅行的魅力。

（2）提前宣传与互动预告：在直播前通过微博发布直播预告，介绍直播的时间、地点、主题和亮点，吸引用户关注。同时，可以与用户进行互动，收集他们对直播内容的看法，在直播过程中有针对性地进行回应。

（3）直播过程中的互动技巧：鼓励观众在直播过程中留言、点赞、分享，并及时回应观众的互动,增强观众的参与感。例如,在直播过程中设置一些互动环节,如提问并抽取回答正确的观众赠送小礼品,或者邀请观众投票决定下一个参观地点等,提高观众的参与积极性。

2. 与KOL合作:借助影响力扩大传播范围

(1)精准选择KOL合作伙伴:根据研学旅行的目标受众和产品特点,筛选与教育、旅游、亲子等领域相关且"粉丝"群体匹配的KOL。例如,如果研学旅行项目主要面向青少年学生,可以选择在教育领域有影响力、"粉丝"以学生和家长为主的KOL;如果是特色文化主题研学旅行,可以选择对文化艺术有深入研究且"粉丝"兴趣相符的KOL。

(2)合作方式多样化:可以邀请KOL参与研学旅行体验,并让他们在微博上分享真实的感受和体验。同时,也可以与KOL围绕一定的话题共同策划活动、进行线上直播等。例如,与旅游KOL合作推出"跟着博主去研学"系列活动,KOL通过微博记录研学旅行全过程,分享旅行攻略、景点推荐和个人感悟,吸引"粉丝"关注和参与。

(3)数据监测与效果评估:在合作过程中,密切关注相关数据指标,如微博曝光量、转发量、评论量、"粉丝"增长数等,评估合作效果。根据数据反馈及时调整合作策略,优化与KOL的合作方式,以获得最佳的推广效果。

二、微信

(一)微信公众号

1. 特点

(1)深度内容传播与专业性展示。

公众号是微信平台上用于发布深度、专业内容的重要渠道,适合发布研学旅行相关的详细攻略、行业分析等内容。公众号的内容组成丰富多样,除了图文并茂的文章,还支持音频、视频等多种媒体形式,能够满足不同用户的阅读和学习需求。研学旅行企业可以精心策划和撰写高质量的内容,从而在公众号上展示其在研学旅行领域的专业知识和丰富经验,树立专业、权威的品牌形象。

(2)精准的用户订阅与"粉丝"运营。

用户主动订阅公众号,表明他们对该公众号的内容具有一定的兴趣和需求,这使得公众号的用户群体具有较高的精准度。研学旅行企业可以针对这部分精准用户进行精细化的"粉丝"运营,通过定期推送优质内容、举办专属活动等方式,增强用户黏性,培养忠实"粉丝"群体,为产品的推广和销售奠定坚实的用户基础。

(3)强大的功能集成与服务拓展。

公众号具备多种功能接口,研学旅行企业可以根据自身需求开发定制化功能,如在线报名、课程预约、会员系统等,实现从内容传播到服务提供的一体化运营。同时,公众号还支持与其他系统的对接,如与企业的客户关系管理系统(CRM)相结合,实现用户数据的统一管理和精准营销。

2.使用方法

（1）内容规划与创作。

①制定内容策略。根据研学旅行的季节性、热门主题以及用户需求,制定长期和短期的内容规划。例如,在寒暑假前夕,重点推出适合学生的假期研学旅行线路推荐和活动预告;在特定文化节日期间,策划相关主题的文化科普文章和研学活动报道。应确保发布的内容具有针对性和吸引力,能够满足用户在不同阶段的需求。

②多样化内容呈现方式。除了传统的图文文章,还可以充分利用音频、视频等形式丰富内容呈现方式。例如,制作研学旅行目的地的音频导览,让用户可以在阅读文章的同时聆听专业讲解;拍摄精彩的研学旅行视频,如学生的实践操作过程、旅行中的趣味瞬间等,并将其嵌入文章,以增强文章的视觉冲击力。

（2）功能设置与用户服务。

①自定义菜单设计。合理设置公众号的自定义菜单,为用户提供便捷的导航和服务入口。例如,设置"研学线路"菜单,展示各类研学旅行产品的详细信息和报名入口;设置"活动资讯"菜单,用于发布最新的研学活动通知和优惠信息;设置"联系我们"菜单,方便用户获取企业的在线客服等联系方式,提高用户与企业之间的沟通效率。

②模板消息运用。利用模板消息功能,向用户发送个性化的消息提醒,如报名成功通知、行程安排提醒、活动变更通知等。模板消息应简洁明了、重点突出,确保用户能够及时获取重要信息,同时避免过度打扰用户。

（3）用户互动与"粉丝"增长。

可以在文章结尾处引导用户在留言板下评论,提出问题、分享观点或经验。应及时回复用户的评论,与用户建立良好的互动关系。可以将用户提出的有价值的建议或问题整理成文章或专题进行解答和分享,增强用户参与感和归属感。可以举办线上活动吸引"粉丝",如举办线上征文比赛、摄影比赛、知识问答竞赛等,鼓励用户参与并分享活动信息,吸引新用户关注公众号。例如,可以举办研学旅行摄影大赛,邀请用户分享自己在研学旅行中的精彩照片,设置丰厚奖品,提升活动的吸引力和用户参与度,同时通过用户的分享扩大公众号的传播范围。

（二）微信小程序

1.特点

（1）便捷的用户体验与快速访问。小程序无须用户下载安装,可直接在微信内打开使用,大大降低了用户的使用门槛和获取成本。用户可以通过微信搜索、扫码、点击分享链接等多种方式快速进入小程序,获得即点即用的便捷体验。对于研学旅行来说,用户可以在碎片化时间内快速浏览研学旅行产品信息、进行预订操作等,这提高了用户的使用便捷性和操作效率。

（2）功能集成与一站式服务。小程序能够集成多种功能,如线路预订、在线客服、行程管理、结算支付等,为用户提供一站式的研学旅行服务。用户可以在小程序内完成从了解产品、咨询问题到下单支付的全过程,无须在多个平台或应用之间切换,简化了操作流程,提升了用户体验。

（3）良好的社交分享与传播能力。小程序支持分享到微信聊天、朋友圈等社交场景,便于用户将感兴趣的研学旅行产品分享给亲朋好友。这种基于社交关系的分享传播方式具有较高的可信度和转化率,能够帮助研学旅行企业快速扩大品牌影响力和产品知名度,吸引更多潜在用户。

2. 使用方法

（1）小程序开发与功能优化。

①确定核心功能需求。根据研学旅行业务流程和用户需求,确定小程序的核心功能模块,如产品展示、预订系统、支付功能、用户中心等。应确保小程序功能简洁实用,操作流程顺畅,能够满足用户在研学旅行过程中的主要需求。

②注重用户体验设计。在小程序界面设计上,遵循简洁美观、易于操作的原则,使用户能够快速找到所需功能和信息。优化页面加载速度,减少用户等待时间。提供清晰的操作提示和引导,如预订流程中的日期选择、人数填写、费用明细展示等,方便用户完成各项操作,提高用户满意度。

（2）程序推广与运营。

①微信内推广渠道利用。充分利用微信生态内的各种推广渠道,如"看一看""搜一搜""附近"等功能,提高小程序的曝光率。优化小程序的关键词设置,确保在用户搜索相关关键词时能够准确展示。通过公众号文章、菜单栏等位置引导用户进入小程序,实现公众号与小程序的相互引流。

②社交分享与口碑传播。鼓励用户在使用小程序后进行分享,如在完成预订后分享行程信息到朋友圈,邀请好友一起参与研学旅行。可以设置一些分享奖励机制,如分享后可获得积分、优惠券等,激励用户积极分享。同时,应注重提供优质的产品和服务,通过用户的口碑传播吸引更多新用户使用小程序。

（三）企业微信

1. 特点

（1）高效的企业内部沟通协作平台。

企业微信主要用于企业内部团队成员之间的沟通与协作,具备强大的即时通信功能,支持文字、语音、图片、文件等多种消息形式的快速传递。同时,企业微信提供了丰富的协作工具,如组织架构管理、任务分配、日程管理、会议功能等,方便团队成员之间高效协同工作,提升了工作效率和团队执行力。

（2）安全可靠的数据管理与信息保护。

企业微信高度重视数据安全和信息保护,采用了多层安全防护措施,确保企业内部信息的安全性和保密性。对于研学旅行企业来说,涉及学生信息、行程安排、财务数据等重要信息,企业微信能够提供安全可靠的存储和传输环境,有效降低信息泄露风险。

（3）与微信生态的无缝连接以及对外部沟通渠道的拓展。

企业微信与微信实现了无缝连接，企业成员可以在企业微信内与微信用户进行沟通交流，无须切换应用。这为研学旅行企业与外部合作伙伴、客户等进行沟通协作提供了便利，如与学校、家长、供应商等进行业务洽谈、信息共享等，拓展了企业的外部沟通渠道。

2. 使用方法

（1）内部团队管理与协作。

①构建组织架构与成员管理。根据研学旅行企业的部门设置和人员分工，在企业微信中搭建清晰的组织架构，明确各部门及其成员的职责权限。添加团队成员信息，包括姓名、职位、联系方式等，方便成员之间快速查找和沟通。同时，通过设置部门群组、项目群组等，实现信息的精准推送和团队协作的高效开展。

②任务分配与跟进。利用企业微信的任务分配功能，将研学旅行项目中的各项任务明确分配到具体责任人，并设置任务截止时间、优先级等属性。责任人可以在任务详情中查看任务描述、上传工作成果，其他成员可以实时了解任务进展情况，这便于团队成员之间的协作和监督，确保按时、高质量完成项目任务。

（2）对外沟通与客户服务。

①与外部联系人沟通协作。企业成员可以通过企业微信添加外部合作伙伴、客户等联系人，并进行一对一或群组沟通。在与学校、家长等沟通研学旅行相关事宜时，如行程安排、安全保障措施、费用明细等，可以直接在企业微信中发送详细资料，方便快捷且信息记录完整。同时，企业微信支持与外部联系人共享日程安排，便于协调会议、活动等的时间安排，提高沟通效率。

②客户服务与反馈处理。企业微信可以与企业的客户服务系统相结合，实现客户咨询、投诉等问题的统一管理和处理。客服人员可以通过企业微信及时回复客户的咨询和反馈，提供专业的解答和解决方案。对于重要客户或客户群，可以设置专门的服务团队或客服人员进行一对一的服务跟进，提升客户满意度和忠诚度。

三、抖音

（一）短视频制作

1. 特点

（1）视觉冲击力与娱乐化表达。

抖音短视频具有简短、精彩、富有创意等特点，能够在短时间内吸引用户的注意力。生动的画面、有趣的音效和独特的剪辑手法，有助于营造出强烈的视觉和听觉冲击力，使研学旅行的内容更加生动有趣、易于传播。娱乐化的表达方式符合抖音平台用户的喜好,能够让用户在轻松愉快的氛围中了解研学旅行的魅力。

(2)个性化推荐与精准触达。

抖音的推荐算法基于用户的兴趣、行为等多维度数据,能够为用户精准推荐感兴趣的内容。这使得研学旅行短视频能够精准触达对旅行、教育、文化等领域感兴趣的目标用户群体,提升内容的曝光率和传播效果。同时,用户也可以根据自己的喜好对视频进行点赞、评论、分享等操作,进一步影响推荐算法,使优质的研学旅行短视频获得更多的流量和关注。

(3)低门槛创作与全民参与。

抖音短视频制作门槛相对较低,用户不需要具备专业的拍摄和剪辑技能,仅通过手机即可轻松拍摄和编辑短视频。这鼓励了更多人参与研学旅行短视频的创作,无论是研学旅行企业、导游、学生还是家长,都可以成为内容的创作者,分享自己的研学旅行经历和见解,形成丰富多样的内容。

2.使用方法

(1)创意策划与内容选题。

①突出研学旅行亮点。在短视频策划阶段,可以深入挖掘研学旅行项目的特色和亮点,如独特的研学内容、有趣的实践活动、美丽的自然风光或深厚的文化底蕴等,将其作为视频的核心内容进行展示。例如,以"探秘古老手工艺"为主题,拍摄学生在研学旅行中学习传统手工艺的过程,展示手工艺品的精美和制作工艺的独特,激发用户的兴趣。

②结合热门趋势和话题。关注抖音平台上的热门话题,巧妙地将研学旅行内容与热门话题相结合,以增加视频的曝光率。例如,在"乡村振兴"话题热度较高时,制作关于乡村研学旅行的短视频,展示乡村的自然风光、特色农事体验和优秀传统文化传承,借助热门话题的流量提升视频的传播效果。

(2)拍摄与剪辑技巧。

①注重画面质量和拍摄稳定性。使用高清设备进行拍摄,确保画面清晰、色彩鲜艳。在拍摄过程中,注意保持手机的稳定,可以使用三脚架、稳定器等辅助设备,避免画面抖动影响观看体验。

②多样化拍摄手法。尝试运用不同的拍摄手法,如利用特写镜头突出细节,利用全景镜头展示场景全貌,利用移动镜头增加画面动感等,使视频内容更加丰富多样。例如,在拍摄自然风光类研学旅行营销视频时,使用无人机拍摄全景,展现山河景色的壮丽;在拍摄学生实践活动时,运用特写镜头捕捉学生专注的表情和精彩的操作瞬间。

③合理剪辑与节奏把握。在剪辑过程中,保持视频节奏紧凑、流畅。合理剪辑片段,去除冗长无用的部分,使视频内容简洁明了。根据视频内容和音乐节奏进行剪辑,营造出合适的氛围。例如,在展示欢快的研学活动时,选择节奏轻快的音乐,剪辑节奏也相应加快;在介绍历史文化知识时,选择舒缓的音乐,剪辑节奏放缓,从而让用户更好地沉浸在内容中。

（二）直播

1.特点

（1）实时互动性与真实感传递。

抖音直播功能允许主播与观众进行实时互动，观众可以在直播过程中随时提问、发表评论，主播能够及时回应，这种互动性极大地增强了用户的参与感和用户黏性。通过直播，观众可以实时了解研学旅行的现场情况，如实地参观景点、体验活动的真实场景，感受研学旅行的氛围和乐趣，提升对研学旅行产品的信任感。

（2）多样互动形式提升参与度。

除了文字互动，抖音直播还支持点赞、连麦等多种互动形式。主播可以通过设置互动环节，如抽奖、问答竞赛等，鼓励观众积极参与，提高直播的活跃度和趣味性。同时，观众也可以在直播间内进行互动交流，分享自己的看法和经验，形成良好的社交氛围。

（3）传播范围广与流量扶持。

抖音平台拥有庞大的用户流量，直播内容能够获得较高的曝光率。对于优质的研学旅行直播，抖音会给予一定的流量扶持，将其推荐给更多潜在用户。这有助于研学旅行企业快速扩大品牌影响力，吸引更多用户关注和参与研学旅行项目。

2.使用方法

（1）直播前准备。

①规划直播内容与流程。根据研学旅行的行程安排和活动内容，制订详细的直播计划。确定直播的主题、重点展示环节、互动环节的设置等，确保直播内容丰富、有条理。例如，若进行以自然科学为主题的研学旅行直播，主播可以先介绍目的地的自然环境和特色动植物，然后带领观众云参观，并讲解相关知识，中间可以穿插互动环节，如解答观众关于自然科学的问题、进行小实验展示等。

②设备与网络调试。确保直播设备（如手机、摄像机、麦克风等）正常运行，保证画面清晰、声音清楚。提前测试网络环境，选择信号稳定、网速较快的网络环境进行直播，避免直播过程中出现卡顿、掉线等问题。同时，准备好备用设备和网络方案，以应对突发情况。

③宣传推广预热。在直播前通过抖音短视频、微信公众号、微博等渠道发布直播预告，吸引用户关注。直播预告内容包括直播时间、主题、亮点以及福利活动等，激发用户的观看兴趣。可以提前邀请一些"粉丝"或合作伙伴帮忙转发直播预告，扩大宣传范围。

（2）直播过程中的技巧。

①生动讲解与专业引导。主播在直播过程中要以生动、有趣的方式讲解研学旅行的相关内容，运用通俗易懂的语言向观众介绍景点知识、活动意义等。同时，要具备专业的素养，能够解答观众提出的各种问题，提供准确、有价值的信息。例如，在讲解历史文化景点时，结合历史故事、传说等元素，让讲解更加生动有趣；在介绍研学旅行课

程时,详细说明课程目标、教学方法和预期效果,激发观众对研学旅行产品的兴趣。

②互动环节设计与把控。合理安排互动环节,如定期进行抽奖活动,设置一些与研学旅行相关的简单问题让观众回答,答对者有机会获得奖品;邀请观众通过连麦的方式分享自己的想法和经验等。在互动过程中,要注意把控节奏和氛围,及时回应观众的互动,确保互动环节的顺利进行,增强用户参与感和用户黏性。

③引导关注与留存转化。在直播过程中,可以适时引导观众关注本企业的抖音账号,以便后续获取更多研学旅行相关信息。同时,可以介绍一些研学旅行产品的优惠活动、报名方式等,引导观众进行购买。例如,在直播结尾处,推出限时折扣的研学旅行套餐,并提供报名链接或二维码,鼓励观众下单购买。

(三)算法逻辑

1. 特点

(1)基于用户行为和内容特征的精准推送。

抖音算法通过分析用户的浏览历史及点赞、评论、分享情况等的行为数据,以及视频的标题、标签、内容分类等特征信息,为用户精准推送符合其兴趣偏好的内容。这意味着如果研学旅行短视频或直播能够准确把握目标用户的兴趣点,并在创作和发布内容时合理设置相关标签和关键词,便能有效提升内容的曝光率和传播效果,从而有更大的概率被推荐给潜在用户。

(2)动态调整与实时优化。

抖音算法会根据用户的实时反馈和行为变化不断调整推荐内容。如果某个研学旅行视频在初始推送后获得了较高的用户互动率(如较高的点赞量、评论量、分享量等),算法会认为该内容受到用户欢迎,从而进一步加大推荐力度,将其推送给更多潜在用户。反之,如果某个研学旅行视频的用户互动率较低,算法可能会减少其推荐量。因此,了解算法逻辑有助于研学旅行企业及时根据用户反馈优化内容,提高视频的质量和吸引力,以获得更好的推荐效果。

(3)多元化推荐因素的综合考量。

抖音算法并不是考虑单一因素而是综合多个维度的因素进行推荐,除了用户行为和内容特征,还会考虑账号权重、发布时间、地域因素等。例如,某个具有较高权重(如"粉丝"数量较多、发布内容质量较高且稳定等)的研学旅行企业抖音账号,其发布的内容可能会获得更多的初始推荐量。当处于旅游旺季或在特定地域举办研学旅行活动时,相关内容也可能会根据时间和地域因素获得更多的推荐机会。

2. 使用方法

(1)优化内容创作与发布策略。

①精准定位目标受众群体。深入研究研学旅行的目标受众,了解他们的年龄、性别、兴趣爱好、消费习惯等特征,以便在内容创作中更好地满足他们的需求和喜好。例如,如果目标用户主要是中小学生,在创作内容时,可以更加注重趣味性和互动性,以动画、故事等形式呈现研学旅行知识;如果目标用户主要是家长,在介绍内容时,则可

以侧重于研学旅行对孩子成长的促进作用,以及研学旅行的安全措施等方面。

②合理设置视频标签和关键词。在发布短视频时,应根据视频内容和目标用户的搜索习惯,选择合适的标签和关键词。这些标签和关键词应准确描述视频的主题、亮点和相关属性,有助于抖音算法更好地理解视频内容并将其推荐给相关用户。例如,若是关于历史文化主题研学旅行的视频,则可以设置"历史文化研学""古迹探秘""优秀传统文化传承"等标签,提升视频在搜索结果中的排名。

③注重视频质量和吸引力提升。制作高质量、有吸引力的视频内容是获得抖音算法推荐的关键。从视频的画面质量、声音效果、剪辑手法到内容的创意性、实用性等方面都要精益求精。例如,拍摄清晰、稳定的画面,使用生动的音效和音乐,采用新颖的剪辑方式,以及提供独特、有价值的研学旅行信息和体验,吸引用户观看并产生互动。

(2)分析数据与持续改进。

①关注关键数据指标。定期分析抖音后台提供的数据,如视频的播放量、点赞数、评论数、转发数、完播率等,这些数据指标体现了用户对视频的喜好程度和行为反馈。可以对数据进行分析,从而了解用户对不同类型内容的接受程度,找出受欢迎的视频特点和存在的问题,为后续内容创作和优化提供依据。

②根据数据调整策略。根据数据分析结果,及时调整内容创作方向、拍摄风格、互动方式等。如果发现某个系列的视频获得了较高的完播率和互动率,那么可以考虑继续深化该系列主题;如果用户在某个视频的评论区下提出了较多关于某个方面的问题或建议,那么在后续内容中可以针对性地进行解答和改进。同时,应结合算法的推荐规律,合理安排视频发布时间、频率等,以提高内容的传播效果。例如,分析目标用户群体的活跃时间分布,选择在用户活跃度较高的时间段发布视频,以增加视频的初始曝光量。

四、小红书

(一)"种草"

1.特点

(1)内容"种草"与消费决策影响。

小红书以生活方式分享为主要内容呈现方式,用户通过发布"种草"文章(笔记)来分享自己使用产品或体验服务的心得、感受,其中包括对研学旅行产品的推荐。这些"种草"文章往往以图文结合的方式,生动形象地展示研学旅行的优点、特色和实际体验,能对其他用户的消费决策产生重要影响。小红书用户群体年轻且活跃,他们更倾向于参考他人的真实分享来做出消费选择,因此优质的研学旅行"种草"文章能够有效地激发用户的兴趣和购买欲望,具有较高的转化率。

(2)社区氛围与用户信任度。

小红书具有浓厚的社区氛围,用户之间相互交流、分享经验,形成了一个相对信任的社交环境。在这个社区中,用户更愿意相信其他用户的推荐和评价,尤其是那些来自真实体验的"种草"内容。对于研学旅行企业来说,利用小红书的社区信任度,发布真实、有用的"种草"文章,可以更好地与潜在用户建立联系,树立品牌形象,提高用户对研学旅行产品的信任度。

（3）精准的用户画像与个性化推荐。

小红书通过对用户行为数据的分析,构建了精准的用户画像,能够根据用户的兴趣爱好、消费习惯、地理位置等因素,为用户推荐个性化的内容。这使得研学旅行"种草"文章能够精准触达对研学旅行感兴趣的目标用户群体,提高内容的曝光率和针对性。例如,如果用户经常浏览旅游、教育相关的内容,小红书会优先向其推荐与之相关的研学旅行"种草"文章,增加用户发现和关注研学旅行产品的机会。

2. 使用方法

（1）"种草"文章创作技巧。

①真实分享与个人化视角。在撰写"种草"文章时,要以真实、诚恳的态度分享研学旅行的经历和感受,避免过度营销和虚假宣传。可以从个人视角出发,描述自己在研学旅行中的所见所闻、所感所想,例如,可以分享自己在研学旅行中遇到的有趣故事、意外收获,以及对研学旅行课程和活动的独到见解,使文章更具亲和力和可信度。

②突出亮点与实用信息。应在文章中突出研学旅行产品的亮点和特色,如独特的研学线路、专业的导师团队、丰富多样的活动内容等,以吸引读者的注意力。同时,提供实用信息,如行程安排、费用明细、注意事项等,帮助读者更好地了解产品,为他们做出决策提供参考。例如,在介绍一个以自然探索为主题的研学旅行时,可以详细说明将前往哪些自然保护区、观察哪些珍稀动植物,是否提供专业的自然科学指导等信息,让读者对研学旅行有更清晰的认识。

③精美图文搭配。应选择高质量、具有吸引力的图片与文字搭配,增强文章的视觉效果。图片可以包括美丽的风景照、学生参与活动的精彩瞬间、特色美食等,让读者在阅读文字的同时,通过图片更好地感受研学旅行的魅力。应注意图片的清晰度、色彩饱和度和排版布局,使其与文字内容相得益彰。例如,在描述一个与历史文化名城相关的研学旅行时,可以插入该城市的古建筑照片、博物馆藏品照片等,配合文字介绍,使读者仿佛身临其境。

（2）利用平台功能提高曝光率。

①使用热门话题标签。关注小红书上与研学旅行相关的热门话题标签,如"研学旅行推荐""亲子研学好去处""文化探索之旅"等,并在"种草"文章中合理使用这些标签。热门话题标签能够增加文章的搜索可见性。同时,还可以结合当下热门的旅游趋势、教育话题等,创造新的话题标签,吸引更多用户关注和参与讨论。

②与其他用户互动。积极参与小红书社区的互动,点赞、评论其他用户的"种草"文章,与其他用户建立良好的互动关系。这不仅可以增加自己账号的曝光度,还能吸引其他用户的关注。应积极回复用户在自己"种草"文章下的评论以及用户的私信,解答他们的疑问,增强与用户的沟通,从而提升用户的信任感。例如,当用户询问关于某个研学旅行产品的具体问题时,应及时、详细地回复,提供有用的信息和建议,以提高用户对产品的好感度。

（二）与KOL合作

1.特点

（1）KOL的强大影响力与"粉丝"基础。

小红书上的KOL通常拥有大量的"粉丝"和较高的关注度,他们在特定领域(如旅游、教育、亲子等领域)具有专业知识或丰富经验,其推荐和分享往往能够影响"粉丝"的消费决策。可以与KOL合作,借助他们的影响力和"粉丝"基础,快速提高研学旅行产品的曝光度和知名度,吸引更多潜在用户的关注。KOL的"粉丝"群体具有较高的忠诚度和活跃度,他们更愿意相信和尝试KOL推荐的产品或服务。

（2）内容创作与传播能力。

KOL擅长创作吸引人的内容,他们能够根据自己的风格和"粉丝"喜好,将研学旅行产品以生动有趣、富有创意的方式呈现出来,提升内容的传播效果。KOL发布的"种草"文章通常具有较高的质量和专业性,能够在短时间内获得大量的点赞、评论和分享,形成话题传播效应,使研学旅行产品在小红书平台上迅速走红。

（3）精准的粉丝画像与目标受众匹配。

不同类型的KOL拥有不同特征的"粉丝"群体,通过选择与研学旅行目标受众画像相匹配的KOL进行合作,可以确保合作内容精准触达目标受众。例如,如果研学旅行产品主要面向年轻女性群体,与在时尚、生活方式领域有影响力且粉丝以年轻女性为主的KOL合作,能够更有效地将产品信息传递给目标受众,提升营销效果。

2.使用方法

（1）KOL筛选与合作方式选择。

①精准定位合作KOL。根据研学旅行的目标受众、产品特点和营销目标,在小红书上筛选合适的KOL。应考虑KOL的领域专业性、"粉丝"数量、"粉丝"活跃度、"粉丝"画像等因素,确保其与研学旅行项目高度匹配。例如,针对以科技研学为主题的产品,可以寻找科技领域的KOL,他们的"粉丝"对科技知识有较强的兴趣,更容易对科技类研学旅行产生关注。

②多样化合作方式。可以采用多种合作方式与KOL开展合作。常见的方式包括:邀请KOL参与研学旅行体验,并撰写"种草"文章,分享体验过程和感受;与KOL合作制作专题视频或进行直播,展示研学旅行的精彩内容;请KOL参与品牌活动策划和推广,如举办线上线下的研学分享会等。应根据不同KOL的特点和优势,选择最适合的合作方式,以达到最佳的营销效果。

（2）合作效果评估与优化。

①建立评估指标体系。在与KOL合作过程中,建立一套科学合理的评估指标体系,对合作效果进行全面评估。评估指标可以包括曝光量(如文章阅读量、视频播放量等)、互动量(如点赞数、评论数、分享数等)、"粉丝"增长数、转化率等。通过对这些指标的监测和分析,了解合作活动对研学旅行产品的推广效果,为后续合作提供参考依据。

② 根据数据优化合作策略。根据评估指标的数据反馈,及时调整与KOL的合作策略。如果发现与某个KOL的合作效果不理想,如曝光量低、互动量少或转化率不高,可以先分析原因,可能是KOL的风格与产品不契合、内容创作质量不高或者推广时间选择不当等,然后针对性地进行改进。例如,可以尝试更换KOL、优化合作内容的形式和主题,或者调整推广活动的时间安排,以提升合作效果。

（三）用户画像

1.特点

（1）基于行为和兴趣的精准刻画。

小红书的用户画像系统通过收集和分析用户在平台上的浏览记录、点赞及评论行为、搜索关键词、关注话题等多维度数据,构建出详细、精准的用户虚拟形象。对于研学旅行企业来说,这些用户画像能够深入揭示目标用户的兴趣爱好、消费习惯、旅游偏好、教育需求等特征,帮助企业更好地理解用户需求,为产品研发、内容创作和营销策略制定提供有力依据。

（2）动态更新与实时反馈。

用户画像不是静态不变的,随着用户在平台上的行为的不断变化,其画像信息也会实时更新。这有助于研学旅行企业及时了解用户需求的动态变化,捕捉市场趋势,迅速调整营销策略,以适应市场需求的变化。例如,如果发现某个用户原本对历史文化类研学旅行感兴趣,但近期开始关注自然科学类内容,那么研学旅行企业可以适时向其推荐自然科学类研学旅行产品,从而提高营销的精准度和时效性。

（3）多维度标签体系助力精准营销。

小红书的用户画像采用多维度标签体系,将用户分为不同的群体,每个群体具有独特的标签组合。这些标签涵盖了年龄、性别、地域、兴趣领域、消费能力等多个方面,研学旅行企业可以根据这些标签筛选出符合目标客户特征的用户群体,进行精准的内容推送和广告投放。例如,研学旅行企业可以针对"一线城市、'80后'家长、关注亲子教育、有中高端消费能力"的用户群体,推送高端亲子研学旅行产品信息,提高营销资源的利用效率。

2.使用方法

（1）用户画像分析与洞察。

①深入挖掘用户需求和偏好。通过小红书平台提供的用户画像数据和分析工具,深入研究目标用户群体的需求特点和偏好趋势,了解他们对研学旅行目的地、主题、活动形式,以及住宿、餐饮等方面的期望和喜好,为产品设计和优化提供方向。例如,如果发现目标用户对户外探险类研学旅行兴趣浓厚,研学旅行企业可以开发更多具有挑战性和趣味性的户外探险线路,以满足用户需求。

②发现潜在市场机会。分析用户画像数据中的新兴趋势和未被满足的需求,寻找潜在的市场机会。例如,发现部分用户对以环保为主题的研学旅行表现出较高的关注度,但市场上相关产品较少,研学旅行企业可以抓住这一机会,开发以环保为主题的研

学旅行项目,提前占领市场份额。

(2)基于用户画像的营销策略制定。

①精准内容创作与推送。根据用户画像的特征和兴趣标签,创作针对性的内容。例如,针对学生群体,可以制作充满活力和趣味性的研学旅行短视频或图文笔记,突出活动的趣味性和互动性;针对家长群体,强调研学旅行对孩子成长的教育意义和相关安全保障措施。通过小红书的推荐算法,将这些内容精准推送给相应的目标用户群体,提高内容的吸引力和转化率。

②个性化营销活动策划。依据用户画像策划个性化的营销活动。例如,针对不同地域的用户,结合当地的文化特色和旅游资源,设计专属的研学旅行套餐和推广活动;针对不同消费能力的用户群体,推出分层级的产品定价和优惠策略,满足各类用户的需求,提升营销活动的参与度和效果。

③优化产品与服务体验。借助用户画像了解用户在研学旅行过程中的痛点和期望,优化产品设计和服务流程。例如,如果发现用户对研学旅行中的餐饮质量较为关注,研学旅行企业可以加强与优质餐饮供应商的合作,提升餐饮品质;如果用户反馈行程安排过于紧凑,研学旅行企业可以适当调整行程,增加自由活动时间,提高用户的旅行体验满意度,从而提升用户口碑和用户对品牌的忠诚度。

任务三　研学旅行新媒体营销具体策略

任务描述

研学旅行作为一种结合了学习与旅行的教育模式,近年来越来越受到学生的青睐。要想有效地推广研学旅行,吸引更多的目标受众,内容创作显得尤为关键。本任务具体讲解了内容创作、数据分析与优化、跨平台整合营销、创新思维与战略眼光等方面的内容。

任务目标

掌握研学旅行新媒体营销内容创作的技巧,培养市场敏感度,能够创作出具有吸引力和影响力的营销内容。

一、内容创作

(一)选题策划

深入调研研学旅行市场,了解学生、家长及教育机构的兴趣点和需求。例如,为满足学生对自然科学的好奇心,策划"探索自然奥秘:地质奇观研学之旅"主题活动,带领学生实地考察奇特地质地貌,学习地质知识;基于历史文化爱好者的需求,策划"穿越历史长河:古都文化研学行"主题活动,让参与者深入了解古代文明。此外,还应结合不同年龄段学生的认知水平和兴趣差异进行选题策划,例如,为小学生设计趣味性强、参与度高的主题活动,如"小小探险家:森林动植物研学";为中学生策划更具深度和挑战性的主题活动,如"科技创新研学:人工智能前沿探索"。总之,应确保选题既具教育意义又能吸引目标受众。

(二)撰写与编辑

在撰写营销内容时,应使用简洁明了、通俗易懂的语句,避免使用过于专业或晦涩的词汇。例如,在介绍历史文化景点时,可以以生动有趣的故事讲述历史背景,以讲述故宫的历史为例,可从建造者的故事入手,增加内容的吸引力。

可以运用比喻、拟人等修辞手法,使描述更加形象,如"古老的长城像一条巨龙蜿蜒在崇山峻岭之间,等待着我们去探寻它的奥秘"。应合理安排叙事结构,按照行程顺序或知识逻辑展开,确保内容的逻辑性和连贯性,便于读者了解研学旅行的全过程。

(三)多媒体呈现

可以拍摄高清、精美的研学旅行目的地风景照,如壮丽的山脉、清澈的湖泊等,以及学生在活动(如实验操作、团队合作游戏等活动)中的精彩瞬间,用于图文内容创作。可以制作生动的视频,展示研学旅行的全程,包括行程中的讲解、学生的互动和实践过程,配以合适的背景音乐和解说,增强视频的感染力。此外,还可以在内容创作中插入音频,适当融入自然声音(如鸟鸣、风声等)或历史场景音效(如古代战场的厮杀声等),让受众有身临其境之感,使内容更加丰富和生动,更能吸引受众的注意。

二、数据分析与优化

(一)营销数据收集方法

1.数据来源

在线上方面,研学旅行企业可以结合官网的浏览记录,分析用户对不同线路和活动的关注度;借助社交媒体平台(如微博、小红书等)账号的点赞量、评论量、分享量等数据,了解用户对研学旅行相关内容的喜好;利用营销电子邮件的打开率、链接点击率等数据,评估用户对推广信息的兴趣。在线下方面,研学旅行企业可以在活动现场收集参与者的反馈意见,以及整理与学校、教育机构合作时获取的报名数据等,全面掌握营销数据。

2.数据收集技术

数据收集技术包括:运用网络爬虫技术从旅游网站、教育论坛等平台上收集其他研学旅行机构的产品信息、价格策略和用户评价等数据,并将这些数据用于分析市场竞争情况;利用API获取社交媒体平台的详细数据,如用户画像、兴趣标签等,以便更精准地定位目标受众;在研学旅行活动结束后发放调查问卷,收集参与者的满意度、改进建议等信息;在实体店或活动现场安装RFID技术设备,统计客流量、停留时间等数据,为制定营销决策提供依据。

3. 数据质量

建立数据清洗规则,去除重复、无效的数据,如重复的浏览记录、错误格式的用户信息等。对收集到的数据进行验证,通过与其他可靠数据源对比或进行逻辑校验,确保数据的准确性,如验证报名数据中的年龄、联系方式等信息是否合理。

(二)数据分析工具与模型

1. 常用数据分析工具

使用Python中的数据分析库(如Pandas、NumPy等)处理和分析研学旅行数据,如对大量的用户评价进行文本分析,挖掘用户关注的重点。利用R语言进行统计分析和数据可视化,绘制不同线路报名人数的趋势图、用户年龄分布的直方图等,直观展示数据特征。通过SQL查询研学旅行数据库,获取特定时间段内的销售数据、用户行为数据等,进行深入分析。

2. 数据挖掘技术

运用聚类分析将研学旅行客户按照年龄、兴趣爱好、消费能力等特征进行分类,针对不同客户群制定个性化营销策略。通过分类算法预测潜在客户对不同类型研学旅行产品的购买可能性,实现精准营销。利用关联规则挖掘研学旅行产品与配套服务(如餐饮服务、住宿服务等)之间的关联关系,并以其为依据优化产品组合和推荐策略。

3. 机器学习模型

构建决策树模型,根据用户的历史行为(如浏览记录、购买记录等)预测用户对新推出的研学旅行线路的兴趣程度,为用户精准推荐产品。采用随机森林算法分析影响研学旅行产品销售的关键因素,如价格、行程安排、宣传渠道等,为调整营销策略提供参考。利用神经网络模型对研学旅行市场的未来趋势进行预测,如预测不同季节、不同地区的市场需求变化,提前进行资源配置和营销规划。

4. 统计模型

进行回归分析,研究研学旅行产品价格与销量之间的关系,确定合理的价格策略。运用方差分析比较不同营销活动(如线上、线下推广活动等)对研学旅行产品销量的影响差异,选择更为有效的营销方式。通过时间序列分析预测研学旅行市场的长期发展趋势,如未来几年的市场规模增长趋势,为制定企业战略规划提供数据支持。

(三)数据驱动的优化策略

1. 分析解读

深入分析用户在研学旅行网站上的浏览路径,了解用户对不同页面和内容的关注程度,发现用户感兴趣的研学主题和活动类型。解读社交媒体上用户的评论和反馈,挖掘用户期望研学旅行产品改进的方向,如行程安排、导师教学质量等。通过对比不同渠道的营销数据,评估各渠道的引流效果和转化率,找出优势渠道和需要改进的渠道。

2. 策略制定

若经过数据分析后,发现某条研学旅行线路在特定年龄段学生中关注度高但转化率低,那么可能是价格或宣传内容存在一定的问题,可针对性地调整价格策略或优化宣传文案。若发现某个地区的研学旅行市场潜力大但市场份额小,可加大在该地区的营销投入,拓展合作伙伴。应根据用户对不同类型研学活动的喜好,优化产品组合,推出更受欢迎的套餐。

3. 实施与监控

实施优化策略后,应持续监控关键数据指标,如网站流量、报名人数、销售额等的变化。可以设立对照组,对比优化前后的效果,以确保策略的有效性。此外,应根据监控结果及时调整策略,若发现某一营销活动在初期效果好但后期效果下降,应分析原因并及时改进或更换活动形式。

三、跨平台整合营销

(一)平台间的互补性与协同增效

微博平台具有信息传播快速、话题性强等特点,适合发布研学旅行的即时资讯,进行热点话题讨论,吸引广泛关注。例如,及时发布新推出的研学旅行线路、特色活动等信息,利用热门话题标签提高曝光率,吸引潜在用户。

抖音平台支持以短视频和直播的形式,生动展示研学旅行的精彩瞬间和实际体验,激发用户兴趣。例如,通过直播研学旅行过程中的有趣实验、实地考察场景等,让用户直观感受研学旅行的魅力。

小红书的"种草"文化和精准用户画像,能有效触达目标受众群体,可以通过发布精美的图文笔记、用户真实体验分享等,促进用户购买。

微信公众号则可提供深度内容,如详细的研学旅行攻略、教育意义解读等,同时通过小程序进行报名、支付等,完成交易转化。

可以将以上这些平台有机结合,形成营销闭环,如从微博引流到抖音平台观看直播,再引导到小红书"种草",最后在微信公众号完成报名和购买。

(二)制定跨平台营销策略

1. 目标受众

针对学生群体,在抖音上制作有趣、富有创意的短视频,展示研学旅行中的新奇体验和快乐时光,吸引他们的关注;针对家长群体,在微信公众号上推送详细的研学旅行教育价值、安全保障措施等内容的解读,消除他们的顾虑;针对教育机构,在微博上发布行业动态、合作案例等信息,争取合作机会。

2. 平台选择

应根据不同研学旅行产品的特点和目标受众的平台偏好,合理分配资源,选择最适合的平台组合。例如,若推广自然探索类研学旅行,可以选择抖音和小红书平台,利用抖音的视频展示能力和小红书的"种草"效应,吸引热爱自然的用户;对于文化历史类研学旅行,可以着重在微博和微信公众号上推广,借助微博的话题传播和微信公众号的深度内容,吸引文化历史相关爱好者。

3. 内容创意

应针对不同平台和受众需求,设计多样化、有创意的内容,提升用户参与度和传播效果。例如,在微博上发起研学旅行话题挑战,如"最美研学瞬间"摄影比赛,鼓励用户参与,提高互动性;在抖音上创作系列短视频,如"研学小知识"科普系列,以轻松幽默的方式传授知识;在小红书上发布"研学旅行必备清单"等实用笔记,吸引用户关注。

4. 互动与沟通

应利用平台的互动功能,积极与用户沟通,增强用户的品牌认同感和忠诚度。例如,在微博上及时回复用户的评论和私信,解答疑问,增强用户黏性;在抖音直播中与观众实时互动,回答观众的问题,根据观众需求调整直播内容;在微信上通过公众号留言回复、社群互动等方式,与用户建立良好关系。

(三)资源整合与高效利用

1. 内部资源整合

整合企业内部的营销团队、内容创作团队、导师团队等资源。营销团队负责制定整体跨平台营销策略,协调各平台推广工作;内容创作团队根据不同平台特点创作优质内容;导师团队提供专业知识支持,保障研学旅行内容的教育性。例如,在推广以科技为主题的研学旅行时,由营销团队策划活动,内容创作团队制作相关图文视频,导师团队提供科技知识讲解和实验指导。

2. 外部资源整合

与旅游景区、博物馆、科研机构等建立合作关系,获取优质资源,丰富研学旅行内容。例如,与博物馆合作,开展文物修复体验研学活动;与科研机构合作,获得专业的科研指导。同时,与媒体、KOL合作,扩大品牌影响力。例如,邀请旅游领域KOL体验研学旅行并进行分享,借助其"粉丝"基础和影响力,吸引更多用户。

3. 资源优化配置

根据不同平台的流量、用户活跃度等数据,合理分配营销预算和人力投入。对于流量大、转化率高的平台,增加资源投入;对于营销效果不佳的平台,调整策略或减少投入。例如,若发现抖音平台带来的报名人数较多,可适当增加在抖音上的广告投放和内容制作投入。

四、创新思维与战略眼光

（一）市场趋势洞察

1. 数据收集与分析

收集研学旅行市场的大数据，包括历年市场规模、增长率、不同主题产品的销售数据等，运用数据分析工具绘制趋势图，分析市场发展趋势。同时，收集竞争对手的产品信息、价格策略、举办的营销活动等方面的数据，对比分析自身优势和不足，为创新营销策略提供依据。例如，若通过分析发现户外探险类研学旅行市场规模逐年扩大，可考虑加大此类产品的研发和推广力度。

2. 行业动态关注

关注教育政策变化，及时调整研学旅行产品的教育内容和目标，以符合政策导向。关注旅游行业的新技术应用，如VR、AR技术在旅游体验中的应用，尝试将其引入研学旅行，提升产品的科技感和吸引力。例如，利用VR技术让学生在虚拟的空间中参观历史古迹，提升学习效果。

3. 消费者行为研究

研究学生和家长在选择研学旅行产品时的决策因素，如对行程安全性、教育内容实用性、价格合理性的重视程度。观察消费者在社交媒体上关于研学旅行的讨论话题和需求表达，如消费者对亲子研学、国际研学的兴趣增长，则可根据消费者行为变化及时调整产品和营销策略。

（二）消费者需求预测

1. 消费者调研

定期开展线上线下消费者调研活动，针对不同年龄段学生、家长和教育机构设计详细问卷，了解他们在研学旅行主题、目的地、活动形式、服务质量等方面的期望和需求。例如，若通过调研发现家长对研学旅行中的安全保障措施关注度极高，则可加强这方面的宣传和改进。

2. 社交媒体监测

利用社交媒体监测工具，实时跟踪用户在微博、小红书等平台上对研学旅行的讨论。分析用户提及的关键词、情感倾向和需求建议，如用户对环保主题研学旅行的关注度上升，可据此开发相关产品。应及时捕捉消费者需求的变化趋势，为产品创新提供灵感。

3. 市场趋势分析

结合市场趋势洞察结果，分析消费者需求变化与市场发展趋势的关联。例如，基于人们对健康生活方式日益关注，预测养生文化类研学旅行可能受到欢迎，提前规划相关产品的策划和营销活动。

（三）创新营销策略实践

1. 个性化营销

利用大数据分析用户的浏览历史、购买记录、兴趣爱好等信息，为每个用户定制个性化的研学旅行推荐方案。例如，为对历史文化感兴趣的学生推荐历史名城研学旅行线路，并根据其年龄和学习需求定制个性化的学习任务和活动。通过电子邮件、短信等方式向用户推送个性化营销信息，提高营销效果和转化率。

2. 社交媒体营销

策划创意社交媒体营销活动，例如，在微博上开展"研学旅行梦想清单"话题活动，鼓励用户分享自己的研学梦想，吸引用户参与和关注；利用抖音平台进行研学旅行直播带货，推出限时优惠套餐，边展示产品特色边进行销售；在小红书上发布用户生成内容（UGC）活动，如邀请用户分享研学旅行照片和故事，提高品牌知名度和用户黏性。

3. 内容营销

创作高质量的研学旅行相关内容，如深度科普文章、趣味短视频、生动的旅行故事等。例如，制作系列科普短视频，介绍不同学科领域的研学知识，在各大平台传播，吸引潜在消费者关注。此外，还可以与教育专家、科普博主等合作，创作权威、有趣的内容，提升品牌专业性和可信度，为产品销售创造良好环境。

4. 跨界合作

与学校、教育培训机构合作，共同开发研学旅行课程，拓展客源。与酒店、餐饮行业等进行跨界合作，打造一站式研学旅行服务套餐，如与酒店合作推出研学旅行住宿优惠套餐，与餐饮企业合作提供特色美食体验。与文化艺术机构、体育俱乐部等进行跨界合作，开发多元化研学旅行产品，如艺术创作研学、体育竞技研学等，实现资源共享和互利共赢。

⛵ 教学互动

某家研学旅行机构专注于历史文化领域，主要开发国内外博物馆、考古遗址等文化景点的深度研学旅行项目。随着市场竞争加剧，传统的营销方式已经难以满足需求，该机构决定利用新媒体平台进行创新营销，以提升品牌知名度和吸引更多的目标客户。该机构的目标客群为8—18岁的学生及其家长，主要覆盖范围为北京、上海、广州、深圳等一线城市。

请结合以上内容，以"博物探秘"为主题，为该机构创作一篇微信公众号推文。

⛵ 项目小结

本项目着重介绍了研学旅行新媒体营销的策略，分析了社交媒体平台、短视频平台等新兴渠道的特点和优势，提出了利用新媒体平台进行精准营销的方法和技巧。这些策略的有效实施有助于提升研学旅行企业的知名度和影响力,从而实现品牌曝光度、用户参与度、转化率等多方面的提升,进而推动研学旅行市场的健康发展。

⛵ 能力训练

1. 假设你是一家研学旅行公司的营销经理,请你制定针对微信公众号的营销策略,并进行讲解。

2. 在班内分享一个成功的研学旅行新媒体营销案例,并指出其成功的关键因素。

知识训练

▼

项目九

Note

参 考 文 献

[1] 邵学义.北京市中学生研学旅行现状及需求调查研究——以中关村中学为例[D].桂林:广西师范大学,2020.

[2] 盛梦醒.DY研学旅行社营销策略优化研究[D].石家庄:河北地质大学,2020.

[3] 丁娜.基于社群经济的Y旅行社营销策略研究[D].济南:山东大学,2021.

[4] 李晓.青少年研学旅行公司的营销策略研究[D].太原:太原理工大学,2021.

[5] 赵全美.SJ研学旅行公司短视频营销策略研究[D].济南:山东师范大学,2024.

[6] 何鑫.高职院校旅游管理专业课程思政建设研究——以旅行社计调实务课程为例[J].现代职业教育,2023(31).

[7] 姜昊男.新时期研学旅行发展探索[J].当代旅游,2021(31).

[8] 钟林凤,谭净.中小学研学旅行安全保障体系的构建[J].教学与管理,2018(18).

[9] 张赟.研学旅行文件解读[J].新课程导学,2019(3).

[10] 王雪.研学旅行发展的对策分析[J].旅游纵览(下半月),2016(6).

[11] 朱琼琳.我国研学旅行的发展对策研究[J].长春师范大学学报,2019(5).

[12] 李臣之,纪海吉.研学旅行的实施困境与出路选择[J].教育科学研究,2018(9).

[13] 陈光春.论研学旅行[J].河北师范大学学报(教育科学版),2017(3).

[14] 赵小丽.新媒体时代高校研学旅行文化建设[J].文化产业,2024(8).

[15] 张岱楠,罗瑞琦,马志鹏.大学生研学旅行市场需求研究——以重庆市为例[J].经济研究导刊,2017(1).

[16] 赵忆岚.基于市场调研的市场营销策略分析[J].营销界,2020(7).

[17] 薛亚广.社交媒体平台下的企业市场推广策略[J].商业现代化,2024(15).

[18] 李梦苏,李晓晖.哈尔滨文旅品牌营销策略研究[J].洛阳理工学院学报(社会科学版),2024(5).

[19] 于义磊,陈丽.中学研学旅行发展问题及对策研究[J].中国集体经济,2023(12).

[20] 李浏清.研学旅行指导师:做课外实践教育中的"全能选手"[J].中国人力资源社会保障,2022(12).

[21] 马维娜.市场营销理论演变下的旅游市场营销探究[J].旅游纵览(下半月),2019(10).

[22] Mikoski G S. Going Places: Travel Seminars as Opportunities for Interfaith Educa-

tion[J]. Teaching Theology & Religion,2013(4).

[23] Uriely N. The Tourist Experience:Conceptual Developments[J]. Annals of Tourism Research,2005(1).

[24] Otero-Urtaza E. Manuel B. Cossío's 1882 Tour of European Education Museums [J]. Paedagogica Historica,2012(2).

[25] Falk J H,Ballantyne R,Packer J,et al. Travel and Learning:A Neglected Tourism Research Area[J]. Annals of Tourism Research,2012(2).

[26] McCormack J. Children's Understandings of Rurality:Exploring the Interrelationship between Experience and Understanding[J]. Journal of Rural Studies,2002(2).

[27] 石媚山.研学旅行市场营销[M].北京:旅游教育出版社,2020.

[28] 田志奇.研学旅行市场营销[M].武汉:华中科技大学出版社,2023.

[29] 潘淑兰,王晓倩.研学旅行概论[M].武汉:华中科技大学出版社,2022.

[30] 何佳讯.品牌的逻辑[M].北京:机械工业出版社,2017.

[31] 克莱顿·克里斯坦森.创新者的任务[M].洪慧芳,译.北京:中信出版社,2019.

[32] 梅继开,张丽利.研学旅行课程开发与管理[M].武汉:华中科技大学出版社,2021.

[33] 薛兵旺,杨崇君.研学旅行概论[M].北京:旅游教育出版社,2020.

[34] 陈大六,徐文琦.研学旅行理论与实务[M].武汉:华中科技大学出版社,2020.

[35] 艾略特·艾登伯格.4R营销:颠覆4P的营销新论[M].文武,穆蕊,蒋洁,译.北京:企业管理出版社,2023.

[36] 《研学旅行新发展及案例探析》编委会.研学旅行新发展及案例探析[M].北京:国家图书馆出版社,2019.

Note

教学支持说明

为了改善教学效果，提高教材的使用效率，满足高校授课教师的教学需求，本套教材备有与纸质教材配套的教学课件和拓展资源（案例库、习题库等）。

为保证本教学课件及相关教学资料仅为教材使用者所得，我们将向使用本套教材的高校授课教师赠送教学课件或者相关教学资料，烦请授课教师通过加入旅游专家俱乐部QQ群或公众号等方式与我们联系，获取"电子资源申请表"文档并认真准确填写后发给我们，我们的联系方式如下：

地址：湖北省武汉市东湖新技术开发区华工科技园华工园六路

邮编：430223

研学旅行专家俱乐部QQ群号：487307447

研学旅行专家俱乐部
群号：487307447

扫码关注
柚书公众号

电子资源申请表

填表时间：_____年___月___日

1.以下内容请教师按实际情况填写，★为必填项。
2.根据个人情况如实填写，相关内容可以酌情调整提交。

★姓名		★性别	□男 □女	出生年月		★职务	
						★职称	□教授 □副教授 □讲师 □助教
★学校				★院/系			
★教研室				★专业			
★办公电话		家庭电话			★移动电话		
★E-mail（请填写清晰）					★QQ 号/微信号		
★联系地址					★邮编		

★现在主授课程情况	学生人数	教材所属出版社	教材满意度
课程一			□满意 □一般 □不满意
课程二			□满意 □一般 □不满意
课程三			□满意 □一般 □不满意
其 他			□满意 □一般 □不满意

教 材 出 版 信 息

方向一	□准备写 □写作中 □已成稿 □已出版待修订 □有讲义
方向二	□准备写 □写作中 □已成稿 □已出版待修订 □有讲义
方向三	□准备写 □写作中 □已成稿 □已出版待修订 □有讲义

请教师认真填写表格下列内容，提供索取课件配套教材的相关信息，我社将根据每位教师填表信息的完整性、授课情况与索取课件的相关性，以及教材使用的情况赠送教材的配套课件及相关教学资源。

ISBN（书号）	书名	作者	索取课件简要说明	学生人数（如选作教材）
			□教学 □参考	
			□教学 □参考	

★您对与课件配套的纸质教材的意见和建议，希望提供哪些配套教学资源：